北京物资学院学术专著出版资助基金项目

新时代行政诉讼疑难问题研究

李凌云◎著

首都经济贸易大学出版社
Capital University of Economics and Business Press
·北 京·

图书在版编目（CIP）数据

新时代行政诉讼疑难问题研究/李凌云著. --北京：首都经济贸易大学出版社，2023.3

ISBN 978-7-5638-3488-4

Ⅰ. ①新…　Ⅱ. ①李…　Ⅲ. ①行政诉讼—研究—中国　Ⅳ. ①D925.304

中国版本图书馆 CIP 数据核字（2023）第 044356 号

新时代行政诉讼疑难问题研究

李凌云　著

XINSHIDAI XINGZHENG SUSONG YINAN WENTI YANJIU

责任编辑　潘　飞

封面设计　砚祥志远·激光照排　TEL：010-65976003

出版发行　首都经济贸易大学出版社

地　　址　北京市朝阳区红庙（邮编 100026）

电　　话　（010）65976483　65065761　65071505（传真）

网　　址　http://www.sjmcb.com

E - mail　publish@cueb.edu.cn

经　　销　全国新华书店

照　　排　北京砚祥志远激光照排技术有限公司

印　　刷　北京建宏印刷有限公司

成品尺寸　170 毫米×240 毫米　1/16

字　　数　310 千字

印　　张　17.25

版　　次　2023 年 3 月第 1 版　2023 年 3 月第 1 次印刷

书　　号　ISBN 978-7-5638-3488-4

定　　价　59.00 元

序言一：
知其人，读其书

李凌云博士的新著《新时代行政诉讼疑难问题研究》即将付梓。作者托我写几句话，置于书前，以作序言。我一边阅读这部几十万字的书稿，一边不由自主地回忆起与凌云交往的几个片段。

初识凌云，是在 2015 年。那年秋天他负笈来京，到我彼时任教的首都经济贸易大学法学院攻读硕士学位。我们应当是在首经贸校园里的某间教室或办公室里初次见面的。那时候的凌云 20 岁刚出头，风华正茂，充满了无限的可能性。在完成首经贸法学院的学业之后，他顺利入职北京某基层人民法院，开始了法律职业生涯。

我不太知道，基层法院里的司法实务给凌云留下了什么样的体验。反正是法院的工作还不满一年，他就开始了人生的重新规划。他想离开法院，回归法学院；他想从司法实务转向法学研究。他找我商量，想听听我的意见，我的建议是：在北京的法院系统工作是很好的，并且，学术研究之路也颇为不易。因为学术研究不仅仅需要勤奋，多多少少还得有一些天赋。首先，要尽可能储备足够丰富的相关知识；其次，得培养自己的想象力与洞察力；在这两个条件都同时具备的前提下，接下来还得耐心地等待启示，等待创作灵感的到来。其中的每一个环节都充满了偶然性，尽管已经辛苦地播下了种子，但并不能保证获得预期的回报与收获，得有这样的思想准备。

当然，我也告诉凌云，我尊重他的任何选择，只是希望在作出决定之前，一定要慎重考虑。然而，他慎重考虑的结果，就是从法院辞职，到苏州大学跟随黄学贤教授全职攻读法学博士。他的这一决定虽然还是让我略感意外，但我清楚，在他内心深处的天平上，法学研究的分量已经重于法律实务的分量。于是，我开始期待他在法学研究领域有所收获。

苏州大学我是去过的。苏州大学的法学学科历史悠久，甚至可以追溯到 1915 年设立的东吴大学法学院，即著名的东吴法科。吴经熊、王宠惠、李浩培、倪征燠等法学名宿，都是它的校友。在这些著名人物中，我对吴经熊一直保持着更多的好奇心。吴先生早年专事法学，中年翻译《圣经》，晚年研究禅宗，他的精神世界之幽深宽广，在百年以降的中国历代法学家群体中，鲜有出其右者。就在吴经熊从东吴法科毕业差不多百年之后，凌云也来到东吴法科的后继者——今天的苏大法科，正式开始了他的法学梦。

再次让我感到意外的是，我很快就在一些重要的学术刊物上，如《江苏社会科学》《中国环境管理》《苏州大学学报》《法律适用》等，看到了凌云的学术作品。见于这些学术期刊上的论文，是他进入学术研究领域之后，为法学园地奉献的第一批“新苗”。这些散见于各种期刊上的法学新苗，逐渐生长，逐渐成林，居然“长”成了我们现在所看到的这部厚实的著作。

还是回到两年前的那个时间节点，那是2020年冬天，凌云即将博士毕业。他的法学人生再一次面临多种选项。他又找我商量，多次沟通之后，我提出了一些建议：如果一定要选择法学教学与研究的职业，在普通高校之外，还有一些“牌子”很大的机构，比如一些国家级的干部教育机构，也可以提供法学教学与研究的岗位。我给他介绍了各种机构的性质和工作方式，以及这些机构可能具有的特殊优势，而这些特殊优势又是普通高校所不具备的。凌云反复比较、反复权衡之后，还是根据他自己的学术偏好，选择了一所普通高校，这就是他现在担任教职的北京物资学院法学院。在这所位于北京通州大运河畔的校园里，凌云终于开始了他期待已久的专事法学教学与研究的生活方式。我和凌云，终于成为在同一座城市里的同行了。

从2015年秋天到2022年冬天，我认识凌云已经超过七年了。我们经常交流。虽然我的研究方向是法理学，不过凌云研究的行政法学，也是我深感兴趣的学术领域。凌云以各种不同的方式向我介绍行政法学的新动态，让我对变迁中的行政法学不至于过于陌生，过于外行。也许正是因为这样一些缘故，在国家编制的《法治政府建设实施纲要（2021—2025年）》正式公布之后，《中国司法》编辑部约我就该纲要写一篇评论，我才有勇气答应下来。试想，如果对行政法学一无所知，我又如何评论这种典型的行政法问题呢？

七年来，凌云从法学院走向法院，又从法院回到法学院，再从大运河南端的法学院转向大运河北端的法学院，在走过了这样一些路途之后，终于完成了这部专门研究行政诉讼疑难问题的著作。这部书包含的各章，大多在前文提到的各种刊物以及其他刊物上发表过，这就是说，这些文字已经通过了众多学术刊物的检验，如今终于被铸成了一部书，也算是为这些文字、这些散篇找到了一个理想的归宿。或者如前所述，这部书也是凌云培植的一株又一株新苗经过移栽之后长成的一片树林。在这片青翠的树林间徜徉、流连、徘徊，“新时代行政诉讼若干疑难问题”居然纤毫毕现。

在《孟子·万章下》中，有一句千年之问：“颂其诗，读其书，不知其人，可乎？”对这个问题，孟子的回答是明确的：不可。且让我们在千载之后，按照孟子的提问方式，重新提出一个问题：读凌云其书，不知凌云其人，可乎？回答当然也是：不可。是以论其人，以便各位朋友知其人，进而读其书。是为序。

喻　中

中国政法大学教授、博士生导师

2022 年 11 月 15 日

序言二：
新时代行政诉讼法学研究的力作

法谚云“无救济则无权利”。行政诉讼作为一项法律救济制度，承载着公平、正义、民主等多元的法律价值，是现代法治国家的象征。一个国家是否拥有健全的行政诉讼制度，是衡量该国法治发展水平的重要标志。行政诉讼在新中国从无到有、从不完善到逐渐完善，经历了不断成熟的过程。改革开放40多年以来，行政诉讼制度建设取得了巨大的成就，无论在保障公民权利、助推法治政府建设或促进我国社会变革等方面都发挥着关键性的作用。自1989年《中华人民共和国行政诉讼法》颁布之后，我国相继制定和出台了国家赔偿法、行政处罚法、行政复议法、行政许可法、行政强制法等许多具有标志性意义的行政法律法规。尽管促成这些行政法律制度生长的因素是综合性的，但行政诉讼显然是其中最为重要的影响因素之一，该项司法制度对行政法治建设的塑造力可想而知。

囿于传统法律文化、复杂社会现实以及当前司法体制的一些制约，行政诉讼制度仍面临许多挑战。尽管2014年我国已对行政诉讼法进行了大幅度的修订，对实践中存在的“立案难、审理难、执行难”等问题作出了有效应对，但复杂难点的解决远不是一两次修法就能够根治的。并且，自行政诉讼法修法并实施8年来，司法实践中又出现了不少新的困境。对于如何通过行政诉讼制度的完善推进行政审判体系和审判能力现代化这个问题，依然需要理论界与实务界的共同努力。

李凌云博士长期关注行政诉讼法，欣闻他的新著《新时代行政诉讼疑难问题研究》即将出版，高兴并祝贺之余，应邀为他作序。

凌云是西北政法大学行政法学院2010级的本科生，2013年秋季学校启动大四学生的毕业论文撰写工作。经双向选择，我成为他的论文指导老师。一晃10年过去了，当年指导他写作的具体情景已经有些模糊。记得曾邀他来我办公室讨论过两三次，“淳朴踏实、勤学善思”，是他留给我的初步印象。随后，他围绕政府信息公开诉讼写了一万多字的论文，尽管此篇论文尚属青涩，但整体上结构合理，内容平实，符合学术规范，这也是他对行政诉讼疑难问题的第一次深度思考。其间，他全力以赴备考名校的研究生。2014 年夏季，他顺利通过毕业答辩。不过，因为考研目标院校的竞争过于激烈，他遗憾未能如愿以偿。当时我曾建议他调剂到一些相对普通的地方院校直接深造，但他志向高远，继续选择报考京城的高等学府。鉴于考研形势越来越严峻的现实，我略感担忧，只能祝愿他“二战”顺利。2015 年，凌云被录取到首都经济贸易大学，师从喻中教授攻读硕士学位。彼时，我们也曾多次讨论行政诉讼的前沿论题。硕士毕业后，他还在北京基层法院工作过一段时间，对原生态的行政审判状况有了近距离的观察与思考。

我想，只要凌云保持对行政诉讼研究的兴趣，终能够在该领域有所收获。果不其然，这几年我欣喜地发现，他已聚焦相关主题并发表了多篇富有现实意义的学术文章，研究能力日益提高，成长为北京市属本科高校的优秀青年教师，并将他的思考形成了这部新时代行政诉讼法学研究领域的力作。

凌云的求学之路并不算一帆风顺，但他目标坚定，具有探究疑难复杂问题的持续动力。对他来说，这本书的出版是新的起点。相信他会锲而不舍，以凌云之志，积跬步之功，在教学与科研上取得更大的进步。希望凌云博士今后继续秉承西北公法学子的优良传统，不忘初心，精耕细作，为行政诉讼法学的知识创新作出积极的贡献。

姬亚平

西北政法大学行政法学院院长，教授、博士生导师

2022 年 11 月 16 日

前　言

行政诉讼是现代法治国家维护公平正义的重要法律制度。行政诉讼通过解决行政争议，保护公民、法人和其他组织的合法权益，监督行政机关依法行使职权，能够实现宪法和行政法上的法益保障。作为“民告官”的诉讼类型，行政诉讼最核心的价值是“保护公民权、控制行政权”。

我国当代行政诉讼制度是传统法制在近代变革过程中对西方法律进行移植和改造的产物，其变迁迄今已逾百年。自改革开放以来，中华人民共和国的行政诉讼制度也已历经 40 余年。自我国 1989 年颁布行政诉讼法以来，行政诉讼制度和行政审判工作经历了逐渐完善的过程。整体来看，该项制度取得了历史性成就：行政审判质量、效率和公信力得到全面提升，人民法院行政审判工作明显增强。经由行政诉讼从理论到实践的发展，诸多法律规则在实质性化解行政争议、保障公民合法权益以及提升行政机关依法行政意识等方面发挥了积极作用。但挑战与发展并存，行政审判在很多方面亦遭遇成效不彰的困境，这引起了学者、实务部门乃至社会各界的高度关注。例如，行政诉讼合法性审查与合理性审查的关系存在纠葛，行政诉讼“立案难”问题尚未得到完全解决，行政协议诉讼在适用民法典时仍存疑惑，等等。不难发现，客观评估现行制度疏漏且作出有效应对，将直接关系行政诉讼制度的实施成效。

本书的特色在于：紧跟新时代的行政法治动态，梳理行政诉讼制度在改革创新、理论研究、司法实践等方面亟待解决的重大疑难问题，秉持中国行政诉讼法学的自主性理论关怀和本土化自觉，探寻破解现实难点的法治路径。有鉴于此，笔者选取了行政审判体制改革、合法性审查原则、立案登记制、投诉举报人原告资格、政府信息公开诉讼、行政公益诉讼、行政协议诉讼等研究对象，运用规范分析、制度分析等方法对上述领域中现存难点问题及其症结进行剖析，并有针对性地提出具有一定参考价值的完善建议。具体而言，全书在结构上分为如下三个部分。

第一部分由第一章至第三章构成，从整体上提出行政诉讼的疑难问题及与之相关的两个基础性论点。其中：

第一章为新时代行政诉讼制度的改革创新及疑难问题概述。一方面，该制度使行政诉讼中各项富有特色的经验得以提炼；另一方面，在该制度持续完善的同时，其在实践中的多项难点也接踵而至，有必要从微观、中观和宏观层面就此展开主题研究。

第二章探讨了国家治理背景下行政审判体制改革中的疑难问题。通过文献梳理可知，当前学界重点关注的是行政审判体制所面临的行政化、地方化以及职能弱化现象，且在改革模式选择、行政法院方案等方面存在理论争点。在此基础上，笔者通过反思改革与管辖相耦合的机理、改革模式的优劣评判标准等因素，认为当前行政法院模式尚不具现实必要性，跨行政区划法院管辖之模式则可进一步作为改革的发展方向，以助益国家法治现代化的进程。

第三章探讨了行政诉讼合法性审查原则中的疑难问题。合法性审查作为我国行政诉讼法独具特色的基本原则，是整个行政诉讼制度内容及诉讼程序运行的主要参照系。合法性审查原则所包含的意蕴，主要受行政权与司法权之界限、行政事务专业性、司法机关相对更擅长法律适用等因素的影响。对此笔者认为，合法性审查原则的现有功能定位应得到坚持，因其存在契合行政诉讼功能定位等多种价值。同时，在实质合法观视域下，将明显不当标准归于合法性审查范畴是当前立法及学理的通说，即认为合法性审查原则的内涵经扩大解释已覆盖了部分合理性审查问题。笔者认为，此原则所涵括的审查依据应得到适度扩充，可尝试将党内法规、习惯等非制定法囊括其中。

第二部分由第四章、第五章构成，从程序启动环节揭示了行政诉讼疑难问题。其中：

第四章探讨了行政诉讼立案登记制改革中的疑难问题。为破解行政诉讼“立案难”问题，从形式上看我国法院的行政立案制度已从立案审查制变革为立案登记制。法律界率先响应中央提出改革法院立案登记制的规定，在行政诉讼法的法律条文中新增了关于登记立案的条款。然而，与立案密切相关的起诉条件仍基本没有修改，即行政诉讼的起诉条件依然存在高阶化问题。从立案模式来说，当前行政诉讼实质上沿袭了立案审查制下的“诉案模式”，而非立案登记制下的“诉状登记模式”。因此，应降低行政诉讼的起诉条件，并在立案制度中确立“诉状登记模式”，构建具有真正意义的、形神兼备的登记制。

第五章探讨了投诉举报人原告资格判定中的疑难问题。2018 年起施行的《最高人民法院关于适用〈中华人民共和国行政诉讼法〉的解释》第 12 条明确了投诉人原告资格及其判定标准。然而，由于对法律规范及司法解释的理解偏差，投诉人原告资格与举报人原告资格出现混淆。对此，笔者经过投诉与举报的概念演绎，根据主客观诉讼的理论视角，揭示了投诉人原告资格与举报人原告资格的区分，并认为，为破解投诉人原告资格判定的主观性弊端，不妨引入域外法上的保护规范理论，将其作为提升司法理性的分析基准，继而将判定要件重塑为新的判定结构。

第三部分由第六章至第八章构成，从特别类型视角审视行政诉讼疑难问题。其中：

第六章探讨了大数据时代政府信息公开诉讼中的疑难问题。法治政府建设背景下的政府信息公开制度逐步推进，对实现行政机关依法行政和保障公民知情权具有积极意义。与传统行政诉讼相比，政府信息公开诉讼属于给付诉讼。行政诉讼制度无法完全解决政府信息公开遇到的新兴难题。例如，在2020年新冠肺炎疫情肆虐全球的背景下，重大疫情方面的信息公开制度进一步凸显了监督行政机关信息公开义务的现实作用，此项行政诉讼在社会转型过程中所存在的难点仍有待解决。

第七章探讨了新时代社会治理与检察行政公益诉讼中的疑难问题。伴随司法改革的深入推进，检察机关提起行政公益诉讼的工作已经初见成效。但其在行政公益诉讼实践中亦遇到了一些问题，亟待认真研究总结。其中，检察机关的身份定位、案件范围、预防性诉讼等内容皆有完善的必要，以便更好发挥公益诉讼检察治理之效能。

第八章探讨了民法典时代与行政协议诉讼中的疑难问题。行政协议诉讼与其他类型行政诉讼的差异，在于其不仅涉及行政机关履行职权的行为是否合法、合理，而且关乎行政机关在缔结、履行、解除过程中的其他行为以及行政相对人行为的合法性与合约性等问题。2020年1月起施行的《最高人民法院关于审理行政协议案件若干问题的规定》，再次将行政法学界和民法学界的理论争鸣推向深入。我国现行民法典之总则编、合同编等各编内容中有多个条款涉及行政协议，民法典时代行政协议诉讼所遭遇的疑难问题有待系统研究。

综上，本书采取专题研究的方式，旨在初步描述新时代行政诉讼的现实状况，揭示这项司法制度良性运作所必不可少的要素，同时寄托了笔者通过化解现实难题助推制度创新的良好期盼。希望这些论述能够对行政诉讼理论研究与实践发展有一定的借鉴意义，并对全面推进我国行政审判体系和审判能力的现代化有所裨益。

目录

CONTENTS

第一章　绪　　论

当前，我国法治国家、法治政府、法治社会一体建设已取得突出成绩。2021 年 11 月党的十九届六中全会明确指出，中国特色社会主义法治体系不断健全，法治中国建设迈出坚实步伐。2021 年 1 月中共中央印发的《法治中国建设规划（2020—2025 年）》强调，紧紧抓住制约司法能力的深层次问题，建设公正高效权威的中国特色社会主义司法制度。2022 年 10 月党的二十大报告提出，“加快建设公正高效权威的社会主义司法制度，努力让人民群众在每一个司法案件中感受到公平正义”。行政诉讼作为司法领域的三大诉讼之一，因其象征着“政府-公民”的关系而被视为一个国家法治水平的晴雨表。

行政诉讼作为国家的基础性法律制度，是维护公民合法权益、推进法治政府建设的重要保障。新时代行政诉讼制度只有不断自我革新，切实回应现实需求，才能保持其生命力。法律制度能否实现预期目标，既要看该制度本身的规定如何，也取决于其所立足的理论基础，还有赖于现实生活中的实施机制。根据美国学者弗里德曼的理论，行政法律制度研究应超越那种视之为静态结构与实体的传统观念，关注从输入变为输出的中心问题，及时回应社会需求①。言下之意，研究法律问题应当特别注重实践性。2019 年最高人民法院发布的《人民法院第五个五年改革纲要（2019—2023）》明确要求“推进行政诉讼制度改革”。行政诉讼法若要完成体系化的建构，需要以更具包容性、开放性的视角去迎接新时代课题②。在法治中国建设的转型期，行政诉讼依然有很多疑难问题亟待解决，从这些疑难问题的解决中或可揭示我国行政诉讼未来发展的可能性。

---

① 弗里德曼．法律制度：从社会科学角度观察［M］．李琼英，林欣，译．北京：中国政法大学出版社，2004：14.

② 江必新．法律规范体系化背景下的行政诉讼制度的完善［J］．中国法学，2022（3）：24.

第一节 新时代行政诉讼制度的改革创新

一、新中国行政诉讼制度的发展历程

如果以1989年4月颁布的《中华人民共和国行政诉讼法》为起点，正式的行政诉讼制度已经在我国走过了30多年的历程，这是新中国法治进程中具有里程碑意义的标志性事件，在中国法律制度文明史上也占有重要地位。当然，我们不妨将视域再往前移至新中国成立初期，以此审视70多年来大历史背景下我国行政诉讼制度的变迁。由此，根据其制度发展中的显著差异，可将我国对行政诉讼的探索过程分为以下三个阶段。

（一）萌芽与确立阶段（1989年之前）

对于新中国行政诉讼制度的发展，我们可以从司法组织角度管窥其行政审判体制，它在很大程度上主要是以行政审判庭为支点而建立起来的制度体系。行政审判庭经历了一个曲折的成长历程。1949年9月通过的具有临时宪法性质的《中国人民政治协商会议共同纲领》第19条规定："人民和人民团体有权向人民监察机关或人民司法机关控告任何国家机关和任何公务人员的违法失职行为。"该条款为建立行政诉讼制度奠定了宪法性原则。同年12月，中央人民政府委员会核准制定了《最高人民法院试行组织条例》，其中规定：最高人民法院下设民事、刑事和行政三类业务审判庭。遗憾的是，在1951年的《中华人民共和国人民法院暂行组织条例》之中，"行政审判庭"与"行政诉讼"的设想却已难觅踪迹[①]。新中国成立后的较长一段时期里，司法体制中实际并不存在行政审判庭。1954年我国宪法第97条规定："中华人民共和国公民对于任何违法失职的国家机关工作人员，有向各级国家机关提出书面控告或者口头控告的权利。由于国家机关工作人员侵犯公民权利而受到损失的人，有取得赔偿的权利。"该条款为行政诉讼制度的构建提供了宪法依据，但囿于多种历史因素，此规定未能指导行政诉讼制度的贯彻落实。在特定时代背景下，行政诉讼制度的发展空间尚不充分。

新中国真正意义上的行政诉讼制度建设，集中于改革开放之后。确认公民权利主体地位的经济体制，保障国家机关合理运行的政治体制，是构建行

① 崔永东．建国初期最高法院的司法工作［N］．人民法院报，2011-06-29（6）．

政诉讼制度的必要前提。此为行政诉讼发展的政治之维与经济之维①。改革开放之初，行政诉讼尚处于分散立法和碎片化建构阶段，但其所形成的理论和司法实践为后续出台统一的行政诉讼法奠定了基础。当时，中外合资经营企业所得税法、个人所得税法、外国企业所得税法等单行立法、分散立法推动了行政诉讼制度的萌芽与生长，这也是以单行法律法规的个别条文规定行政诉讼诉权的方式去探索制度建设。在该时期，行政诉讼的发展先是依附于民事诉讼制度，如 1982 年 10 月起实施的民事诉讼法（试行）第 3 条确立了以民事诉讼程序审理行政案件的原则。其实，当年在起草该法时，其中曾有一章专门对“行政诉讼”的规定进行了制度设计，但有关方面认为时机尚不成熟，还需要积累经验，于是删去此章并只留下一句：“法律规定由人民法院审理的行政案件适用本法规定。”当然，这一表述算是为行政诉讼制度的发展开了一个窗口②。

1983 年版的人民法院组织法，其第 19 条和第 24 条进一步规定基层及以上法院都应设立经济审判庭。当时，行政案件主要由法院民事审判庭及经济审判庭审理，行政诉讼制度呈现依附于“民事审判”与“经济审判”的样态。鉴于治安行政案件的日益增多，我国又于 1986 年 9 月颁布了《治安管理处罚条例》。该条例拓宽了行政诉讼制度的范围，将治安行政案件纳入行政诉讼受案范围，为维护公民的合法权益提供了制度保障。与此同时，随着我国土地管理法的颁行，行政案件再次出现大幅上涨。相关数据显示，1987 年全国一审行政案件从上一年的 632 件跃升至当年的 5 240 件，其中治安行政处罚案件与土地行政处罚案件分别占到了案件总数的 45%和 28%③。可见，单行立法对于行政诉讼制度的建设而言发挥了积极的推动作用。

我国的行政诉讼制度建设集中兴起于 20 世纪 80 年代末。随着 1986 年民法通则的颁布，关于制定行政诉讼法的倡议也被提出。1986 年，由行政法学者和实务部门专家组成的“行政立法研究组”成立，其主要任务之一便是研究起草行政诉讼法。彼时，尽管此项立法尚未全面铺开，但司法实践活动已在大力推进中。1986 年 10 月，全国第一个基层法院行政审判庭和中级法院行政审判庭分别在湖南省汨罗县（今汨罗市）、湖北省武汉市建立，此举开启了由法院专门业务庭室审理行政案件的先河。1987 年 2 月，行政立法研究组起

① 马怀德．行政诉讼制度的发展历程［M］．北京：北京大学出版社，2009：3.

② 何海波．法治的脚步声：中国行政法大事记（1978—2004）［M］．北京：中国政法大学出版社，2005：61.

③ 何海波．行政诉讼法［M］．北京：法律出版社，2016：16.

草行政诉讼法（试拟稿）并于1987年完成，次年6月又完成了征求意见稿[①]。1988年10月，最高人民法院相应地设立了行政审判庭，为全国地方法院树立了标杆。紧接着，不少法院以此为参照对行政审判庭加以建构。到1989年初，行政诉讼法虽尚未正式颁布，但已有26个高级法院、242个中级法院（占中级法院总数的63.5%）、1 154个基层法院（占基层法院总数的39%）相继设置了行政审判庭[②]。终于，新中国第一部行政诉讼法于1989年4月经第七届全国人大第二次会议审议通过，此即为中国现行的行政诉讼法典。对于制定、颁布并施行该法的重大意义，行政法学家王名扬认为："保证行政法的实施最有效的手段是建立行政诉讼，有了行政诉讼制度以后，行政机关不合法的决定才有可能被法院撤销；行政机关除依法办事以外，没有其他可能。行政诉讼法是其他行政法的保障，是行政法律中的基本法。"[③] 1989年版的行政诉讼法从受案范围、管辖、审查标准、诉讼程序、判决方式等多个方面对行政诉讼制度进行了系统性规定，该法的施行是新中国行政诉讼制度正式创建的重要标志。

（二）逐渐完善阶段（1990—2014年）

值得一提的是，我国行政诉讼法第3条对实践中业已设置的行政审判庭作出肯认，并为其他法院提供了规范指引。到1990年底，全国法院基本建立了行政审判庭。行政审判庭的广泛设立，从体制上打破了"大民事诉讼"模式和"大经济审判"理念影响下行政审判萎缩和消解的局面。

行政诉讼是法院通过审判方式进行的一种司法活动。最高人民法院根据行政审判的需求，制定了一系列与之相关的司法解释及司法文件。针对受案范围等疑难问题，1991年6月最高人民法院发布了《关于贯彻执行中华人民共和国行政诉讼法若干问题的意见（试行）》（以下简称"1991年《贯彻意见》"），对受案范围、管辖、证据、起诉条件、审理、执行等多个方面作出了具体界定。比如，针对行政诉讼法采取的"具体行政行为"这一概念，1991年《贯彻意见》将之界定为"国家行政机关和行政机关工作人员、法律法规授权的组织、行政机关委托的组织或者个人在行政管理活动中行使行政职权，针对特定的公民、法人或者其他组织，就特定的具体事项，作出的有关该公民、法人或者其他组织权利义务的单方行为"。尽管依今天的眼光，该

① 江必新，梁凤云．行政诉讼法理论与实务［M］．北京：法律出版社，2016：152.
② 最高人民法院．中国法院的行政审判（1990—2017）［M］．北京：人民法院出版社，2018：5.
③ 王名扬．评行政诉讼法草案［J］．政法论坛，1989（1）：6.

意见的部分规定存在一些不合理之处，但以其出台时的现实情况看，1991年《贯彻意见》以较为明确和具体的表述凝聚了司法实践共识，为各级法院的行政审判工作提供了重要指导①。此后，最高人民法院于1996年发布的《关于人民法院执行〈中华人民共和国国家赔偿法〉几个问题的解释》等司法解释，进一步推动了行政诉讼制度的发展，完善了公民权益的救济渠道。除此之外，我国行政处罚法、国家赔偿法、治安管理处罚法等法律法规以及相关行政规范性文件的密集制定，都在不同程度上推动了行政诉讼制度的完善。

进入21世纪以来，随着我国政治、经济、对外开放的持续发展，行政诉讼制度建设也得到有序推进。围绕行政法律制度的基本框架，适时根据实践发展来调整司法规则便是其中一项重点工作。2000年3月，最高人民法院颁布了《关于执行〈中华人民共和国行政诉讼法〉若干问题的解释》（以下简称“2000年《若干解释》”），废除了1990年的司法解释。该司法解释充分汲取了10年来的行政审判经验、现实难点和理论研究意见。对于2001年我国加入WTO这一重大事件，最高人民法院也作出了相应的回应。2002年公布的《最高人民法院关于审理国际贸易行政案件若干问题的规定》，2009年颁布的《最高人民法院关于审理行政许可案件若干问题的规定》，2010年出台的《最高人民法院关于审理政府信息公开行政案件若干问题的规定》等司法解释，进一步充实了行政诉讼的法律规范，凸显了自上而下推动制度发展的进路。2004年3月最高人民法院印发了关于进一步加强行政审判工作的通知，并以发布司法文件、司法解释、工作报告以及召开行政审判工作会议等多种方式调整行政审判政策。同时，行政审判与行政执法的互动关系愈加频繁，亦促进了行政诉讼制度的革新。

应该看到，自1989年行政诉讼法颁行以来，许多制度上的问题逐渐显现。同时，该时期的行政诉讼仍面临立案难、审理难、终了难等普遍的困顿现象。于是，对该部行政诉讼法的修改提上了议程。从2009年开始，全国人大法工委着手行政诉讼法的调研修改工作。修改程序启动后，理论界与实务界高度重视该项工作，草拟并提交了多个专家建议稿版本。经过反复调研与论证，2014年11月全国人大常委会审议通过了关于修改《中华人民共和国行政诉讼法》的决定。经过大幅修订，此法的条文由75条增加到103条，多数法条有改动或删减，仅有25条没有变动。相比1989年的版本，新修改的行政诉讼法体现了一系列制度创新，其中最重要的改进包括将立案审查制改为

① 马怀德，孔祥稳．改革开放四十年行政诉讼的成就与展望［J］．中外法学，2018（5）：1141.

登记制、案件可跨行政区域管辖、放宽当事人资格限制、扩大司法审查强度、增加裁判形式等[①]。新法自 2015 年 5 月 1 日起施行。

（三）快速革新阶段（2015 年至今）

继 2014 年修改的行政诉讼法生效之后，最高人民法院于 2015 年 4 月通过了《关于适用〈中华人民共和国行政诉讼法〉若干问题的解释》（以下简称“2015 年《适用解释》”）。尽管该解释篇幅并不长，仅有 27 条，却属于贯彻落实新法的重大司法举措。新法实施后，具体制度效果得到彰显。同年 4 月，最高人民法院审议通过《关于人民法院登记立案若干问题的规定》，以指引人民法院依法及时受理行政案件。随后，行政诉讼立案量大幅上升，并于 2016 年达到了 22 万件左右；原告的胜诉率也有所上升，在 2016 年达到 13.37%[②]。随着制度建设的不断推进，行政审判庭也在数量上保持稳步的发展势头，至 2015 年 6 月已增长到 3 320 个[③]。这些数据在一定程度上反映了修法所带来的积极效果。

进入新时代以来，相关专业性的行政诉讼制度创新继续得到践行。如 2017 年 1 月，最高人民法院发布《关于审理商标授权确权行政案件若干问题的规定》，优化了相对人因不服商标评审委员会作出的商标驳回复审等行政行为所引发争议的司法审查规则。2017 年 11 月，最高人民法院通过《关于适用〈中华人民共和国行政诉讼法〉的解释》（以下简称“2018 年《行诉法解释》”），于 2018 年 2 月 8 日起施行，并同时废止了 2015 年司法解释与 2000 年《若干解释》。2018 年《行诉法解释》在明确受案范围界限、总结行政诉讼管辖成果、明确当事人资格、完善行政诉讼证据规则、规范审理判决程序、细化规范性文件附带审查等方面作出了具体规定，促进了行政诉讼制度的发展创新。

具体行政领域的司法创新也在不断推进中。2018 年 2 月，最高人民法院、最高人民检察院联合制定的《关于检察公益诉讼案件适用法律若干问题的解释》得到通过，自此行政公益诉讼的司法规则得以明确。2019 年 11 月，《关于审理行政协议案件若干问题的规定》经最高人民法院审判委员会会议通过，并于 2020 年 1 月 1 日起施行。2020 年 6 月，最高人民法院发布《关于行政机关负责人出庭应诉若干问题的规定》的司法解释，以进一步规范行政机关负

① 姜明安．论新《行政诉讼法》的若干制度创新［J］．行政法学研究，2015（4）：12.

② 中国法律年鉴社．中国法律年鉴（2017）［M］．北京：中国法律年鉴社，2017：1161.

③ 江必新．行政诉讼三十年发展之剪影：从最高人民法院亲历者的角度［J］．中国法律评论，2019（2）：9-14.

责人出庭应诉活动。2021 年 3 月，最高人民法院出台《关于正确确定县级以上地方人民政府行政诉讼被告资格若干问题的规定》这一司法解释，旨在解决司法实践中县级以上地方人民政府作为被告的认定难题。同年 7 月，最高人民检察院颁布《人民检察院行政诉讼监督规则》，旨在保障和规范人民检察院依法履行行政诉讼监督职责，监督人民法院依法审判和执行，促进行政机关依法行使职权。同年 9 月，最高人民法院颁发《关于完善四级法院审级职能定位改革试点的实施办法》，此举对全国行政审判格局产生了重大影响。总体而言，行政诉讼制度并非孤立的系统，而是与社会发展、民主政治、司法改革存在紧密关联的。尤其是 2020 年民法典时代的到来，行政诉讼制度面临依法监督公权、平等保护私权、实质解决争议等审判理念的强化，相关制度建设仍须得到相应跟进。换言之，行政诉讼制度作为新中国法治坚实的里程碑，理应充分顺应民法典的实施契机，进一步把握难得的发展机遇。

2022 年 1 月，为更好发挥行政审判的职能和作用，推进行政争议多元化解工作，最高人民法院印发《关于进一步推进行政争议多元化解工作的意见》，对各级法院在行政审判工作中参与诉源治理等内容作出了详细规定，形塑了人民法院在行政争议多元化解体系中的角色定位，拓展了行政审判制度的发展空间。同年 3 月，最高人民法院发布《关于审理行政赔偿案件若干问题的规定》，该司法解释结合行政赔偿案件实践，严格落实国家赔偿法、行政诉讼法，切实对存在分歧的重大疑难法律适用问题进行了解释。总体而言，随着上述法律规范、司法解释以及政策文件的陆续颁布，我国新时代行政诉讼制度的图景基本构成，此项制度建设也随之迈入了崭新的发展阶段。

二、新时代行政诉讼制度取得的成就

进入新时代，我国的行政诉讼制度建设取得了显著的成绩，各项富有特色的实践经验得以提炼。其积极进展集中体现在以下三方面。

（一）保障公民合法权益

有学者认为，在行政诉讼中，对于任何一个权利受到公权力侵害的人而言，法律之门都是向其敞开的。行政诉讼的侧重点不在于客观的合法性审查，而是对个人权利的维护①。在维护公民基本权益方面，行政诉讼实际上要承担的是保护宪法赋予公民之基本权利的功能。我国行政诉讼制度改革的举措，主要围绕完善行政审判工作机制、依法保护行政相对人合法权益等展开。尽

① 胡芬．行政诉讼法［M］．莫光华，译；刘飞，校．北京：法律出版社，2003：10.

管行政诉讼制度具备多元目的，但保护私主体的合法权益始终是其根本目标。我国在制定1989年版行政诉讼法时，立法者明确提出“建立行政诉讼制度的目的之一，是要使公民、法人和其他组织被行政机关或者行政机关工作人员侵犯的合法权益得到补救”[①]。行政诉讼制度建立以来，尤其是随着立案登记制、行政案件集中管辖、附带审查其他行政规范性文件等改革举措的集中推进，法院依法受理和审理各类行政案件，及时化解各项行政纠纷，切实保障了公民、法人和其他诉讼主体的合法权益。

我国行政诉讼的公民权益保障作用，从行政案件受理数量增加与受案范围扩大上得以集中体现。行政诉讼法施行30多年来，各级人民法院切实遵循法律规定，受理了大量的行政案件。据统计，从1990年到2017年，全国法院共受理一审行政案件2 868 224件。其中，2016年、2017年全国法院受理的一审行政案件持续增长，分别达到了225 485件和241 007件[②]。在受案范围上，行政案件类型日趋多样化，行政案件已经不限于传统的土地征收、房屋拆迁、行政处罚、行政强制等案件，诸如环境资源、市场监管、个人信息等领域也被纳入行政诉讼的保护范围。在具体权利范围上，人身权、财产权、劳动权、知情权等各项社会权利亦都能够得到行政诉讼的保障。2008年《最高人民法院关于充分发挥行政审判职能作用 为保障和改善民生提供有力司法保障的通知》明确提出，行政审判与保障民生关系非常紧密，人民法院将司法为民和维护社会公平正义作为行政审判工作的出发点与落脚点，充分发挥行政审判保障和改善民生的重要职能作用。例如，近年来我国法院受理了大量涉及医疗卫生类的行政案件，对于保障群众身体健康、推动医疗服务体系发展发挥了积极作用。概言之，关系公民日常生活的民生权利的实现离不开国家给付行政的积极履行，而行政诉讼则在其中发挥了民生权利救济主要通道的作用。

（二）实质性解决行政争议

全面深化改革时期，社会利益关系复杂多样，矛盾纠纷数量大幅增加。在此背景下，行政争议数量与日俱增，公民依法维权的意识也不断提升。在利益冲突比较严峻的土地征收征用、社会保障等领域，一系列行政权失范行为导致了行政争议的频频发生。我国现行解决行政争议的制度体系中主要包括行政诉讼、行政复议、信访等。其中，行政诉讼制度存在的主要依据是其

① 王汉斌．社会主义民主法制文集［M］．北京：中国民主法制出版社，2012：322.

② 最高人民法院．中国法院的行政审判（1990—2017）［M］．北京：人民法院出版社，2018：9.

在理论层面能够公开、公正地解决争议。事实上，行政诉讼经常被公众誉为“解决行政争议的最后一道防线”。从最直接的意义上而言，行政诉讼就是一种解决行政争议的制度。古云：诉，告也；讼，争也。行政诉讼也是一类特定的诉讼活动。2014 年行政诉讼法首次修正时，将“解决行政争议”置于第 1 条，即作为立法目的予以确定，旨在强化行政诉讼化解行政纠纷的功能。

客观来看，行政诉讼法在推动我国行政争议的实质性化解中的确发挥了积极作用。例如，近些年的司法实践中大力推行了行政诉讼简易程序。该机制不仅保障和便利了当事人依法行使诉讼权利，减轻了当事人的诉讼负担，而且保证了人民法院及时审理行政案件。2021 年 5 月，最高人民法院发布《关于推进行政诉讼程序繁简分流改革的意见》，正式拉开了全国范围内行政诉讼程序繁简分流改革的序幕。此项改革有助于更加科学地配置行政审判资源，有效促进行政争议的实质性化解。并且，行政诉讼制度并不局限于其本身的作用，而是切实完善了纠纷的多元化解机制。根据中央办公厅、国务院办公厅《关于预防和化解行政争议 健全行政争议解决机制的意见》，针对一些行政案件矛盾成因复杂、法律规定不明、纠纷无法一次性解决等特点，多地法院积极推动行政纠纷多元化解机制，实现了与调解、仲裁、行政复议等机制的有机衔接。实践中，实质性解决行政争议既关注行政审判工作层面的疑难问题，也关注案件受理、起诉期限优化、原告资格扩大等制度建设的议题。行政审判围绕行政争议产生的基础事实和诉讼目标，通过依法裁判、调解和协调化解相结合并辅以其他审判机制的灵活运用，从而实现了对诸多案涉行政争议的整体性、彻底性、一揽式解决。

(三) 监督行政机关依法行使职权

行政诉讼制度是一种国家权力间的结构设计，它的发展需要诉诸司法权对行政权的监督才能实现①。行政权作为国家政权的重要构成，是行政机关管理各项行政事务的公共权力。行政权是一把双刃剑，具有双重属性：一方面是行政权力的必要性，即任何一个国家、任何一个社会的正常运转都离不开行政权；另一方面是行政权的扩张性，即这种权力若不受法律的约束则有可能走向专横、滥用。因此，通过司法审查来检验行政权的合法性是一项值得深思的公理。行政权力必须受到制约、行政纠纷必须得到解决、行政损害应当得到救济，这是亘古不变的规则。

当代中国行政诉讼发展的核心功能定位是依法控权。行政诉讼法颁行 30 多

① 杨伟东．权力结构中的行政诉讼［M］．北京：北京大学出版社，2008：30.

年以来的行政审判实践表明，行政诉讼在促进依法行政、建设法治政府过程中已经并且正在发挥着越来越重要、积极的作用。这些年来的法治建设的经验亦显示，凡是行政诉讼制度实施顺畅之时，法治政府建设就会迈出坚实步伐①。行政诉讼制度不仅在相当意义上发挥了解决行政纠纷、救济权利的功能，而且在较大程度上发挥了监督行政的功能。行政诉讼具有确保行政合法性进而维护公共利益的功能，担负着维护客观的法秩序之任务②。自我国1989年行政诉讼法实施以来，随着行政案件数量和类型的日益增多，行政机关面临着前所未有的诉讼压力。针对行政处罚、行政强制、行政许可等领域的纠纷，行政机关在应诉过程中逐步发现其行政行为中存在的问题点，比如行政执法侵权、程序违法以及明显不当等问题。可见，行政诉讼的制度和行动促使行政机关转变行政权不受约束的传统观点，持续增强其依法行政的意识。

行政诉讼法实施以来，行政机关经常成为被告，从而形成了一个“民告官”的纠纷解决机制。如在行政机关出庭应诉制度的推行中，公民起诉政府部门，不仅有可能在法庭上见到政府部门的“一把手”，而且能与这些行政机关负责人就行政案件针锋相对地进行辩论。一旦行政行为被法院作出否定性评价，被诉的行政机关及其工作人员往往要承担一定的行政责任，这对行政执法行为的改进起到了直接督促的作用。针对行政案件中出现的违法点，法院依法延伸审判职能，适时向行政机关发出司法建议。通过发挥司法建议“以点带面，以个案促整体”的功效，积极规范行政执法行为。相比1989年版行政诉讼法第1条的立法目的，2014年修订的行政诉讼法第1条直接删除了“维护”二字，并保留了“监督行政机关依法行使职权”的表述，从而强调了行政诉讼制度在行政权监督体系中的关键作用。可以说，行政机关的依法行政意识与行政诉讼对其的塑造功能密不可分。行政机关之所以具备了普遍的依法行政理念，在很大程度上得益于行政诉讼这一监督机制。正如有学者所说：“行政诉讼是行政法治发展的杠杆；作为国家治理体系一部分的行政法治体系建设，很大程度上依赖于行政诉讼法的杠杆撬动。”③ 受行政诉讼法催化效果的影响，我国的国家赔偿法、行政处罚法、行政强制法、行政许可法等行政法律法规相继出台，这些以规范行政权为主旨的法律法规在法治政

① 章志远．法治政府建设中的人民法院：问题与再定位［J］．探索与争鸣，2022（1）：94.

② 陈清秀．行政诉讼法［M］．台北：元照出版公司，2018：13.

③ 于安．我国行政诉讼制度现代化的转型问题［J］．行政法学研究，2014（4）：3-8.

府的建设中发挥了重大作用。

第二节 研究行政诉讼疑难问题的基本思路

同时应该注意到，尽管行政诉讼制度建设取得了积极成效，但不意味着已经不存在任何问题。事实上，随着行政诉讼制度的不断完善，多项难点也开始显现。有研究发现，实践中一系列现实问题接踵而至，困扰行政诉讼的深层次问题依然存在，行政审判的普遍痛点仍有待破解①。因此，通过理性审视新时代行政诉讼制度的实际运作，提炼其中的实践难点并提出解决对策，对今后行政诉讼改革的路线与方向具有至关重要的作用。从新中国行政诉讼制度的发展沿革入手，以现实生活中的疑难问题为着力点，运用法学原理进行阐释，能够从宏观上为该项司法制度的有效实施提供必要思路。

行政诉讼的法律实践，尚未达到行政法治所宣示的目标，这种现实与理想之间的距离构成了中国法治的复杂与多元。行政诉讼制度是一国特定历史的产物，难免存在较强的路径依赖特点。不论哪种法律体系，不管什么法律传统，在面对化解行政纠纷的社会需要时，最终都必须以解决现实难题为工作目标，中国也不例外。作为中国社会整体结构一部分的行政诉讼制度，其在现实中存在的难点值得我们去深入挖掘，即如何更好地实现行政诉讼解决行政纠纷、监督行政的功能。在行政诉讼制度发展愿景与现实挑战的背景下，对与之相关疑难问题的破解迫在眉睫。

一、行政诉讼疑难问题研究概述

（一）行政诉讼的研究主题与方法

行政诉讼中的疑难问题直接反映在理论研究上。换言之，与行政诉讼难点有密切关联的，也正是行政诉讼的各类重点研究主题。在探讨该问题之前，有必要分析行政诉讼研究的基本风格和它所指向的主题。有学者指出，近些年国内行政诉讼法学研究似乎相当繁荣，但繁荣表象的背后却隐藏着研究主题重复的危机②。对此笔者认为，今后的行政诉讼研究应当在继续推动行政诉讼法有效实施的基础上，持续关注未尽的新兴课题与疑难问题。具体来看，

---

① 何海波．一次修法能有多少进步：2014 年《中华人民共和国行政诉讼法》修改回顾［J］．清华大学学报（哲学社会科学版），2018（3）：26.

② 章志远．晚近十年的中国行政诉讼法学研究：回顾、反思与前瞻［J］．清华法学，2015（1）：63.

不妨分别从微观、中观和宏观三个层次去展开主题研究。

从微观层面而言，这种主题研究是将某个具体法律制度或法律问题揭示出来并给出结论，以推动行政诉讼制度的实施。例如，行政公益诉讼是当前热度很高的一个话题。其中，检察机关提起行政公益诉讼的行为与其在刑事诉讼中公诉人身份之间的关系，检察机关的举证责任，检察权在行政诉讼中的合理配置，现有普通行政诉讼对公益诉讼的容纳等方面，都值得深入研究。又如，行政机关负责人出庭应诉制度也是理论界与实务界长期关注的研究主题。我国行政诉讼法总则篇中有关“被诉行政机关负责人应当出庭应诉”的规定是2014年修法中的一大亮点。这是一条极具中国特色的规定，放眼全球行政诉讼领域，作出这种规定恐怕也是罕见的，这充分体现了修法者在解决行政审判难题上的中国智慧。此项规定虽然在地方上早有探索，但明确规定在法律之中并推行于全国仍出乎许多人的意料。应当说，行政机关负责人出庭制度当前仍处于完善阶段，其实施效果到底如何尚有待司法实践的检验，究竟怎样来合理落实这一制度仍需要进行大量探索。比如，对应当出庭和不应当出庭应当如何界定？同时，有些地方政府发文将出庭应诉作为官员绩效考核的指标是否合理？也就是说，行政机关负责人出庭应诉的某些结果值得商榷。此外，有关各方对行政诉讼的具体判决方式也存在争议，如给付判决在行政诉讼判决体系中的定位，特别是给付判决与履行判决的区别等重要问题并没有形成共识①。可见，不论从立法目标还是从现有的判决类型上看，该类判决所特有的适用范围都有待明确。与此同时，行政诉讼原告资格也是长期困扰理论界与实务界的问题。事实上，我国的实定法从未以某种一般性标准统合行政诉讼原告资格的所有情形，对此种程序的启动要件也应构建多层次的规范体系。值得一提的是，由法律法规和规章授权的组织作为被告也是颇受关注的主题。2018年党和国家机构改革之后，在行政诉讼中的被告认定中出现了一些新问题。如我国行政诉讼法明确肯定了行政机关以外组织行使行政职权的情况，把授权主体扩大至由规章授权的组织。但尚未解决的是，党组织行使行政职权的情况该如何处理？在此类情形中，被告资格的判定尚存在难点。

从中观层面对行政诉讼制度的完善进行研究，也是一大主题。在行政诉讼领域，行政审判体制改革、合法性审查、行政诉讼与行政复议的关系定位

---

① 黄学贤．给付判决在行政诉讼判决体系中的定位［J］．苏州大学学报（哲学社会科学版），2021（4）：73.

等都值得重点研究。这有助于突破行政诉讼所面临的体制性、机制性障碍，摆脱行政诉讼的困顿局面。例如，对于行政审判体制改革，有学者主张进行彻底改革，即建立行政法院。但是，该法院在我国法院系统中应处于怎样的地位，与普通法院的关系如何等，都是亟待深究的课题。又如，尽管我国行政诉讼法规定了多种法院的判决方式，但尚未确立行政诉讼的类型化改造。再如，在行政复议作为“化解行政纠纷主渠道”的功能定位下，怎样通过行政复议法与行政诉讼法的有机对接，去构建行政复议与行政诉讼之间的新型衔接关系也是一项有研究价值的课题。

从宏观层面研究行政诉讼，则彰显了该项制度本身的理论风格。宏观视角是对体制与机制总体框架的理论阐释。目前，行政诉讼法还很难像民事诉讼法那样，能够抽象出许多独特的学术概念和理论。因而要从行政审判中的宪法解释问题，行政诉讼制度所处的权力结构、模式选择、目的定位等方面对行政诉讼进行理论研究，以深入挖掘行政诉讼制度本身的特色。值得注意的是，行政诉讼对诉源治理的回应与解决是一项难题。行政纠纷的诉源治理既涉及司法权与行政权关系的调整，也影响行政诉讼制度在行政争议解决体系中的定位，是新时代中国特色行政审判制度运行中的重大课题①。探讨行政诉讼回应诉源治理的理论构想，有利于释放司法制度的社会治理效能。此外，行政诉讼与民事诉讼的关系问题也颇值得研究。现实中之所以有很多行政纠纷得不到实质性解决，关键是行政诉讼与民事诉讼交织在了一起。如何协调好民事法律关系与行政法律的关系，行政诉讼该怎样适用民事诉讼规范，以及行政附带民事诉讼的完善措施等都有诸多探讨空间。故而，有必要在宏观上关照行政诉讼制度的发展。对此，应当以问题为导向进行交叉性研究，加强行政诉讼理论和行政诉讼实践的联系，密切行政诉讼法学与宪法学、行政法学及其他法学学科的联系，注重行政诉讼法学与其他社会科学之间的交相发展，这样将有助于发挥行政诉讼制度和实践在推动依法行政和完善行政法治等方面发挥更大作用。

针对上述不同层次的研究主题，研究方法的选择非常关键。学术研究方法对一个学科的发展至关重要，而推动包括对策研究、案例研究、原理研究、实证研究等在内多种研究方法的融合是实现行政诉讼学科转型发展的关键。

所谓对策研究，即针对现行法律规范及制度，着眼于诉讼制度的内部构造与外部运行，就具体制度的完善所进行的研究。所谓案例研究，即从现实

① 章志远．新时代行政审判因应诉源治理之道［J］．法学研究，2021（3）：192.

生活中以及最高人民法院发布的指导性案例、公报案例和《人民法院案例选》中寻找鲜活的素材，力图在行政案例之“个案-规范”间不断探寻，在社会变迁中理解法院的审判逻辑和行政案例的实然面向。所谓原理研究，其目的是为观察、理解行政诉讼制度提供良好的视角，为该制度的完善提供相应的理论支撑；原理研究法立足基础理论的揭示与开拓，旨在推动行政诉讼法学理论命题的精细化。任何一项制度的背后都有与之相对应的理论基础。在学理上，行政诉讼制度建立在保障诉权、司法权运行、司法权与行政权的关系等多重理论基础之上，据此展开的相关方法论探讨理应得到重视。此外，实证研究也是一种科学的研究方法，它能够超越简单的价值判断，从而有效揭示行政诉讼客观现象的内在构成因素及运行规律。若想构建中国本土的行政审判理论，应该不拘泥于法律规范上的阐释，而进一步考察真实世界的裁判实践。实证研究注重对行政法官访谈、当事人访谈和实地参与性调查，以考察行政诉讼这一国家建构的产物在地方性知识层面的境遇①。此种方法阐释了我国行政诉讼中国家与社会、理论与现实的关系，有助于明确把握行政诉讼在实际运作中的做法和特点。

（二）疑难问题：行政诉讼研究必须重视的主题

疑难问题的内涵与外延何在？说到这里，不可忽略疑难案件的概念。有法官根据行政案件的实践，将疑难案件界定为法律适用上的疑难、法官决策上的疑难以及事实上棘手的难题②。深入研究真实司法世界中疑难案件的界定及裁判，对于推动行政制度的改革创新有着从理论到实践的意义。尽管行政诉讼类案件只占众多案件中的一小部分，但是此类疑难案件的裁判极为复杂，它需要综合权衡法律内外各项因素，同时离不开法学研究中裁判方法、裁判理念的推动，仅凭已有法律条文的解释或论证是无法对此类疑难案件作出裁判的。现实中的疑难案件，既包括法律适用上的难点，也包括政策考量与社会效果上的难点，对其进行解决的目的是以合法性审查为导向，兼顾利益衡量与法律稳定。有学者总结了疑难案件的四种表现形式，包括因规则模糊而导致的疑难案件、因规则漏洞而导致的疑难案件、因规则冲突而导致的疑难案件、因规则适用不当而导致结果不良的疑难案件③。导致疑难案件的主要原因是法律的不确定性、司法指引的有限性以及法律内在的可争辩性。对于具

---

① 汪庆华．政治中的司法：中国行政诉讼的法律社会学考察［M］．北京：清华大学出版社，2011：14.

② 亓晓鹏．行政诉讼疑难案件裁判的理念与方法［D］．长春：吉林大学，2019：12-13.

③ 万季涛．论疑难案件的界定标准［J］．浙江社会科学，2004（5）：54.

有代表性的疑难案件，理论研究应及时对例外状态加以剖析，从而系统地提出案件背后的司法理念与裁判方法。对于行政诉讼类疑难案件的界定，往往是立足裁判角度而作出的。

本书所述的疑难问题与疑难案件有所区别，笔者并不限于对行政案件裁判本身的理解与适用等问题进行分析，而是力图梳理行政诉讼制度在政治、司法政策以及法律解释上的多重难点。换言之，本书中所述的疑难问题更侧重法律的制度性难点，而这也是当前行政法律制度层面尚待解决的重点，在理论学说、法律规范、法治实践等方面都面临着多种挑战。法律制度分析作为一种方法论，一直是政治学、行政法学领域常用的分析视角。本书以制度的源起、发展为切入点，力图在揭示行政诉讼现状的基础上找出影响其效果的因素，继而提出优化规则的举措。只有对行政诉讼制度的内在结构、现有利弊反复权衡之后采取相应措施，方有助于推动该项制度本身的优化升级。也只有坚持从自身国情出发，立足破解疑难问题，聚焦长远问题之解决，才能够推动中国特色行政诉讼制度的健全和完善。

从某种意义上而言，疑难问题可透过热点问题而发现。其实，难点问题在很多时候也正是热点问题，而那些引发高度关注（也就是引发热点）且尚未得到解决的问题往往最具研究价值，值得我们加以分析并解决。当然，对某些具有相当热度的行政诉讼问题，如有学者所言，也应进行必要的冷静思考①。这就是说，有些热点问题其实并不存在多少重点、难点，不一定值得专门研究。当然，从整体上来看，目前学界所聚焦的热点问题或多或少都存在疑难之处。

（三）具体疑难问题概览

近些年学界围绕诸多行政诉讼问题形成了各种学术热点，理论界对相关前沿问题的争论也颇多。尤其在2014年行政诉讼法修订之后，学界围绕其中的疑难问题展开了新一轮研讨。不少学者聚焦制度设计，围绕行政诉讼法的若干制度创新进行了阐释。如有学者探讨了法院对规范性文件的附带审查，认为一并审查不是一种独立的诉讼类型，而是法院为正确审理行政案件所进行的附带审查②；还有学者（包括法官）从法释义学层面，就2018年起施行的《最高人民法院关于适用〈中华人民共和国行政诉讼法〉的解释》对行政

① 章志远．行政公益诉讼热的冷思考［J］．法学评论，2007（1）：17.
② 何海波．论法院对规范性文件的附带审查［J］．中国法学，2021（3）：139.

诉讼制度的发展和创新进行了分析①；此外有学者从判决方式入手，以行政协议补救判决为中心，分析了其他行政协议的判决方式与该判决之间的关系②；等等。相关疑难问题不胜枚举。较为普遍的共识是，行政诉讼制度的发展运行需要理论和实践对热点问题的关注和关切。有学者提出，在很大程度上，行政诉讼是作为行政裁判过程的准则的③。上述学者的研究无疑为行政诉讼制度的发展进步输出了重要的理论成果，为此项制度实施中的重难点问题提供了解决思路。当然，行政诉讼中的疑难问题非常普遍，除前述所及之外，从行政诉讼立案到裁判阶段还蕴含了诸多可供探讨和思考的空间。

1. 受案范围方面的疑难问题

持续扩大受案范围，是各国行政诉讼制度发展的普遍趋势。我国的行政诉讼法对行政诉讼的受案范围进行了适度拓展，如将行政协议争议纳入受案范围并得到理论界和实务界的肯定。但是，2014 年修改行政诉讼法时对受案范围的扩展似乎并不具有突破性意义。例如，在受案范围的规定方式上，本次修法依然延续了 1989 年行政诉讼法所采用的正面列举与反面排除并存的模式，而未采用学界提倡的概括肯定+列举排除的模式。具体到行政公益诉讼，我国的相关司法解释对生态环境和资源保护、食品药品等方面的受案作出了列举，并在所列举事项的末尾都用了一个“等”字作为兜底。从现有司法数据来看，行政公益诉讼的重点是生态环境和资源保护、食品药品等领域的案件，其他所列或未列事项发挥的实效则有待继续观察。如关于行政协议的受案范围，尽管其在现实中并不仅指行政诉讼法第 12 条中所规定的那几种，但司法解释对此的列举尚不能完全涵括之。

2. 管辖方面的疑难问题

我国行政诉讼法第 18 条第 2 款作出关于“跨行政区域管辖行政案件”之规定，最高人民法院为此制定了《关于人民法院跨行政区域管辖行政案件的指导意见》，以此指导部分高级人民法院按照本地实际，确定若干法院跨行政区划管辖行政案件。需要指出的是，行政案件跨区域集中管辖，在一定程度上是以牺牲当事人的程序选择权和诉讼便利来换取司法公正的。如何平衡司法公正与“两便原则”（即便于当事人诉讼，便于人民法院依法独立、公正和高效行使审判权）的内在分离，亦值得加以反思。当前，行政案件跨行政区域集

① 江必新．论行政诉讼法司法解释对行政诉讼制度的发展和创新［J］．法律适用，2018（7）：2.
② 陈思融．论行政协议诉讼各类判决方式之关系［J］．政治与法律，2017（8）：142.
③ 胡芬．行政诉讼法［M］．莫光华，译；刘飞，校．北京：法律出版社，2003：19.

中管辖改革已在北京、上海、江苏等地的部分法院中逐渐开展。通过对跨行政区域集中管辖改革进行考察，我们可以发现行政诉讼管辖中的难点所在。

3. 诉讼参加人方面的疑难问题

法院在决定是否受理行政案件时，通常要看原告、被告等诉讼参加人是否适格，其中的司法规则引发学界广泛关注。我国的行政诉讼法在具体实施过程中，曾在如何认定相应的诉讼参加人方面遇到了难题。例如，1989 年版行政诉讼法的规定被认为在实践中造成许多复议机关为规避作为被告而充当原行政行为的“维持会”，从而使全国范围内复议决定维持率居高不下。为此，2014 年修改行政诉讼法时有一个重大变化，即规定复议机关在复议维持时应作为共同被告。当复议机关作出维持决定时，与原行政机关共同作为被告的“双被告”模式，这是一次独具中国特色的制度调整，在域外法上并无太多可供借鉴的经验。那么，这一制度改革的实际成效如何？是否会带来新的应诉压力和诉讼成本？这需要数据材料的印证，并结合访谈调研才能得到答案。又如，党政合署办公后的行政诉讼被告问题存在争议。原告资格作为行政诉讼程序的启动要件，向来是聚讼纷纭的研究议题。如何体系化地理解原告资格，厘清不同案件中的要点尚有待探讨。其中，投诉人、举报人的原告资格就是一例。此外，对必要参加诉讼第三人和非必要参加诉讼第三人的区别等也都值得研究。

4. 行政诉讼证据方面的疑难问题

我国行政诉讼法第 43 条第 3 款规定，“以非法手段取得的证据，不得作为认定案件事实的根据”，从而正式确立了行政诉讼的非法证据排除规则。这一变化令“行政诉讼是否需要设置非法证据排除规则”的议题重回公共视野，但是该规则的实践效果却并未随着立法的完善而得到同步提升。自行政诉讼法实施以来，非法证据排除规则在实践中存在实施困难的情况。实践中很少有当事人主动申请非法证据排除，这表明该规则的作用并未得到充分发挥。应当如何推动和发展行政诉讼的举证责任分配？这一问题仍有待深入探讨。

5. 起诉和受理方面的疑难问题

我国行政诉讼法第 53 条规定，“公民、法人或者其他组织认为行政行为所依据的国务院部门和地方人民政府及其部门制定的规范性文件不合法，在对行政行为提起诉讼时，可以一并请求对该规范性文件进行审查”，从而在法律层面正式确立了法院对行政规范性文件的附带审查权。然而，这并非行政规范性文件司法审查权之开端。自 2000 年开始，最高人民法院即通过司法解释等方式，逐步创设了法院在行政诉讼中对行政规范性文件的审查、适用规则。尽管如此，目前有关行政规范性文件司法审查的标准、程序等规定，大多数仍模糊不清甚至相互矛盾。如何在经由行政规范性文件进行社会治理与有效规制行政规范性文件之间取得平衡，是一个不可忽视的重大现实问题。

6. 审理和判决方面的疑难问题

在如何适用行政诉讼的判决方式方面同样出现了难点。比如，我国行政诉讼法第 76 条、第 78 条规定了补救判决这一新型方式，但此法条中仅用“可以”“或者”等说法对补救判决的作出予以规范，对该判决形式的适用条件则并未予以明确。行政诉讼法第 77 条规定了变更判决，这是对撤销并责令重作判决的例外。相比撤销判决而言，变更判决具有效率上的优势。但是，由法院来直接改变行政行为的内容，面临破坏司法权与行政权之间权力分工的风险。因此，变更判决的适用应当审慎为之。此外，行政协议的判决方式有哪些，各判决方式之间的关系如何等也需要进一步研究并予以规范。在最新实践中，现行民法典是否能够作为补强行政诉讼司法审查的依据，亦成为一大难题。对此，笔者认为人民法院的行政审判应在传统司法审查模式的基础上，尝试发展为行政处理适用行政法律规范与民事法律规范的二元结构模式。对于行政诉讼制度而言，能否抓住民法典的实施契机，在新时代获得持续发展显得尤为关键。

除此之外，尚有很多疑难问题尚未列举，留待实践中逐个解决。一言以蔽之，如何基于行政诉讼的实际状况或难点实践，提出符合行政审判规律和司法原理的对策，都是影响行政诉讼制度有效实施的关键因素。

二、研究目的与意义

研究行政诉讼疑难问题，不外乎具有理论与实践两个维度上的价值。

一方面，揭示现实问题的样貌，经由问题解决助益行政审判能力的现代化。针对各项现实挑战，应该及时提出符合行政审判规律的解决对策。回顾我国行政诉讼制度从无到有、从比较粗疏到比较完善的过程就能发现，包括苍南包郑照案、北京田永案、深圳贤成大厦案、南通滥用诉权案、徐州纪元案等在内的一大批经典的行政案件，推动了行政审判的发展。提出符合行政审判规律的解决对策，还需要脚踏实地回到司法实践中去查明问题的症结所在。经由行政诉讼的难题化解，有助于推进行政审判体系和审判能力的现代化建设。当前，我国的行政诉讼既面临新的发展机遇，也遇到了极大的挑战，必须结合行政审判工作中的难点问题，大力推进行政审判体系的健全和完善。法院行政案件的普遍特征集中体现在疑难问题领域，对此提出富有实践操作意义的对策，有助于推动行政审判能力现代化。行政诉讼制度是我国国家治理体系与治理能力现代化的重要构成；坚持难点问题导向，是推动国家治理现代化的逻辑起点。总之，行政诉讼研究应当找准问题，立足本土实践，从中发现行政审判的共性与个性问题，从而推动中国特色行政审判体系和审判能力的深入发展。

另一方面，通过深化行政诉讼法学的自主性理论研究，助力推进我国行政诉讼法学的专业化。行政诉讼制度深刻影响了行政诉讼法学的发展。以2014年修法以及之后的司法解释为契机，我国的行政诉讼法迎来了向更为科学、更为完备的阶段迈进的难得历史机遇。从“权利-权力”之二元结构来看，行政诉讼法作为典型的公法，其法律规范领域中充斥着权利与权力互动的身影。因此，研究行政诉讼需要脚踏实地立足行政审判，把握好权利与权力、权力与权力之间错综复杂的博弈关系，把握行政审判中的难点问题，不断拓宽行政诉讼研究的视野。行政诉讼是与民事诉讼、刑事诉讼相并列的诉讼类型，但与民事诉讼法学、刑事诉讼法学相比，当前我国行政诉讼法学的研究广度与深度可能要逊色几分。行政诉讼法学与行政法学的关系也依然微妙。对于行政诉讼法学是否应当被纳入行政法学，或是作为一个独立的学科而存在，学界一直存在着分歧①。但毋庸置疑的是，对行政诉讼问题的研究将大大繁荣行政法学研究。实际上，对行政诉讼的研究状况归根结底取决于现实问题的解决情况，在此基础上方可筑好本学科的“专业学术槽”。应当对当前行政诉讼疑难问题研究的经验和成果进行总结，从中提炼符合我国国情的、由中国法律工作者和法学家立足实践而得出的行政诉讼法学原理。唯有对现实有充分的把握，才能够更好地促进当代中国行政诉讼法学研究的科学发展。现实中，许多行政法官在不少疑难领域已经走到了理论研究者的前面，这不是说理论无用，而是恰恰说明了理论指导实践的重要性和迫切性。总而言之，唯有在理论与实践层面深入研究，方能构建更为精巧的自主性行政诉讼法学体系。

三、本书的体系安排

本书选取的典型疑难问题，主要关涉行政诉讼制度改革中宏观、中观、

---

① 胡建淼．行政法学［M］.3版．北京：法律出版社，2010：30.

微观方面的问题。这些问题具有相当的代表性，与近些年国内外的宏观背景、法治进展及司法制度亦密切关联。全书包含八章内容，分开来看每一章都能够独立成篇，汇聚起来则又是一个有机联系的整体——都在寻求行政诉讼疑难问题解决之道。全书架构分为三个部分，具体安排如下。

第一至第三章是第一部分，尝试从整体上提出行政诉讼的疑难问题和与之相关的两个根本性要点。其中，第一章绪论部分着重讨论新时代行政诉讼制度改革的进程，阐释探讨行政诉讼热点问题的思路与意义。第二章重点探讨国家治理与行政审判体制改革，即如何通过改革与时代和国情不相适应的体制机制，致力于解决制约我国行政诉讼长远发展的深层次治理问题。第三章重点探讨实质法治视域下的合法性审查原则。合法性审查原则作为我国行政诉讼法独具特色的基本原则，是行政诉讼法整个制度内容及诉讼程序运行的主要参照系。合法性审查原则所涵括的意蕴与难点，关系整个行政诉讼制度的结构体系。

第四、第五两章为第二部分。法院立案与原告资格，是每一起行政案件得以系属法院的必经环节。其中，第四章着重探讨如何解决立案登记制问题，而这也是破解行政诉讼“入门”问题的关键所在。如果“立案难”问题无法得到妥善解决，那么“民告官”的结构将被虚化。接下来，第五章重点分析投诉举报人原告资格的问题，这也表征了原告资格的现实难点。当前，我国的实定法尚未以某种一般性标准统合行政诉讼原告资格的所有情形，各种当事人的原告资格比较复杂。投诉举报人原告资格的判定方法，彰显了理论界与实务界在该领域的司法理性程度。

第六至第八章属于行政诉讼特别类型的疑难问题。与前两个部分有所不同，这一部分是从问题域的视角来审视行政诉讼制度的。行政诉讼中既有常规领域的诉讼难点，也有新兴或常谈常新领域的诉讼难点。大数据时代，政府信息公开行政案件的类型比较多样，辐射面也广。例如，2020 年初新冠肺炎疫情暴发后，各地政府公开确诊病例、行程轨迹等信息，为疫情防控提供了有效的信息支撑。同时，疫情信息公开中涉及的隐私泄露等问题，则促使公众关注突发事件中个人信息利用的法治化。在政府信息公开与政府数据开放中，公共利益与权利保障问题对行政诉讼规则提出了新要求。检察行政公益诉讼尽管已经不算是新问题，但实践中依然有诸多难点尚未解决。尤其是个人信息保护法、安全生产法的出台或修改，围绕行政公益诉讼案件范围的拓展、野生动物保护公益诉讼、生物多样性公益诉讼、安全生产公益诉讼等新问题及其中的新难题等进行深入探讨，均有其必要性。此外，行政协议诉讼也是近年来关注度非常高的前沿议题。行政协议兼具行政性与契约性的双重属性，随着2020年我国民法典颁布，民法典时代背景下行政诉讼制度应当回应私法与公法相融合所带来的新兴疑难问题。

第二章　行政审判体制改革中的疑难问题

党的二十大报告强调指出，“严格公正司法，深化司法体制综合配套改革”。新时代我国行政诉讼制度的稳步发展，从根本上而言取决于行政审判体制的改革。行政审判体制是行政诉讼制度的核心要素，其改革成效如何直接影响行政诉讼战略性发展的动向。行政诉讼在推进国家治理体系和治理能力现代化中发挥了不可替代的作用。行政诉讼制度是连接法治国家、法治政府、法治社会建设各个领域，贯通法治体系各个方面的制度设计，能够为深化经济社会发展提供坚实的司法保障①。我国的行政审判体制改革曾经有哪些尝试？该项改革的疑难问题何在？需要赋予其怎样的发展前景？这些都是值得深思的问题。新时代行政审判体制改革已成为理论研究与实践探索的聚焦点，法学界对此有着高涨的热情，尤其是围绕应否设立行政法院展开了激烈的争鸣。通过梳理行政审判体制改革理论研究与实践进展的成果及难点，有助于明确下一步改革的方向。

第一节　行政审判体制改革与行政诉讼制度的联系

一、行政审判体制的界定

我国宪法第128条规定，“中华人民共和国人民法院是国家的审判机关”；第129条第1款规定，“中华人民共和国设立最高人民法院、地方各级人民法院和军事法院等专门人民法院”。我国行政诉讼法第4条规定，“人民法院设行政审判庭，审理行政案件”。此为我国法院系统中行政审判体制的基本依据，目前已经形成了以“四级法院内设行政审判庭裁判案件”为中心的行政审判体制。那么，何谓行政审判体制呢？大体而言，所谓行政审判体制，就

① 程琥．国家治理现代化与行政审判体制改革：兼论跳出行政诉讼管辖改革周期律的因应之道［J］．中国应用法学，2021（3）：137.

是由特定类型的法院或者法院内部的特定机构及人员，遵循某种特定规则去审理行政案件的制度体系。行政审判体制主要包含两方面的内容：一是负责审理行政案件的司法机关与其他国家有权机关之间的关系，其主要解决的是行政审判组织的外部关系问题；二是负责审理行政案件之司法机关的内部运行体制，它主要解决司法机关行政审判的职能分工问题①。行政审判体制作为我国司法体制的一部分，既有各项司法制度的共同特征，也有与行政诉讼规则相适应的特殊属性。

行政审判体制主要解决行政诉讼由谁负责审理以及怎样审理的问题。良善的行政审判体制要求保持相对独立，行政审判人员能够坚持公平正义的原则，不受行政机关等外界因素的干扰，可有效依据法律和事实独立公正地履行职责。党的十八届三中全会提出探索建立跨行政区划法院，这一决议使支持建立行政法院者备受鼓舞。当作为跨行政区划法院的北京市第四中级人民法院和上海市第三中级人民法院于2014年底成立后，不乏学者解读认为，这表明改革实际上已经向设立行政法院的最终目标靠拢。然而，这一热切的“最终目标”被决策者采纳的可能性有多大？除了设立行政法院，学界还曾提出哪些与之迥异的观点？这些论述的实质，其实是如何理解行政审判体制的问题，进而关涉我国这方面体制改革的走向。

二、世界各国（地区）行政审判体制的类型

世界上大多数国家（地区）均结合各自背景特点和法律制度，设置了行政审判体制来处理行政案件。考察世界各地的司法体制可以发现，有两种类型的行政审判体制比较典型：一是由行政法院审理行政案件；二是由普通法院承担行政审判职能。

法国、德国、意大利等典型的大陆法系国家和地区大都设立了行政法院，其中以法国、德国最为典型，被称为“二元制”行政审判体制。法国既是行政法的母国，也是现代行政法院的发源地，其行政法院名义上隶属行政机关，具有行政咨询与行政审判权之双重属性②。法国的行政法院又包括专门行政法院与普通行政法院两类，其中专门行政法院主要包括审计法院、财政和预算纪律法庭等，普通行政法院的组织体系则由最高行政法院、上诉行政法院、地方行政法庭三个层级构成。与法国有所不同，德国的行政法院隶属司法机

① 张树义．行政诉讼法学［M］．北京：中国政法大学出版社，2007：41.

② 王勇亮．法国国家行政法院的工作程序［J］．国外法学，1988（6）：29.

关，其当代意义上比较完备的行政法院形成于 1945 年之后。在经历了争议和妥协、危机与改革后，目前德国的行政法院不仅独立于立法与行政机关，而且与社会法院、劳动法院等专门法院并列，被誉为“法治国的支柱或基石”[①]。随着 1960 年《行政法院法》的颁布，德国的行政法院模式基本定型。德国的行政法院分为初级行政法院、高级行政法院和联邦行政法院三级结构，从下至上都专门承担行政审判此项职能。与大陆法系国家（地区）不同，英美法系国家（地区）主要由普通法院处理各类行政诉讼，承担行政审判职能，被称为“一元制”行政审判体制。当然，尽管其行政诉讼案件主要由普通法院根据普通法进行审理，但在具体规则方面也存有区别。

当前，我国行政审判体制既与大陆法系单设行政法院的做法不同，也与英美法系在普通法院内民事、行政不分的做法相区别[②]。现代行政审判体制在我国的萌芽可以追溯至近代，彼时宪制及分权思想的引进与发展为之奠定了一定的基础。清朝末年，面对内忧外患，统治者无奈之下开始推行立宪。行政审判制度作为监督公权力的重要设置，是清政府在推行立宪中无法绕开的。1905 年端方、戴鸿慈等五大臣出国考察西方宪制后，提出了多项“官制”改革方案，其中即包括以裁判行政违法为目的的《行政裁判院官制草案》。该草案明确提出，效仿德国和日本设立独立的行政裁判院，实行“二元制”的行政审判体制[③]。1908 年，在宪制编查馆与资政院提出的宪法大纲与逐年编查清单中，提出了拟于 1913 年设立行政审判院的构想[④]。尽管此构想最终并未实现，但无疑开创了中国行政审判制度建设的先河，对嗣后改革也有着一定的启示与借鉴作用。及至民国之初，针对行政审判体制应遵循英美法系的一元模式还是参照大陆法系的二元模式，政界、学界之间发生了分歧[⑤]。争论过后，专设行政法院的二元模式得到了民国政府的青睐，并为继任的南京国民政府沿用。总体而言，南京国民政府时期的行政法院及此前民国北京政府时期的平政院等模式，构成了我国近代行政审判体制的基本图景。

---

① 喻文光．德国行政法院再认识及其对我国的镜鉴［G］//姜明安．行政法论丛：第 18 卷．北京：法律出版社，2015：127.

② 我国台湾地区、澳门特别行政区设置了行政法院，专司行政审判任务。

③《行政裁判院官制草案》序言提出，“今采用德奥日本之制，特设此院，明定权限，用以尊国法防吏蠹，似于国家整饬纪纲、勤恤民隐之至意，不无裨益”。

④ 刘宗德，赖恒盈．台湾地区行政诉讼：制度、立法与案例［M］．杭州：浙江大学出版社，2011：1.

⑤ 宋智敏．从行政裁判院到行政法院：近代中国行政诉讼制度变迁研究［M］．北京：法律出版社，2012：74.

三、行政审判体制是行政诉讼制度改革的“1号问题”

近年来，针对我国行政诉讼法的修改及完善，诸多观点认为行政审判体制改革乃是修法的“1号问题”。有学者提出，假设行政诉讼法只能修改一条，则必须修改规定行政审判体制的法律条款，因为此条文最为关键，是行政诉讼法的“命门”所在①。换句话说，行政审判体制改革才是引领行政诉讼制度建设走出困境的关键所在。行政审判体制之所以如此重要，是因为“审判体制是诉讼法律制度构成要素的核心，是审判权力得以实际运行的载体”②。具体而言，行政审判规则、机构及人员等要素构成了一个完整的行政审判体制。行政诉讼活动一般是通过行政审判体制而展开的，后者可谓行政诉讼制度有效运行的基础。如果公民与行政机关产生争议，则必须通过法院诉讼制度加以解决。欠缺行政审判体制，自然谈不上对公民合法权益的保障。对行政审判体制的配置状况，决定了行政诉讼制度发展的形态。因而，行政审判体制便成为行政诉讼制度的核心要素。

行政审判体制也是行政诉讼各项具体制度得以运行的前提和保障。鉴于行政审判体制对行政诉讼制度的紧要性，行政审判体制改革无疑是行政诉讼制度良性发展的战略性步骤。现实中，通过良善的行政审判体制引领行政诉讼制度及其实践的健康发展，一直是世界通行的方式。行政审判体制如何改革，直接涉及行政诉讼制度进一步发展的内容、运行及态势。要从顶层设计的角度对行政诉讼制度进行改革，那么行政审判体制应当是一个合适的，或者说是必不可少且最具要害性的突破口。行政争议的交会点或爆发点往往集中于行政审判之中，因此后者理应成为改革的切入点。综上，特别是当需要对行政诉讼制度进行重大改革时，自然要反复斟酌行政审判体制改革的议题。

第二节 行政审判体制改革的理论争点

近30多年来，针对行政审判体制改革的研究呈现一派繁荣景象。对现有行政审判体制应当加以改革，已成为学界比较普遍的看法。笔者经过梳理，将学界重点关注的理论要点概括为以下几方面。

---

① 何海波．行政审判体制改革刍议［J］．中国法律评论，2014（1）：63.

② 张显伟．行政审判权研究［M］．北京：中国社会出版社，2009：189.

一、行政审判体制存在的弊端

之所以要对行政审判体制进行改革，是因为它存在必须改革的问题。有学者提出，我国行政审判体制遭遇的难题并非一两个，问题乃是全面性的①。类似观点在学界取得了较为一致的认识。

(一) 行政审判的地方化

行政审判的地方化是指行政审判权为地方所干扰，导致其独立性不足。我国审判体制交由法院来承接，可以分为民事审判体制、刑事审判体制和行政审判体制。与民事、刑事审判受到的干预程度相比，行政审判所遭遇的行政干预往往更多。在此情形下，实践中出现了“被告败诉率低、原告上诉率高”等现象。以案件的胜败率为例，20 世纪 90 年代全国法院一审行政案件中原告胜诉率曾经达到 30%，然而近些年一审行政案件原告的胜诉率已经骤降至 10%②。我国传统司法中审判制度的一大特点是司法与行政不分且无独立性可言，而当下的行政权依然比较强大。有法官不禁感慨，“一些行政机关特权意识较为严重，根本不把法院放在眼里”③。当行政权与行政审判权相遇时，作为弱势一方的后者不免会受到前者的干扰，从而产生独立性难题。当前，很多研究已经注意到行政审判被行政机关干预的现实，许多学者也呼吁要尽快改变这种状况。不夸张地说，此为当前我国行政审判体制所遭遇的最严峻、最棘手的问题。

行政审判体制之所以遭到行政机关干预，主要应归咎于按照行政区划设置法院的制度安排。一般认为，行政审判的司法管辖区与行政区划完全重叠，存在着严重的制度性缺陷。此种缺陷，还产生了令民众诟病已久的“立案难、审理难、执行难”问题。耐人寻味的是，部分法院面对行政干预并非总是无能为力，甚至在某些方面还表现为主动迎合。例如，有学者对部分法院行政立案的运作过程所进行的实证考察，拓宽了人们对行政诉讼中立案政治学的认知，指出了行政立案状况与本地政治、社会稳定宗旨之间的潜在联系④。各级法院作为地方政权系统的一部分，其在行使行政审判权的过程中往往过多

---

① 马怀德，王亦白．透视中国的行政审判体制：问题与改革［J］．求是学刊，2002（3）：73-80.

② 梁凤云．《行政诉讼法》修改八论［J］．华东政法大学学报，2012（2）：102.

③ 景汉朝，卢子娟．审判方式改革实论［M］．北京：人民法院出版社，1997：345.

④ 应星，徐胤．“立案政治学”与行政诉讼率的徘徊：华北两市基层法院的对比研究［J］．政法论坛，2009（6）：111.

考虑了与法律本身并不相关的因素，立案裁判活动也常常向地方利益靠拢，难免异化为仅仅为地方利益服务的工具。对此需要深思的是，该如何将此种主动的迎合转化为良性的互动。比如，司法地方化的一个典型表现是地方保护主义的盛行与行政审判的虚置。这里指的是行政审判出现了“主客场”难题，即行政审判体制未能充分发挥其应有功能，致使司法权威不足。

（二）行政审判的行政化

行政审判的行政化是指行政审判体制中的行政化色彩浓厚。何谓行政审判的行政化？简言之就是行政审判背离了司法的属性，其外在形态和内在表征泛化为某种“行政特点”，形态上表现为官僚化严重。现实中，在地方行政审判权的实现很大程度上有赖于行政机关的支持。曾有司法工作人员表示，地方法院在人事管理、财政经费来源、征地建法庭、家属安置、住房医疗等各个方面无一不受制于和依赖于政府。在这样的情况下，要求法院对政府的具体行政行为进行严格审查，并干预和评判行政权，无疑有些强人所难①。诚然，法律已明确规定，人民法院依法独立行使审判权。但是，由于行政机关在多方面的优势地位，势必造成法院在实际的行政审判中难以保持其司法独立性。

此外，行政审判系统内部运行亦呈现行政化倾向。例如，上下级法院在行政审判业务上的行政化风格较为突出。与民事、刑事审判一样，在行政审判过程中，下级法院经常就具体个案的受理、审理乃至裁判结果直接向上级法院请示汇报。此种案件请示制度违背了审判独立、直接审理等通行的现代司法原理。根据宪法及法院组织法的规定和要求，上下级法院是审判监督关系。但是，在“行政化”的影响下，常常使下级法院行政审判庭自觉服从上级法院行政审判庭的判断，导致上诉审程序名存实亡。与此同时，行政法官因处于行政科层制体系之中，行政审判的内部管理中出现了典型的“上级命令下级”之现状，而这遵循的并非司法规律。

（三）行政审判的职能弱化

在现代社会，与行政权扩展相伴随的是很多政策性强、技术难度大、专业分工细的行政案件不断涌现。行政案件的专业化程度日益明显，涉及专利、税务、土地、食品药品等领域的案件数量逐年递增，对行政审判机构及法官专业能力提出了更高要求。同时，随着各类行政法律规范的不断细化，同样对行政审判的专业化水平产生了新的挑战。然而，现实中刑事、民商事审判

① 陈有西．我国行政法院设置及相关问题探讨［J］．中国法学，1995（1）：8.

却总是遮蔽了行政审判的存在感，法院也难以更多顾及行政审判的专业化水平提升。

此外，不少行政法官是从民事、刑事审判庭中调任过来的，相对缺乏行政审判的专业知识，也尚未有机会得到必要的实践锻炼，短时间内确实难以适应专业性强、内容庞杂的审判状况。正如资深法律界人士所指出的，行政审判庭很难留住专业的、优秀的审判人员，审判队伍力量较为薄弱，行政法官司法水平还不够高，难以满足群众不断增长的行政审判需求①。根据2013年最高人民法院行政审判庭的数据，全国基层行政法官为6 985人，平均每个基层法院行政审判庭的法官数量为2.4名，甚至达不到组建合议庭的最低要求②。据此不难知道，在不少地方法院，行政审判远不如民事、刑事审判那样受重视，甚至处于相对边缘的地位，难免导致行政审判职能的不断弱化。

二、行政审判体制改革的模式选择

对应当选择何种行政审判体制的探讨，可追溯至1989年我国行政诉讼法制定之前。当时学界形成了三种模式：大陆法系的行政法院，英美法系的行政裁判所，或普通法院、法院内部设置的行政审判庭③。最终，立法者采纳了第三种模式。时至今日，行政审判体制的模式之争再次引发关注。当下，可供行政审判体制选择的改革模式很多。归根结底，模式选择的背后是对改革幅度大小与路径依赖的考量。

模式一，全面推进司法体制改革，并以此对行政审判体制作出改进。针对这一提议，赞成的观点提出：为破解行政审判的窘境，应当提高司法权的地位，或者说通过深化司法体制改革去增强法院系统的权威，并从法院人财物管理、行政法官制度建设等方面增强行政审判的独立性与专业化④。反对的观点则认为，行政诉讼乃司法权对行政权的监督与制约，行政审判体制的问题最尖锐、最需要解决。然而，全面深化司法改革是一个宏大的工程，难以在较短时间内有效化解行政审判的矛盾，故行政审判体制改革可考虑率先“单兵突围”。

模式二，提高行政审判的审级，或者在管辖制度改革的基础上进行调整。

---

① 江必新．大力推进行政审判体系和审判能力现代化［J］．人民司法，2017（16）：8.

② 叶赞平．行政诉讼管辖制度改革研究［M］．北京：法律出版社，2014：118.

③ 姜明安．行政诉讼法［M］．3版．北京：北京大学出版社，2016：63.

④ 万永海，姜福先．我国不宜单设行政法院：兼论我国行政审判解困之出路［J］．法律适用，2003（6）：13.

有学者认为，应取消基层法院行政审判庭，实行由中级法院（即较大限度地扩大中级法院行政审判庭）受理一审行政案件①。在此基础上，需要考虑诉讼成本因素，建议将基层法院行政审判庭变革为隶属中级法院的巡回法庭。同时，有部分学者建议通过管辖制度改革推动审判体制改革。早在30多年前已有观点提出，基于行政审判的特殊性，应根据法院级别与被诉行政机关级别相匹配的原则去确定行政案件的管辖，改变管辖法院级别低于被诉行政机关的现象，以避免行政干扰②。不过，此种观点未被当时的立法者接受。对于管辖制度改革，也有反对者提出质疑，认为这一改革属于现行司法体制内的局部调整，并未深入涉及行政审判困境的实质问题，只是治标之策。

模式三，以现有行政审判体制为基础，通过设置巡回法庭，并运用巡回审判方式破解困境。即根据法治发展状况、司法体制要求，主张设立最高人民法院和省高级人民法院的巡回法庭，通过发挥巡回审判的“特效性”与“及时性”优势，以破解行政诉讼困境③。该模式还倡导通过巡回审判方式，对部分法院不予立案、拖延执行或抗拒执行等顽疾对症下药。

模式四，参考大陆法系国家或地区的做法，构建相对独立的行政法院。与前三种模式相比，学界围绕这一模式展开了更为激烈的讨论。实际上，在起草我国1989年行政诉讼法之前，曾有学者提议设立行政法院，但这一观点同样未被立法者所认可。行政法院的优势，在当时也并未被多数学者所重视。学界近些年重提行政法院，源自彻底解决行政审判困境的愿景。许多学者都表示，建立行政法院才是化解行政审判困境的有效举措，这一做法当属行政审判体制改革的关键点④。对此还有观点表示，行政审判体制改革应围绕全面建设社会主义现代化国家新征程进行谋划和部署，可按照行政案件跨区划集中管辖改革、跨行政区划法院改革、行政审判专门法院改革的“三步走”战略目标来稳步推进。言下之意，这一建议的提出是认为前几种模式无法从根本上解决问题，因此治本之策唯有设立行政法院。但是，面对设立行政法院的鼓与呼，有观点对此表达了异议。例如，行政诉讼困境的症结是司法体制因素，行政法院模式难以从本质上解决问题⑤。还有反对观点认为，行政法院

---

① 姜明安．推进行政审判制度、体制、机制的改革［N］．人民法院报，2013-05-06（5）．

② 柴发邦．行政诉讼法教程［M］．北京：中国人民公安大学出版社，1990：170．

③ 马怀德．司法改革与行政诉讼制度的完善［J］．法律适用，2005（8）：2．

④ 解志勇．行政法院：行政诉讼困境的破局之策［J］．政法论坛，2014（1）：131．

⑤ 王鹏．独立行政法院否定化思考：兼论行政诉讼困境之解决理念［J］．行政与法，2008（1）：61．

并非提升行政审判专业化水平的必由路径，对“改革的最佳模式乃行政法院”这一论断提出质疑[①]。在上述赞成与否定的争论之中，当属赞成设立行政法院的观点占据了主流地位，然而反对的意见亦是有理有据的。

对于设立行政法院的可行性与必要性，赞成的学者给出了多种理由。择其要点，一是从宪法、法院组织法、立法机关文件及经济基础等方面证立其可行性，并提出行政法院乃世界发展的大趋势。二是从行政审判的高效性和专业性方面去论证行政法院的必要性。质言之，法院行政审判庭在这些方面已经显得比较吃力，只有设立行政法院方能够保障行政审判的专业化输出。三是从破除行政审判的地方化和行政化色彩出发，论证了行政法院的独特优势。概言之，支持的一方着重描述了行政审判体制改革的紧迫程度以及行政法院的优越性。

反对设立行政法院者则认为上述理由并不完全站得住脚。有观点认为，行政审判体制所面对的窘境，是整个司法体制所遇到的共同问题。当前法院系统缺乏权威、独立性以及经费等，确属不容置疑的事实。可是，这不仅仅存在于行政审判领域，在民事、刑事审判领域也同样存在。此外，从宪制的宏观视野去反对行政法院的必要性，也是一种典型观点，其认为行政诉讼之所以有今日之难题，实乃现有宪制体制所暗含的某种不完善所致，即便设置行政法院也无济于事。还有学者分别从成本效益和诉讼便利性方面对设立行政法院的观点进行了反驳。此类观点担心，若设立行政法院，需要在人财物等方面付出很大投入，且行政法院数量与行政案件数量之间难以合理匹配。同时，不按行政区划设立行政法院必然增加原告参与诉讼的成本，这将不利于原告的权益保障。笔者认为，能否设立行政法院，还应考察此种方案能够得到本土资源的支撑。

三、行政法院的方案分歧

在赞成设立行政法院的观点中，所涉及的具体方案可谓精彩纷呈，但是其内部在策略、理路等方面同样存有分歧。

方案一提出，可通过分步骤试点、逐步推广，进而设置隶属最高人民法院的最高行政法院（即最高法院行政审判分院）、上诉（高级）行政法院和基层行政法院三级[②]。即在中级法院行政审判庭基础上成立基层行政法院，或

① 汪厚冬，黄学贤．设立行政法院热的冷思考［J］．中州学刊，2015（2）：56.

② 梁凤云．关于对中国特色行政法院体系的基本设想［J］．行政法学研究，2015（1）：82.

在几个市范围内设立一个基层行政法院，在高级人民法院行政审判庭基础上设立上诉行政法院，以及在最高人民法院行政审判庭的组织机构基础上设立最高行政法院。此处需要指出的是，最高行政法院之“最高”，仅是从审级和管辖范围而言，与最高人民法院之“最高”并不能相提并论。除最高行政法院设在最高人民法院之外，其他行政法院与各级普通法院之间不存在隶属关系，而是只需要接受上级行政法院的业务指导与监督。综上，三级行政法院组成了相对独立的行政审判体系，此种方案在学界处于较为主流的位置。

方案二提出，不妨在省以下设立三级行政法院，继续保留最高人民法院行政审判庭，同时适当增强其审判力量。具体做法，是将最高人民法院以下地方各级法院的行政审判庭独立出来，成立专门的行政法院，比如设立省高级行政法院、上诉（巡回）行政法院和基层行政法院。省高级行政法院依然隶属当前的省高级人民法院，中级法院和基层法院行政审判庭则相应取消，由上诉（巡回）行政法院和基层行政法院作为省高级行政法院的派出法院。在此基础上，待条件成熟再行设置隶属最高人民法院之最高行政法院。

方案三提出，可打乱地市级的司法管辖区，设置专门行政法院作为初审（基层）行政法院。此举无须对最高人民法院和省高级人民法院的行政审判庭作出改变，以使之更好地肩负行政诉讼的二审职能。专门行政法院与地方中级法院平行，类似于专门的知识产权法院、海事法院等。此种方案根据基层行政争议多、我国行政疆域广等国情，结合地市级案件数量、经济状况、地理属性等因素相应设置数量不一的专门行政法院。这一方案的出发点，是期望不要对司法体制造成过多冲击，而是相对审慎地在市县两级范围内对行政审判权作出规整。有观点对此提出疑问，认为实行该方案对解决地方干预几乎不起作用，地方当局不会因行政审判机构的名称不叫“行政审判庭”，而改为“行政法院”就不再作出干预①。

总体来看，这三种方案多少受到了德国行政法院模式的影响，对俄罗斯在最高司法机关系统内设置行政法院的模式也进行了一定的借鉴。应当说明，上述学者建议设置行政法院，并非在法院系统之外“另起炉灶”，而是在肯定现有司法系统的基础上对行政审判权作出相应调整，颇有“中国问题中药治”的意味。虽然行政法院的支持者们在具体方案的策略上存在争议，但在设置行政法院的技术层面则都主张对人员构成、组织保障等方面进行精心设计。除上述三种主要方案外，还有一些明显不符合现实的提议。例如，提倡设立

① 姜明安．我国行政诉讼体制是否应实行行政法院模式［J］．中国审判，2013（9）：28.

完全独立的行政法院，以在最大程度上实现行政审判的独立性与权威性。此处的行政法院，并不隶属最高人民法院或现行法院系统，而是直接隶属全国人大，与普通法院、其他专门法院属于相互平行的关系。这一方案之所以难以被广泛接受，是因为其必然涉及宪法、法院组织法以及行政诉讼法等的大幅修改，与我国现行司法制度的一元模式相抵牾。

此外，还有学者对行政法院的设置持审慎态度。他们认为，行政审判体制改革研究中的行政法院设想蕴含强烈的司法改革策略色彩。在本质上，设立行政法院制度表明对新型行政法治模式的选择或转向，有必要认真分析推行这一模式时所具备的基础条件，且应调适好专业性与独立性之间的矛盾[①]。换言之，对设置行政法院各种方案的构想，都不能忽视影响其构建的基础因素。

第三节　行政审判体制改革的实践进展

我国法院行政审判庭自建立以来，为行政审判体制的发展作出了积极贡献，但也逐渐面临较为尴尬的处境。近年来，司法实务部门对行政审判体制的弊端已有直观体察，并在实践中尝试了多类改革举措。

一、行政审判庭的现实状况

行政审判庭为行政审判体制发展奠定了组织基础，初步肩负起行政审判的重任。有数据显示，1990 年全国行政审判庭审结案件数为 12 040 件。到了 2018 年，全国法院审结一审行政案件已达到 25.1 万件[②]。行政审判庭在化解行政争议、保障公民合法权益及助力法治政府建设等方面都取得了一定成效。然而，行政审判庭的发展现状尚不令人满意。前面所述的行政审判体制的各种弊端，都集中于行政审判庭的运行之中，有关实际问题的存在也印证了其处境之艰难。

(一) 行政审判庭在夹缝中谋发展

有研究表明，行政审判庭经常处于较为尴尬的境遇中。一方面，它不得不以某种迎合的姿态尽力去获得行政机关的理解与支持，因为这样才能有效

① 杨伟东．建立行政法院的构想及其疏漏［J］．广东社会科学，2008（3）：189.

② 周强．最高人民法院工作报告：二〇一九年三月十二日在第十三届全国人民代表大会第二次会议上［N］．人民日报，2019-03-20（2）.

履行其审判职权；另一方面，为树立司法机关的权威，彰显行政审判的价值，它又必须在监督行政机关上有所作为。实践中，甚至发生过行政机关通过召开“协调会”来否定生效行政判决的极端事例①。2007 年 4 月，《最高人民法院关于加强和改进行政审判工作的意见》（法发〔2007〕19 号）中，将“怕得罪政府或有关行政机关”作为行政审判庭的存在问题之一。

（二）行政审判庭的职权被割裂

行政审判庭本身享有的行政审判权有被减弱的倾向。例如，我国行政诉讼法对行政审判权有着统一规定，其中明确指出由行政审判庭审理行政案件。但是在实践中，涉及知识产权的行政案件往往交由知识产权庭审理，部分涉及环境保护的行政案件则一般由环境资源审判庭来进行裁决。有鉴于此，行政审判庭的权能逐步发生了限缩。

在上述背景下，呼吁改革行政审判庭，实现行政审判体制转型升级的动议便随之出现了。2014 年，正当我国行政诉讼法修改之际，以“确保法院依法独立公正行使审判权”为目标的司法改革也开始得到推进。但是，修改后的行政诉讼法只是在受案范围、立案登记制、管辖制度等方面作出了改进，在行政审判体制方面则没有什么实质变化。可以说，本次修法后，部分困扰我国行政审判庭多年的问题得到了一定程度的缓解，但是从长远看，行政审判庭应当何去何从似乎已走到了一个新的路口。

二、法律规范和政策文件的指引

通过行政审判体制改革的法律规范和政策文件可知，这一改革始终与管辖问题交织在了一起。这意味着，实践中采用了前面提及的第二种改革模式——在管辖基础上对行政审判体制作出调整。通过归纳相关规定，不难看出行政审判体制改革的政策导向。相关法律规范和政策文件对行政审判体制改革的指引，具体如下。

（一）提级管辖与异地管辖上的规定

2000 年《最高人民法院关于执行〈中华人民共和国行政诉讼法〉若干问题的解释》第 8 条规定，“被告为县级以上人民政府，且基层人民法院不适宜审理的案件”，属于行政诉讼法第 14 条第（三）项规定的“本辖区内重大、复杂的案件”。该司法解释通过上述规定，有条件地将县级以上政府作为被告的案件归拢至中级法院管辖，在一定范围实现了中级法院级别管辖权较大程

① 杨国栋．国土厅否定法院判决引发热议［N］．人民法院报，2010-07-22（2）．

度的扩展。将此类易受干扰的行政案件交给行政级别更高的法院审理，一定意义上可增强行政审判的独立性。2006 年 9 月，中央办公厅、国务院办公厅《关于预防和化解行政争议 健全行政争议解决机制的意见》(中办发〔2006〕27 号) 下发，要求保障法院依法独立公正地行使审判权，积极稳妥助推行政审判改革，为法院推动行政审判体制改革提供了外在政策支撑。2008 年 1 月，《最高人民法院关于行政案件管辖若干问题的规定》(法释〔2008〕1 号) 发布，该规定确定了以指定管辖为主要做法，以提级管辖为辅助的基本思路。其中的一大亮点，是实际上明确了可以启动异地管辖的主体，包括当事人、基层法院以及中级法院。对当事人而言，在一定范围内享有自主提起异地管辖的请求权，无疑能够增强对行政审判体制的信任度。

（二）相对集中管辖的规定

行政案件相对集中管辖制度大致形成于 2007 年，2013 年由最高人民法院向各地推广。2013 年 1 月，最高人民法院下发关于开展行政案件相对集中管辖试点工作的通知，决定推动行政案件相对集中管辖改革试点，并将其作为完善行政诉讼制度、深化行政审判体制改革的重要举措。在试点过程中，部分地方法院因具体实施方式等不同而确立了差异化的改革措施。例如，2013 年《保定市中级人民法院关于行政案件实行相对集中管辖公告》规定，综合考虑辖区各县（市、区）经济社会发展水平高低、行政审判力量强弱、行政案件数量多少以及整体司法环境等因素，保定市所辖基层人民法院管辖的一审行政案件，统一指定由保定市新市区人民法院、高碑店市人民法院、唐县人民法院集中管辖。此类司法文件对争议解决具有明确的指导作用，并对法律发挥了具体化与补缺的功用①。除上述中央层面的改革方向和部分地方法院的因应之外，尚未见其他关于行政案件相对集中管辖制度试点的规范性文件颁布，可见各方对此项改革总体持比较审慎的态度。

（三）跨行政区域管辖的规定

我国于 2014 年修订的行政诉讼法增加规定：经最高人民法院批准，高级人民法院可以根据审判工作的实际情况，确定若干法院跨行政区域管辖行政案件。行政诉讼法修法中之所以新增这一规定，是本着推动行政审判体制改革顺利进行而作出的功能性调适。同时，本次修法还将县级以上政府作为被告的案件纳入中级法院管辖。以上修法契合了党的十八届四中全会关于“完善行政诉讼体制机制，合理调整行政诉讼案件管辖制度”的精神。2015 年 2 月，

① 李大勇．司法政策论要：基于行政诉讼的考察［J］．现代法学，2014（5）：29.

最高人民法院发布《关于全面深化人民法院改革的意见——人民法院第四个五年改革纲要（2014—2018）》，提出探索设立跨行政区划的法院。同年6月，为指导地方法院开展跨区域管辖改革，最高人民法院发布《关于人民法院跨行政区域集中管辖行政案件的指导意见》，提出管辖改革以普通法院为主，并可充分利用其他相关的司法资源，如发挥铁路运输法院等专门法院的优势。

本轮司法体制改革，是中央对以往历次改革的进一步深化。基于以上政策框架，如何继续完善以公平正义为指向的行政审判体制，并改革与之配套的体制机制，无疑是行政诉讼理论与实践中的重大课题。总体而言，在科学合理的方针政策指引下，行政审判体制改革已迈入最佳历史发展阶段。

三、地方法院改革的进展及不足

伴随上述法律规范与政策文件的演变，地方多级法院探索出了交叉管辖、提级管辖、相对集中管辖和跨行政区域管辖等多种模式。

（一）异地交叉管辖

2002年，浙江省台州市启动了异地交叉管辖改革。根据改革要求，台州市范围内以县级政府作为被告的行政案件，统一由台州市中级人民法院统筹受理。台州市中级人民法院受理后，再将案件指定给被告所在行政区之外的其他法院受理。在改革之初，原告胜诉率上升明显，较好地排除了行政干扰。但亦有学者对此表示忧虑，认为中级法院个案指定的做法易引发管辖制度的不确定性。尽管异地交叉管辖持续推进，却无法完全排除地方行政机关通过“曲线”方式干涉案件裁判。因为中级法院辖区内的基层法院数量不多，中级法院所指定的异地管辖也相对比较固定，而上下级行政机关之间又存在天然的隶属关系，拐弯说情等现象难以避免，故此种管辖措施并非治本之策。

除浙江外，异地交叉管辖也在其他部分地方进行试点。2014年5月，河南省在中级、基层（市、县）两级法院全面铺开异地管辖改革，将市、县政府作为被告的行政案件以及包括房屋拆迁、土地征用等在内的其他案件，都交由相互没有隶属关系的中级、基层（市、县）法院去审理和裁判。以市中级人民法院管辖的一审行政案件为例，分工方案既有“郑州中院↔许昌中院”之间的“结对”式，也有“安阳中院→鹤壁中院、鹤壁中院→濮阳中院、濮阳中院→安阳中院”等相互轮转的“推磨”式[①]。实行此项改革后，该省行

---

① 参见：2014年5月27日《河南省高级人民法院关于行政案件异地管辖问题的规定（试行）》。

政审判中原告的胜诉率上升了21%，上诉率则下降了14%[①]。与浙江模式相比，河南省的做法似乎更具科学性，因其改革了相对固定的集中管辖区域，通过灵活调整管辖范围的做法去解决利益固化问题，并扩大了异地管辖的范围。然而，有学者担心异地管辖改革会颠倒管辖的主次，冲击现有的管辖秩序，且存在法定化不足的情况[②]。

（二）提级管辖

提级管辖的动因，是通过将一审行政案件提高至中级法院管辖，使高位的行政审判权能够能抗衡低位的行政权，以解决基层法院容易受到同级干预的难题。以广东省为例，省高级人民法院于2011年制定了提级管辖制度，规定在全省范围内，原告起诉县区政府、省直行政机关及中央驻粤行政机关的第一审行政案件，由各地中级法院管辖。但是，提级管辖对行政权干预行政审判的作用有限，仅在解决基层政府作为被告的行政案件中能够发挥比较明显的作用，却难以避免发生地市级以上政府干预审判的现象。此外值得注意的是，中级法院每年都需要向地市级人大会议作工作报告，而各区县政府及其组成部门是地方人大会议的重要代表团，在此情形下中级法院面临代表团如何对其投票的压力。因此，即使将一审案件提级至中级法院，也难免让人对此心存疑虑。

此类改革在其他方面的不足也是明显的。即其在一定程度上打破了上下级法院之间行政审判资源的合理设置，造成部分基层法院行政审判庭基本不用裁判案件，而中级法院却疲于应付的“倒金字塔”现象。例如，在浙江省法院系统2003—2004年度实行提级管辖改革后，2003年度全省中级法院一审行政案件的数量同比增加了2.4倍[③]。此种情况，一方面并不利于行政争议的就地解决，另一方面却又容易将基层的矛盾纠纷上移至大中城市。在“维稳”作为一项敏感、棘手任务的现实情况下，政绩考核的压力逼迫使得上级法院存在畏难心理。与此同时，最高人民法院和高级人民法院还要处理大量的二审行政案件，这些也都极大分散了其精力，继续增加工作量只能导致疲于应付的后果。

（三）相对集中管辖

相对集中管辖是指将行政案件集中到某个指定法院进行集中管辖，实现

① 樊祥胜．贯彻落实依法治国部署要求 推进行政案件审判体制改革：访河南省高级人民法院党组书记、院长张立勇［J］．行政科学论坛，2015（6）：1.

② 黄学贤，杨红．论行政诉讼管辖困境之形成及其突破［J］．法学评论，2013（6）：38.

③ 浙江高院课题组．行政案件管辖问题的调研报告［J］．法律适用，2007（1）：52.

对部分案件的有机整合。以最先进行试点的浙江省丽水市为例，2007年9月丽水市中级人民法院制定《关于试行行政诉讼集中指定管辖制度的意见》，启动了在下辖区试行相对集中管辖的改革。改革方案决定，将全市范围内的行政案件相对集中地交由3个基层法院管辖。丽水法院的试点结合了提级管辖和异地管辖的优势，并弥补了异地管辖制度需要频繁指定法院的不足。2008年该市一审行政案件原告胜诉率上升为26.9%，位列浙江省第一[①]。2010年2月，丽水市中级人民法院再次制定了完善相对集中管辖制度的意见。此项改革的不足之处，是使得部分当事人诉讼成本加大。并且，相对集中管辖的改革实际上扩充了裁定管辖的适用范围，而这似乎冲击了级别管辖和地域管辖在实定法上的地位。

（四）跨行政区域管辖

跨行政区域管辖源于相对集中管辖改革，同时在此基础上有所创新。相对集中管辖主要由中级法院推行，跨行政区域管辖则由高级人民法院主导。实践表明，跨行政区域管辖改革已呈现“遍地开花”的态势。有调研显示，改革试点中已出现“相对集中选择管辖”、“集中交叉混合管辖”、“跨行政区划法院管辖”和“铁路两级法院管辖”等模式[②]。由于各地情况有所不同，各地法院并未遵循统一的标准或模式。

值得一提的是，以铁路法院为基础开展跨行政区划法院管辖的模式引发了高度关注。2012年6月铁路法院与铁路企业分离并移交地方后，依托铁路法院开展跨行政区域管辖成为当前行政审判体制改革中广泛采用的一种方式。之所以采用此种方式，除铁路法院在案件数量、硬件设施等方面的便利条件外，其本身的跨区划属性也是为改革所看重的因素。2014年底，以北京铁路运输中级人民法院为基础新设的北京市第四中级人民法院和以上海铁路运输中级人民法院为基础新设的上海市第三中级人民法院相继成立。2016年以来，广州、南京、杭州等地也以铁路运输两级法院为载体，对全市范围内的行政案件进行集中管辖试点。当然，有一些学者对此类实践的未来并不看好，他们认为，“现阶段的跨区划法院仅仅是一种过渡方案，在组织体系上成熟度不高，既不方便原告提起诉讼，也难以形成系统的层级监督，更无法做到跨省

① 叶赞平，刘家库．行政诉讼集中管辖制度的实证研究［J］．浙江大学学报（人文社会科学版），2011（2）：127.

② 马迅．行政案件跨区域管辖改革的检视与省思：以我国《行政诉讼法》第18条第2款为中心［J］．甘肃政法学院学报，2018（2）：136.

（自治区、直辖市）管辖一审行政案件”①。对此最高人民法院也指出，跨行政区划法院的设立面临一系列困难，易出现“案件集中易、法官集中难”问题，造成“有的地方有人无案办、有的地方有案无人办”的被动局面②。此外，跨行政区划法院在限制当事人的管辖选择权方面也有局限。

第四节　以行政审判体制改革助推国家治理能力现代化

一、改革模式的利弊分析

笔者认为，无论是行政法院还是普通法院，都不足以独揽行政审判的独立性与专业化。通过对大陆法系之行政法院与英美法系之普通法院的比较可知，二者在行政审判体制上的不同并不能说明其存在实质性差异。“对于行政审判体制的优劣评判，必须注意该种体制在该国的实际运行效能，同时必须考虑一国的现实政治体制、经济文化背景、传统法律意识等因素。”③ 换言之，并没有一种放之四海而皆准的行政审判体制。从更深层次来看，行政审判涉及权力结构与体制机制等问题，而这离不开其与政治的关系。因此，若想准确判断某种行政审判体制改革之模式是否适宜，须在这方面多下功夫。当然，这种判断仅凭逻辑推演是不能够得出的，还要看是否符合实际需要。

尽管有不少学者倡导设立行政法院，但理性地看该模式并不一定完全符合我国的实际需要。正如有学者表示并不看好这一方案的前景，其理由在于：一方面，如果立法者对审判独立的重要性有明确认识，那么从整体上推进司法改革即可，也就是使法院在审判上独立于地方党委及政府，如此一来设立行政法院的必要性也就不大；另一方面，如果立法者并不认为审判独立是一个关键问题，那么行政法院方案被采用的可能性将非常低④。言下之意，行政法院方案固然“看上去很美”，但基于现实考虑，它并不适合当前的实际情况。因此，比较实际的做法是在既有基础上优化行政审判体制。此处有必要说明的是，党的十八届三中全会决定推动省以下地方法院人财物的统一管理，等到这项改革在全国普遍落实，大体上能够解决行政审判的地方化问题。那

① 马怀德，孔祥稳．改革开放四十年行政诉讼的成就与展望［J］．中外法学，2018（5）：1141.

② 参见：2015年11月2日最高人民法院院长周强在第十二届全国人民代表大会常务委员会第十七次会议上所作的《最高人民法院关于行政审判工作情况的报告》。

③ 江必新，梁凤云．行政诉讼法理论与实务：上册［M］．北京：法律出版社，2016：485.

④ 何海波．行政审判体制改革刍议［J］．中国法律评论，2014（1）：63.

么，当法院人财物脱离地方政府后，行政法院模式还能在多大程度上优于管辖改革就值得商榷了。倘若跨行政区域管辖改革便能够最大限度地实现公正审判，那么设置行政法院的重要性就将大打折扣。

就行政审判的行政化问题而言，应当说，在民事、刑事审判中同样面临行政化色彩浓厚的问题，这并不是行政审判所独有的。换言之，在去行政化的问题上，采用行政法院模式并不见得比采用管辖改革更有效。并且，学界呼吁已久的行政法院方案目前尚无启动的迹象，研究“热”与实践“冷”之间的反差非常明显。假如时机确已成熟，行政法院早就应该像知识产权法院、金融法院那样得到确立，而实际情况是在2018年修订宪法及人民法院组织法时，依然没有涉及行政法院方面的内容，足见其在短时间内得到落实的可能性并不大。实际上，希望借助法律规范解释去证成行政法院的组织、职权以及行政法官任免等实体问题，其理论与规范依据都是有待商榷的。其实，之所以立法者对此仍有疑虑，很可能是其中的关键性议题还有待进一步研究。甚至可以说，已有的改革模式并非就不如行政法院模式，即后者的现实必要性与可行性目前看尚不突出。正如有研究对近24万份一审行政判决书进行梳理后所揭示的，建立行政法院的做法或许能够在一定程度上改善行政审判的状况，但这一改革的效果最终仍取决于法院在国家治理体系中所处的位置①。必须看到，法院体制仍深度嵌入当前的行政体制和政治结构之中，行政法院亦不例外，因而对其可能的成效应谨慎看待。

当然，前面所述及的多项管辖改革，虽在一定程度上缓解了行政审判的地方化、职能弱化等问题，但并未完全解决其现存的所有弊端，同时管辖改革在推进过程中所产生的副作用也不少。在行政诉讼理论层面，行政审判体制与管辖制度本是两个范畴。管辖制度要解决的核心问题，是对第一审行政案件的分工与权限，以明确上下级法院和同级法院之间在受理案件上的具体分配。质言之，管辖决定了公民应当在哪里的法院或哪一级法院立案与起诉。对很多国家或地区来说，管辖充其量只是技术层面的范畴，这“并不是一个复杂的问题”②。但是，在我国的行政诉讼活动中管辖问题及其作用却并不那么简单。其理由在于：源于行政审判体制的局限，改革的关键点是实现司法管辖区与行政区划的分离，以达到独立审判的目的。在此背景下，行政审判

① 马超，郑兆祐，何海波．行政法院的中国试验：基于24万份判决书的研究［J］．清华法学，2021（5）：192.

② 薛刚凌．外国及港澳台行政诉讼制度［M］．北京：北京大学出版社，2006：25.

体制改革与管辖改革便出现了耦合。之所以会有此种耦合现象，或许可以这样解读：当行政审判体制改革在理论上无法作出或者没必要作出重大突破时，管辖改革的运用实为一种更为可行的举措。此种安排属于实用主义的策略，符合改革者力求稳妥的要求，故而行政审判体制改革应遵循渐进式进路。可见，管辖改革已经从普通的案件分工机制，转变为肩负行政审判体制改革的着力点和重要组成部分。

如果一发现管辖改革中的不足就断然否定之，恐怕并不是理性的态度。虽然包括行政法院、管辖改革在内的诸多方案可以做到逻辑自恰，但实践中无论采取何种方案都难免存在制度疏漏，也就是说不可能存在一个尽善尽美的行政诉讼制度。“任何措施和办法，在解决问题的同时，也难免制造一些问题，只要总体上利大于弊，就是一个成功的改变。”① 2019 年 1 月，《最高人民法院关于印发〈2019 年人民法院工作要点〉的通知》（法发〔2019〕7 号）提出要加强行政审判工作，完善与行政区划适当分离的行政案件管辖制度，优化行政审判资源配置，深化行政审判体制机制改革。2019 年 2 月《人民法院第五个五年改革纲要（2019—2023）》再次强调，改革完善行政审判工作机制，规范行政案件管辖机制，完善案件管辖标准及类型。从中可以看出，当前跨行政区划管辖依然是行政审判体制改革的关键抓手。

二、行政审判体制改革的发展方向

实际上，行政审判体制改革要取得实效，最重要的或许不是建立何种机构或进行何种制度设计，而在于党政机关和社会各界对行政审判制度要真正心存敬畏。这将是一个长期的过程，有赖于政治体制改革与司法体制改革的整体推进，以及法治现代化水平的逐步提升。现实中，选择行政审判体制改革的模式及方向，需要与其他相关改革协同推进，并在现有框架内挖掘可用的资源。例如，涉及省级层面的行政审判体制性难题，可借助最高人民法院巡回法庭的制度优势，充分运用提级管辖、指定管辖等司法技术去破解相应的弊端。

针对行政审判体制改革的发展方向，与其苦苦证立、对比某种模式的优越性，倒不如立足现实，循序渐进。在这方面，有学者提出的设想颇有见地：为破解跨行政区域管辖改革带来的职能与资源配置不合理、审判人员和经费

① 王振宇．行政诉讼制度研究［M］．北京：中国人民大学出版社，2012：95.

不足等难题，未来有必要普遍建立“跨行政区域法院”①。对此笔者进一步建议，不妨以北京、上海等地跨行政区划法院的改革为样板，从设立依据、组织体系及案件管辖等方面进行优化，发掘该模式排除地方因素对行政审判干扰的有益做法，持续在全国范围内推广先进经验，鼓励各地结合实际作出相应调整，并不断强化与之相配套的各项措施。

三、强化与改革相匹配的治理职能

（一）助推国家治理体系和治理能力现代化

党的十八大以来，国家治理方式的体制机制创新得到进一步重视。习近平总书记指出，“推进国家治理体系和治理能力现代化，就是要适应时代变化，既改革不适应实践发展要求的体制机制、法律法规，又不断构建新的体制机制、法律法规”②。国家治理体系与治理能力现代化建设的时代背景，客观上对行政审判体制提出了更高要求。行政审判体制改革的紧要目标，是优化作为国家治理现代化支柱之一的司法体制，而行政审判体制则是司法体制不可或缺的一部分。行政审判的司法属性，决定了行政审判体制改革是司法体制改革过程中的重要环节。对此，党的十九届四中全会进一步强调，“深化司法体制综合配套改革，完善审判制度”。

为发挥行政审判体制改革在国家治理中的作用，其中的关键一点便是增强其与司法体制改革的契合度。司法体制改革是通过对职权配置、制度架构等进行优化，以保障司法公正为导向的新作为。在理念上，行政审判体制改革应与司法体制改革的理念相一致。必须指出，当前的改革实践看似很红火，但多地法院的管辖改革却已经出现了“碎片化”的趋势。并且，这一改革隐含了某种“单一化”倾向，多项改革措施局限于某一方面的考量，而欠缺对司法体制改革的整体把握。司法体制改革是全面的改革，行政审判体制改革的内容和方向必须与之相适应。因此，行政审判体制改革应当立足司法体制改革的战略高度，并从中产生新观点、新思路与新思维。当前，司法体制改革从整体上来看并非畅通无阻。诚然，与民事、刑事审判体制相比，行政审判体制改革的迫切性更为强烈。但是，因此就贸然采取“单兵突进”的策略是值得商榷的。理性地看，行政审判体制改革还是应循序渐进。行政审判体制改革不仅要在其自身系统内实现逻辑自洽，而且应紧密围绕司法体制改革

---

① 姜明安．中国行政诉讼制度尚有完善空间［N］．法制日报，2019-04-19（5）．

② 习近平．习近平谈治国理政［M］．北京：外文出版社，2014：92．

的通盘计划，以更好地助推国家治理现代化向纵深发展。

（二）注重行政审判权与行政权的互动

权力机关、法院以及社会各界的监督等，共同构成了对行政权的监督体系。其中，行政审判对行政机关的司法审查是关键。在这样的制度安排下，必然会涉及行政审判权与行政权的关系问题，可以说如何有效处理二者的关系是一项重要课题。行政审判的特殊之处，就在于其诉讼程序的设计与运行必然涉及审判权与行政权的关系，如何协调二者的关系是各国行政审判中普遍面临的议题。针对二者关系，学界多侧重研究行政审判权的强度与界限。这既体现为行政审判权审查行政权的范围，又体现为行政审判权对司法权的尊重程度。例如，有学者根据按照权力有限论、权力分立、行政自制理论等原理，提出行政审判对行政权的审查应存在一定的界限①。综观行政审判体制改革的具体举措，也大都建基于行政审判权对行政权的制约与监督。

行政审判权对行政权的有效监督固然重要，但也不可忽略二者的有效互动。行政审判权对行政权的审查与制约，并不表示二者间无法有效沟通。在我国的人民代表大会制度下，司法权与行政权的权力形态同样需要既分工又合作。法院与行政机关同为全面依法治国背景下的国家机关，二者具有取得共识的坚实基础。在现有权力配置结构下，行政审判权相比行政权而言并不占优势，且客观上需要得到包括行政权在内各种权力的支持才能有效发挥作用，而这种支持的程度还与司法机关与行政机关之间的和谐文化建设水平有关。司法实践中，法院已经有意识地延伸行政审判职能，通过发布行政审判白皮书等方式实现与行政机关的互动。在行政审判体制改革阶段，有必要继续增强二者的良性互动。对此行政审判权应发挥主观能动性，在秉持司法中立、公正原则基础上，通过深化行政审判白皮书、司法建议、邀请行政机关旁听庭审等机制，不断优化其与行政权的关系，以增强行政机关对行政审判工作的认识和认同。

（三）行政审判能力的优化升级

行政审判体制改革，离不开行政审判能力的有效提升，而这也是实质性解决行政争议的关键所在。如前所述，我国行政审判体制改革方面的理论研究，更多关注了整体的模式选择，其实，微观上的规则设计也是当前行政审判体制所欠缺的。因而有必要利用既有司法资源，对与行政审判体制相关的制度进行技术改造。例如，根据我国行政诉讼法的规定，行政审判的庭审程

① 李哲范．行政诉讼司法权界限［M］．北京：中国书籍出版社，2015：49.

序规则大体参照了民事审判，却在一定程度上忽视了行政审判的特质。行政诉讼的类型丰富多样，既有传统的一般行政案件，也有政府信息公开、行政协议等新型案件，这决定了根据不同案件类型去设置庭审结构或规则的必要性，而不能仅参照民事审判，整齐划一加以规定①。对此，可尝试将以往一般纠纷中“先法庭调查后法庭辩论”的庭审模式进行改造，根据不同的行政案件，针对庭前准备、法庭调查、当事人陈述辩论等阶段设计更为适宜的庭审规则，使行政实体间的法律关系获得实质性处理，进而有效化解双方的行政纠纷。

面对部分行政案件所遭遇的双方冲突激烈、现有法律政策不明朗等难题，要适时优化多元纠纷化解机制，以实现案结事了。比如，针对行政审判力量较为薄弱的现状，可考虑从行政审判团队建设与信息化运用等方面加以补强。又如，我国对行政诉讼的功能定位一直有“抑客扬主”的倾向，注重向主观诉讼维度拓展而忽视了客观诉讼维度②。根据经济社会发展中行政案件的审判需要，现有行政审判体制改革已对行政诉讼的主观诉讼作出了较好的回应。如上文所述司法管辖区与行政区划的分离改革，主要是有利于保障公民、法人和其他组织的合法权益。但是，已有改革可能忽略了行政诉讼的客观诉讼机制。当前，尽管行政公益诉讼制度已在如火如荼地推进，却鲜见行政审判体制改革有意识地去对标客观诉讼维度。对此，今后有必要对此类诉讼的审理规则、审理程序等进行精细化改造，以充分推动行政争议的实质性解决。改革并非一蹴而就的事，在推动行政审判体制改革的过程中，通过类似的具体配套制度将有助于推动行政审判能力的优化升级，从而为国家治理现代化提供坚实的司法保障。

---

① 黄学贤，李凌云．我国行政审判体制改革的理论、进展及走向［J］．学习论坛，2020（3）：78-88.

② 刘艺．构建行政公益诉讼的客观诉讼机制［J］．法学研究，2018（3）：39.

第三章　行政诉讼合法性审查原则中的疑难问题

此处的基本原则，指对行政诉讼活动整个过程或主要过程具有规范作用的，调整行政诉讼行为的重要准则。自我国行政诉讼法颁布以来，合法性审查原则即成为理论界与实务界关注的焦点问题之一。目前，合法性审查这项行政诉讼制度的基本原则迎来了创新发展新阶段。所谓合法性审查原则，是指人民法院依法受理、审理行政案件，对被诉行政行为的合法性进行审查并作出裁判的一项基本原则。合法性审查之所以被视为行政诉讼的基本原则，是有行政诉讼法之规范依据的。我国行政诉讼法总则第 6 条规定：人民法院审理行政案件，对行政行为是否合法进行审查。

对合法性审查原则的探究，需要将其置于“实质法治”时代背景下来进行理解。当前学界的主流观点，是将法治分为“形式法治”和“实质法治”两种形态。“形式法治”观主张法治即法律的统治，视法治为一种手段和形式；“实质法治”观则主张法治乃良法之治，主张能够被普遍实现的法律状态应该是善治。简言之，二者争论的焦点即法治应否以实现实质正义为目标。应当说，相比形式法治，实质法治在理论上存在诸多优势，是行政诉讼理论与实践需要关注的要点。当前我国行政法治处于从形式法治迈向实质法治的转型期，而实质法治强调行政行为的实质合法性，这对行政诉讼合法性审查原则提出了新的挑战和要求①。2014 年，我国修改行政诉讼法时将第 5 条改为第 6 条，并仅将其中的“具体行政行为”修改为“行政行为”，彰显了维系合法性审查原则的立法意旨。然而，修正后的行政诉讼法第 70 条又引入“明显不当”的审查标准。关于这一修改，学界通说认为：行政诉讼法在保留合法性审查原则前提下，对其内涵作了扩大解释②。将明显不当标准纳入合法性审查范围，合法性审查原则必将受到重大影响。这类见解的实质，是将明显不当之行政行为视为违法行政行为。对此有研究者提出，明显不当标准的确

---

① 程琥．行政诉讼合法性审查原则新探［J］．法学，2019（19）：75.

② 信春鹰．中华人民共和国行政诉讼法释义［M］．北京：法律出版社，2014：202.

立，意味着合理性审查在行政诉讼领域“规范”上的正式确立[①]。那么，合法性审查原则与明显不当标准、合理性审查到底是何种关系？此原则的内涵与外延应如何理解？该原则该怎样回应实质法治时代？这些问题均有待回答。换言之，适时梳理合法性审查原则的价值意涵、理论争点及实践动态，展望其发展前景，是一个亟待探讨的疑难论题。

第一节 作为行政诉讼特有原则的合法性审查

一、合法性审查原则的规范阐释

（一）合法性审查原则是行政诉讼的精神内核

行政诉讼的基本原则承载着行政诉讼法的精神内核，对整个制度内容及诉讼活动的展开发挥着提纲挈领的作用。学界一般认为，根据适用范围是否为行政诉讼所特有，可将其基本原则分为一般原则和特有原则，合法性审查原则属于后者[②]。如前所述，行政诉讼法是与民事诉讼法、刑事诉讼法相并列的三大诉讼法之一，三大诉讼法共同遵循当事人法律地位平等、使用本民族语言文字进行诉讼等多项基本原则。当然，其中的区别可在特有原则中得到体现。在民事诉讼和刑事诉讼活动中，并不存在评判行政行为合法性的可能。也就是说，合法性审查原则具有法律规制上的排他性，在其他诉讼制度中难以适用，即不能规制刑事诉讼和民事诉讼[③]。合法性审查作为我国行政诉讼法独具特色的基本原则，可贯彻行政审判活动始终，成为其他原则的主要参照系，立案、审理、裁判及执行等阶段的规则在很大程度上是围绕此原则构建的。

需要说明的是，合法性审查原则并没有被世界上其他多数国家或地区的法律所直接规定。如法国《行政诉讼法典》规定的10条基本原则中，并没有哪一条明确提及合法性审查。在德国，调查原则与处分原则是行政诉讼中最为典型的基本原则[④]。尽管如此，几乎所有法治国家都将行政行为合法性审查置于重要地位。如德国的法律优先、英国的越权无效等法治原则，都宣示了

① 于洋．论规范性文件合法性审查标准的内涵与维度［J］．行政法学研究，2020（1）：101.

② 杨海坤，章志远．行政诉讼法专题研究述评［M］．北京：中国民主法制出版社，2006：61.

③ 这种排他性是双向的，即其他诉讼制度不能适用行政诉讼的特有原则，而行政诉讼也不适用其他诉讼的独有原则。参见：张淑芳．行政诉讼特有原则再认识［J］．社会科学辑刊，2016（2）：54.

④ 胡芬．行政诉讼法［M］．莫光华，译；刘飞，校．北京：法律出版社，2003：542-545.

行政行为合法性的重要性，此种合法性要求势必对与之相关的司法审查规则产生显著影响。

（二）合法性审查原则的具体内涵

合法性审查原则的意蕴，可简要概括为两点：一是对行政行为进行审查；二是集中审查行政行为的合法性。此意涵的确立，可经由立法者的解释加以印证。1989 年 3 月，《中华人民共和国行政诉讼法（草案）》的说明中提到，行政机关在法律法规规定范围内作出的具体行政行为是否适当，原则上应由行政复议处理，人民法院不能代替行政机关作出决定①。接下来，我国在起草 1989 年版行政诉讼法时，基本排除了合理性审查的内容。大体而言，合理性审查主要是看行政机关的行政行为是否符合客观、适度、公正的基本理性，并对那些明显不合理的行政裁量行为作出负面评价。正如参与当初立法起草有关人士所讲的那样，倘若法院过多干预行政行为合法性之外的事宜，无形中使行政机关多了一个上级主管部门，故有法院“基本不管”行政行为是否适当的争论②。一言以蔽之，合法性审查原则属于不完全的司法审查权。当然，这种有限性并非否定合法性审查在特定范围的全面性。例如，在我国大陆地区的行政审判活动中，法院对原告诉求之外的行政行为合法性也会予以审查。同样，在我国台湾地区的行政诉讼中，法院审理行政案件时亦会遵循职权探知主义，即依据职权探知事实关系及依职权调查证据，而不受当事人主张陈述以及证据声明的拘束③。

二、合法性审查的确立因素

合法性审查原则的确立及其功能定位，是根据我国司法制度的特性、传统、权力结构等因素而作出的综合考虑。其中的理论基础，主要缘于国家公权力之间的相互制约。行政诉讼中存在行政机关、公民及法院之间的三角结构关系，进一步而言，其中包含了双重关系，即公民与政府的关系、司法权与行政权的关系。在这之中，确立合法性审查原则的关键，取决于行政权与

① 详见时任全国人民代表大会副委员长、法制工作委员会主任王汉斌于 1989 年 3 月 28 日在第七届全国人民代表大会第二次会议上所作的报告。

② 胡康生提出，合法性审查原则意味着对行政行为是否适当基本不管，但要管行政机关滥用自由裁量权和行政处罚显失公正等适当性问题。据他介绍，当初制定行政诉讼法时，人民法院参与立法的多数人士赞同“基本不管”的解释，而行政机关参与立法的多数人士则赞同“完全不管”的解释。参见：最高人民法院《行政诉讼法》培训班．行政诉讼法专题讲座［M］．北京：人民法院出版社，1989：41-42.

③ 陈清秀．行政诉讼法［M］．台北：元照出版有限公司，2018：471.

司法权的边界关系。在我国，行政机关与法院都是人民代表大会制度之下的国家权力机关，都具有代表公共利益的独立属性，二者均在法律规定的职权范围内各自活动，其职能差异决定了司法审查的界限。

之所以有不少观点主张法院“基本不管”行政行为是否适当，是考虑到行政权与审判权的合理配置①，尤其是基于行政权专业性与自主性的考量。行政机关长期处理各种庞杂的行政管理事务，这对行使行政权时的经验、灵活与高效提出了很高要求，于是行政裁量权便得以派上用场。反观法院，因其缺乏行政行为作出者所具备的技术、信息和经验，因而司法权确实不能替代行政权来作出判断。法院作为审判机关，最擅长的是对法律适用作出评价。在秉持司法“自谦性”理念的基础上，法院应通过法律适用的否定性评价去监督、制约行政权，并在此过程中体现必要的尊让。耐人寻味的是，前述立法参与者所说的“基本不管”，并不等于“完全不管”。可见，合法性审查与合理性审查二元对立之疑惑，早在30年多年前的立法环节中就存有分歧。当然，也正是因为司法权与行政权的内在张力，使合法性审查原则的周延性并非完全清晰可辨。

第二节　合法性审查原则的学理聚焦

近年来，学界针对合法性审查原则的研究较多。经梳理，可将其中重点关切的问题归纳为以下几方面。

一、功能定位之存废

在2014年我国行政诉讼法的修法过程中，有一种观点认为，应当将合法性审查原则降格为合法性审查规则，并将之放在撤销判决程序部分，以体现此种判决的特点，不过立法机关最终没有采纳②。之所以存在取消此原则的设想，原因之一是认为基本原则应该对原告、被告以及第三人在内的所有诉讼参加人都适用，而该原则重点关注被告行为的合法性，对其他诉讼参加人的规范作用则并不明显，故对基本原则的定位提出质疑。与之相反，有学者开始考虑如何坚持与完善合法性审查原则。如2012年中国人民大学莫于川教授

① 姜明安．行政法与行政诉讼法［M］．北京：北京大学出版社，2012：411.

② 江必新．中华人民共和行政诉讼法理解适用与实务指南［M］．北京：中国法制出版社，2015：22.

领衔的“行政诉讼法修改”课题组提出，在坚持合法性审查原则的同时，建议将“行政裁量权行使明显不合理”的情形纳入合法性审查原则之内，以适当扩大合法性审查的范围①。有趣的是，2014 年清华大学何海波教授主持的“理想的行政诉讼法”课题组也提出了《中华人民共和国行政诉讼法》之学者建议稿，其中却是将诉权保障、司法准则等界定为行政诉讼的原则，“对行政行为的合法性进行审查”仅作为审查标准部分予以规定②。此种论说无形中模糊了合法性审查在基本原则中的地位，并似乎有将之降格为审查标准之嫌。除此之外，合法性审查原则作为行政审判实践的重要指引，其适用的完满性亦受到怀疑。我国行政诉讼法将行政协议纠纷纳入受案范围后，合法性审查原则并不能完全应对此种新型案件，因为行政协议的法律关系并非单一，其中因双方平等协议所衍生的关系之诉，与合法性审查主导下行为之诉的逻辑并不相同③。

二、与行政法上行政合法性原则之关联

行政合法性原则，也被称为依法行政原则，是各国行政法的基本原则，行政法学主要就是基于此原则而建立的，其核心要旨是要求各级行政机关及其工作人员在法律规定的职权范围内履行职责。此原则的确立，对于我国法治政府的建设具有划时代意义。针对行政诉讼合法性审查原则与依法行政原则的关联，不少观点认为合法性审查原则是依法行政之于司法审查领域的必要延伸。行政机关是否达到了依法行政的要求，应当由其他机关及人员来评判。易言之，合法性审查原则的运用，乃是司法领域评价行政机关依法行政水准的重要凭据。可见，合法性审查原则与依法行政原则在法律依据上存在有机衔接。“法院是依据与行政执法同一的尺度和标准来对具体行政行为合法性作出裁判的。”④ 合法性审查符合行政法对行政行为的基本要求，实际上是从司法角度重申了行政合法性的原则，继而凸显“法无授权不可为”的权力行使规则。如在德国，行政诉讼制度的根本目的之一，就是实现其《基本法》

---

① 莫于川．我国《行政诉讼法》的修改路向、修改要点和修改方案：关于修改《行政诉讼法》的中国人民大学专家建议稿 [J]．河南财经政法大学学报，2012（3）：17.

② 何海波．理想的《行政诉讼法》：《中华人民共和国行政诉讼法》学者建议稿 [J]．行政法学研究，2014（2）：9.

③ 李凌云．行政协议合约性审查的逻辑进路 [J]．南海法学，2019（3）：19.

④ 此观点来自《人民司法》记者戴建志对某中院法官赵明章的采访。参见：戴建志．关于行政诉讼以合法性司法审查为总原则的对话 [J]．人民司法，2002（9）：21.

第 20 条第 3 款规定的行政合法性原则[①]。法院对被诉行政行为的合法性进行审查，有助于督促行政机关纠正不合法的行政行为，为行政行为划定成立依据及效力界限。

三、法律审与事实审之选择

行政诉讼法学研究中曾有“法律审”与“法律兼事实审”的分歧。所谓法律审，是认为事实问题应通过行政程序予以解决，法院无权对此进行审查，只有法律适用问题才由法院承担。所谓法律兼事实审，指的是法院既要审查行政行为的合法性，也要审查行政机关已经认定的事实，做到事实审与法律审的有机统一，并由此判定行政机关是否具备事实根据。根据此种论证，法律问题和事实问题的区分，应当导出两个不同的司法审查标准。有学者提出，“法院在司法审查中对事实问题的审查实质上是个合理性问题”[②]。此种学说的指向比较明显，即认为事实审会与合法性审查原则产生一定抵牾。例如，当原告仅对行政机关的事实认定不服而未涉及合法性时，原告的诉讼期望与合法性审查原则的适用无法衔接，因而该原则面临功能瑕疵的问题。

针对否定事实审的观点，有学者反驳道：之所以要审查案件事实，是因为任何具体行政行为都是将法律法规适用于某种特定事实的。有事实存在才会作出一定的具体行政行为，要准确判断行政行为是否合法就离不开对事实的审查[③]。与此同时，也有学者从行政纠纷的实质性解决角度对事实审的可行性加以论证[④]。实际上，事实问题与法律问题的界限有时比较模糊。严格说来，法院在司法实践中难以避免对事实作出审查及认定，我国行政诉讼法中也有“以事实为根据，以法律为准绳”的理念。近年来，“法律审兼事实审”的观点已经得到了实务界普遍认可。2003 年 2 月，时任最高人民法院副院长李国光在全国法院行政审判工作会议上明确提出，法院对被诉具体行政行为的合法性审查，既包括认定事实问题的审查，又包括适用法律问题的审查。倘若案件事实都未查明，则很难达到准确适用法律的目的。不过，如何区分法律问题与事实问题且适用不同的审查规则及强度，仍然是司法实践中需要

① 刘飞．德国公法权利救济制度［M］．北京：北京大学出版社，2009：43.

② 朱新力．论行政诉讼中的事实问题及其审查［J］．中国法学，1999（4）：12.

③ 杨惠基．具体行政行为的合法性审查原则［J］．法学，1990（8）：17-18.

④ 此种观点的论证逻辑是这样的：单纯判断法律问题合法与否并不能实质性解决纠纷，对事实问题进行审查不是司法权对行政权的僭越，而是为促进行政纠纷的有效解决。王学辉，张治宇．论现行《行政诉讼法》修改完善的方向［J］．学习论坛，2014（4）：70.

重视的事项。事实审不是绝对的，也不是必需的。只要相对人未举出相反证据来说明行政机关对事实的判断错误，则法院不必或无权调查事实。并且，对于行政机关行政行为已经违法的情形，再去纠结事实审的意义并不大。

四、审查依据之厘定

合法性审查的前提，是存在完备的法律依据。那么，该怎么理解合法性审查中的“法”呢？对此，我国1989年版行政诉讼法与2014版行政诉讼法都作出了较为明确的规定。一般情况下，法院应当依据法律、行政法规和地方性法规并参照规章来进行合法性审查。此处的难点在于，规章是否可以作为合法性审查的依据。1989年版行政诉讼法施行之初，即有法官提出，作为合法性审查原则中的“法”不应当包含规章，其理由是：制定规章的行政机关，不能从完整意义上代表国家，当前行政规章比较杂乱，行政诉讼仅规定参照规章，而“法”只能是依据而不能参照①。“参照”作为一个专门的法律术语，是指法院可适用，也可不适用。判定规章的合法性是行政审判“参照规章”的前提，合法的规章就应适用，违法的规章则不予适用，且法院不能对规章的效力作出处分②。此种参照适用的前提，离不开司法对行政机关立法的适度审查。具体来说，是审查行政机关作出行政行为所依据的规章是否与较高层次的规范性文件相抵触。对此，法院实际上对规章享有了一定的司法审查权。还有观点认为，合法性审查中的“法”应作广义理解，包括行政机关从事行政活动时所遵循的宪法、基本法律、普通法律、行政法规、地方性法规、自治条例和单行条例等③。此处将宪法纳入合法性审查依据之范围，与我国行政诉讼法的规定有一定出入。

合法性审查就是法院对行政机关适用法的过程的审查，其中所审查的法律是行政机关所依据的法律规范。因而，有学者将此概括为“二次适用”的性质④。2004年国务院印发的《全面推进依法行政实施纲要》对“法”的范围作出这样的界定：“行政机关实施行政管理，应当依照法律、法规、规章的规定进行。”此处的“法”即规章及其以上的规范性文件。事实上，倘若规章

---

① 孙际泉．合法性原则是行政审判的基本原则［J］．人民司法，1990（9）：6.

② 姜明安．为行政审判“参照规章”确立规则：评任建国不服劳动教养复查决定案［J］．中国法律评论，2019（11）：43.

③ 崔卓兰．新编行政诉讼法学：当代中国行政诉讼理论与实践［M］．长春：吉林人民出版社，2001：66.

④ 王锴．行政诉讼中的事实审查与法律审查：以司法审查强度为中心［J］．行政法学研究，2007（1）：103.

以下的规范性文件不与法律法规的规定和精神相违背，则合法性审查过程中可以适当将其作为参照或参考。例如，2000 年《若干解释》第 62 条规定，法院审理行政案件，可以在裁判文书中引用合法有效的规章及其他规范性文件。应该说，不能一味排除规章以下的规范性文件，因为它可以弥补法律规范过于抽象的不足，发挥对被诉行政行为合法性审查的辅助作用。

五、合法性审查与合理性审查关系之辨析

合法性审查与合理性审查的关系，向来是学界研究的重点与难点。二者关系的区分，发端于行政机关在行政管理中所拥有的两种不同权限：自由裁量权与羁束裁量权。在羁束裁量权之下，行政行为只涉及合法性。二者关系之辩的实质，就是自由裁量权是属于合法性审查还是合理性审查的问题，这亦是司法审查范围与强度的范畴。围绕二者之间的联系，学界主要存在以下三种观点。

（一）合理性审查应纳入合法性审查的范畴

此种学说认为，合法性与合理性是一个层面的范畴，合理性属于合法性的有机组成部分。当行政行为不合理达到了合法性所不能容忍的程度之时，法院就应当以滥用职权等为理由将其撤销或者变更。合法性审查当然包括了合理性内容，不然合法性审查就是不完备的。若不合理的行政行为超出一定限度，也属于合法性审查的范围。在有的行政诉讼法建议稿中，倡导将滥用职权、显失公正等合理性问题纳入合法性审查之中，以使法律规定更严密①。有学者提出，合法性审查原则没有排除合理性审查，认为法院只能对行政行为进行所谓合法性即形式意义上的审查，并不符合控制行政权的基本理念②。易言之，此种理论赞成经由扩大解释将合理性审查置于“合法性审查”的概念框架之内。

（二）合法性审查与合理性审查并列

有观点认为，对行政裁量行为进行控制，必然要求在行政诉讼中确立合理性审查原则③。行政法所确定的行政活动基本原则兼具合法性与合理性，因而与之相关的司法审查活动也无法将合法性与合理性予以分割。有学者提出，

① 马怀德．司法改革与行政诉讼制度的完善：《行政诉讼法》修改建议稿及理由说明书［M］．北京：中国政法大学出版社，2004：93.

② 蔡伟．对合法性审查原则的再审视：兼论对行政行为的合理性审查［J］．宁夏社会科学，2005（6）：12.

③ 陈少琼．我国行政诉讼应确立合理性审查原则［J］．行政法学研究，2004（4）：69.

从法的正义、理性的价值出发，应加深行政行为司法审查的程度，使合理性审查成为与合法性并列的行政行为审查的基本标准①。当然，此类学说一般都不否认合法性审查具有某种优先性。

(三) 合理性审查能够补充合法性审查的作用

此观点主张，合法性审查是基本原则，合理性审查则发挥补充作用。行政裁量权应该接受司法审查，合法性审查不应排斥合理性审查的内容。有学者表示，合法性审查是行政诉讼法律原则的核心，合理性审查是合法性原则的补充，前者在每一起案件中都适用，后者仅在特定范围内适用②。易言之，1989 年版行政诉讼法于事实上确立了“合法性审查为原则，合理性审查为例外”的基本原则，合法性审查仅存在于形式合法层面。简言之，当合法性审查存在某种不完满状态时，合理性审查就可相应发挥填补作用。

第三节　合法性审查原则的实践动态

合法性审查原则的确立，在行政审判活动的有序开展中发挥了积极作用。在归纳理论研究的基础上，接下来有必要关注该原则在实践中的发展图景。考察合法性审查原则的适用状况，挖掘其背后所蕴含的价值理念，对于推动行政诉讼制度的进一步完善颇有裨益。

一、审查对象的变迁

合法性审查原则中的审查对象，主要经历了从具体行政行为到行政行为的嬗变。在行政诉讼法颁布之前，我国学界就普遍存在对具体行政行为与抽象行政行为的区分，二者主要以对象是否特定、事项是否特定、适用是否具有普遍性等为划分标准。我国 1989 年版行政诉讼法第 5 条之所以将合法性审查原则的审查对象设定为具体行政行为，而不去审查抽象行政行为，应当是考虑到宪法和法院组织法等相关规定，即审查抽象行政行为合法性的权限一般由人大及其常务委员会、作出抽象行政行为的上级机关享有。1991 年 6 月颁布的《最高人民法院关于贯彻执行〈中华人民共和国行政诉讼法〉若干问题的意见（试行）》第 1 条，对“具体行政行为”的内涵作出了明确界定，并

① 谭宗泽．行政诉讼结构研究：以相对人权益保障为中心［M］．北京：法律出版社，2009：232.

② 胡玉鸿．行政诉讼法教程［M］．北京：法律出版社，1997：117-118.

将其范围限定为单方行为。有研究对此定义的构成要件及内容进行了分解①。对此种具体行政行为的审查还蕴含这样的逻辑：法院审查行政机关一方的具体行政行为，原告一方的行为是否存在乃至是否合法则并非法院的审查对象。这与民事诉讼有较大差别，民事诉讼既审查原告行为，也审查被告的行为。也就是说，行政诉讼中的合法性审查并不以原告诉讼请求为限，从原告行为合法与否无法简单推断出被告具体行政行为是否合法，故不应关注原告行为本身如何。我国1989年版行政诉讼法第32条作出关于被告对其具体行政行为负有举证责任的规定，可作为对这一点的说明。

然而，对具体行政行为与抽象行政行为的争论并未就此停歇。虽然行政诉讼法及其司法解释明确了具体行政行为的概念，但实践中普遍认为，仅将审查对象停留在具体行政行为，未能准确反映行政管理活动的多样性，如此便限缩了法院的受案范围。即使某一具体行政行为被撤销了，作为其依据的抽象行政行为却可能依然存在且继续被反复适用，而这不利于对公民在行政诉讼中的权利救济。2000年《若干解释》突破了1989年版行政诉讼法的规定，将“具体行政行为”修正为“行政行为”。随后，行政诉讼法将此司法解释的成果予以法律化，行政行为作为行政诉讼之基础的概念得以统领全部法条，故合法性审查原则的对象也相应变更为行政行为。由此可见，合法性审查原则的审查对象范围已得到较大程度的拓展。“具体”二字不单单是修饰语，比起“具体行政行为”，“行政行为”的内涵及外延显然更为宽泛。“‘行政行为’涵盖了抽象行为与具体行为、单方行为与双方行为、法律行为与事实行为等多种行为类型。”② 例如，先前将具体行政行为限缩于单方行政行为的做法饱受诟病，故将行政行为的内涵扩展至行政协议等双方行政行为。同时，此前抽象行政行为无法纳入审查范围的状况也有了一定松动，故规章以下的规范性文件也可以被附带审查。2018年《行诉法解释》第135条规定，“人民法院一并审查复议决定的合法性”。该司法解释实际明确了行政复议决定所蕴含的行政行为属性，丰富了合法性审查对象的内涵。

值得注意的是，虽然审查对象在形式上已设定为行政行为，但尚未改变

① 有法官提出，具体行政行为的定义可作进一步分解和研究，其中应当体现以下几个要件：作出的主体是行政主体；是在行政管理活动中行使职权的行为；针对特定人、特定的具体事项；是单方面的行政行为；应确定权利义务关系。参见：蔡小雪．行政审判中的合法性审查［M］．北京：人民法院出版社，1999：6-13.

② 闫尔宝．论作为行政诉讼法基础概念的“行政行为”［J］．华东政法大学学报，2015（2）：55-60.

以具体行政行为为审查对象所构建的行政诉讼制度，因而此举对合法性审查原则的功能重构作用并不大。现实中，合法性审查原则所审查的对象，其实还是以具体行政行为为主。我国现行行政诉讼法第 13 条规定，行政法规、规章或者行政机关制定、发布的具有普遍约束力的决定、命令等不可诉，这与 1989 年版行政诉讼法的规定并没有差异。倘若公民对行政法规、规章不服而向法院提起诉讼，此情况下法院依然可不予受理。换句话说，法院在审查行政行为合法性时，即使发现行政机关所依据的这类抽象行政行为不合法，也不得对其作出裁判。综观我国现行行政诉讼法以及 2018 年《行诉法解释》，都没有界定行政行为概念的相关规定。合法性审查原则所指向的行政行为，依然难以涵盖现行行政诉讼法第 12 条第 11 项中对行政协议的合约性审查。因此，作为合法性审查原则审查对象的行政行为的内在意涵还有待进一步明确。

二、审查标准的多元

在当前的司法实践中，各级法院主要用程序和实体两方面标准来审查行政行为的合法性。在程序要件上，审查行政机关是否具备法定职权，及其所作出的行政行为是否遵照法定步骤；在实体要件上，审查行政行为所依据的事实是否清楚、内容是否合法、证据充分与否等①。此种审查路径，大致遵循了行政诉讼法所设定的规范依据。先前有观点提出，合法性审查原则的内容非常丰富，必须具备主体合法、内容合法、程序合法这三个基本要件②。这些司法实践的经验做法，使审查标准呈现多元化的形态。1989 年版行政诉讼法第 54 条、2014 年版行政诉讼法第 70 条等，都对撤销判决的情形作出了明确规定，此种撤销判决的适用标准，某种意义上可以反映合法性审查原则的标准。

行政行为是否合法，关键要看主体、职权、程序、证据、依据等具体标准。所谓主体合法，指判定行政机关是否享有行政主体资格，即是否有来自行政组织法或其他法律规范的授权规定。所谓程序合法，指审查行政机关作出行政行为时是否遵循合法有效法律规范规定的程序或步骤。违反程序规定作出的行政行为，往往难以绕开对其行为违法的追问。所谓行政行为的合法，

① 实践中对此种审查标准的适用，最高人民法院的行政案例颇具代表性。参见：最高人民法院（2016）最高法行申 2066 号行政裁定书、最高人民法院（2019）最高法行申 10358 号行政裁定书。

② 常永勤．论行政诉讼庭审中合法性审查的标准［J］．河南师范大学学报（哲学社会科学版），1997（1）：65.

既指实体合法，也指程序合法。程序合法是实体合法的重要保障。所谓依据合法，是指行政机关在作出行政行为时是否正确适用了法律规范。适用了不该适用的法律，或者没有适用应当适用的法律都是不正确的，以此作出的行政行为也将有不合法之虞。行政机关是法律执行机关，负有遵守法律的义务，理应严格遵循法律规定。

值得一提的是，职权合法是现实中的一个难点问题。所谓职权合法，是行政机关应遵照法律法规所赋予的权力开展行政管理活动。其职责之所在，也是其权限之所在。这里所说的职权不合法，包括超越职权和滥用职权两种情形。所谓超越职权，指行政机关行使了法律法规所没有赋予的权力。有学者经实证考察发现，超越职权标准在法院撤销判决中出现的频率比较高，这足以说明该标准在司法实践中站稳了脚跟①。所谓滥用职权，是指行政机关所作出的行政行为虽在职权范围之内，却被不正当地加以行使，违背了该职权的本来目的及法律精神。司法实践中，有法院将“滥用职权”泛化理解为违法，作为其他违法事由的上位概念，而不是作为与其他审查标准并列适用的事由②。并且，该标准不仅被人们普遍认为是事实上的合理性审查，而且法院并不乐意运用此标准去审查行政行为的合法性。个中缘由是，滥用职权概念带有较为强烈的负面色彩，法院如果以滥用职权为标准作出裁判，行政机关责任人将有被追究刑事责任的可能性。为规制行政机关及其工作人员滥用职权，我国在1997年的刑法修订中专门规定了滥用职权罪。在此情形下，若适用滥用职权标准，被诉行政机关及其工作人员可能面临“滥用职权罪”的刑事追责。

此外，1989年版行政诉讼法第54条与2014年版行政诉讼法第70条同为撤销判决的适用情形，二者之间的明确区别是后者新增了“明显不当”这一标准。所谓明显不当，是指行政行为不合适、不妥当以及明显不合理。据参与此项立法的人士解释说，“明显不当与滥用职权都针对行政自由裁量权，但是规范角度不同，明显不当针对客观结果，滥用职权针对主观情况”③。此种说明可作为探求立法原意的旁证。明显不当标准在其他几类合法性标准条款

---

① 何海波．行政行为的合法要件：兼议行政行为司法审查根据的重构［J］．中国法学，2009（4）：59-72.

② 施立栋．被滥用的“滥用职权”：行政判决中滥用职权审查标准的语义扩张及其成因［J］．政治与法律，2015（1）：93.

③ 全国人大常委会法制工作委员会行政法室．《中华人民共和国行政诉讼法》解读与适用［M］．北京：法律出版社，2015：158.

中的嵌入，的确使审查标准的类型显得更为扑朔迷离。并且，明显不当内涵的宽窄，直接决定了法院对行政职权究竟有多大的变更权，但其基本受制于法院在宪法框架下的制度能力与审判能力①。目前，基于明显不当标准是合法性还是合理性尚存争议，该标准与1989年版行政诉讼法“显失公正”标准之关系亦令人费解。

三、审查结果的表征

合法性审查的结果，是法院依据标准对审查对象合法与否所作出的结论。针对合法性，先前有学者区分了不合法与违法之间的差异，认为违法必然不合法，但不合法未必就是违法②。笔者认为，应当对合法性审查的“合法”这一概念作适法性理解，以此具体审查行政行为是否合乎法律的状况。有实践案例显示，合法性审查的判断结果存在行政行为不违法的情形。如公民向工商行政机关申请税务登记，后者不予受理，相对人起诉要求行政机关履行职责，法院经审理认为行政机关的不予受理行为不违法。此种对“合法”的论述比较精当，注意到了合法与违法之间的过渡地带，不违法是指没有触犯法律的禁止性规定。从严谨的法律术语入手，合法、违法及不违法这三个概念存在一定的区别。因而，在行政诉讼制度中有必要对“合法”作精细划分，而不能拘泥于概念的字面意思，如此方能准确理解合法性审查的结果要件。每一起在法院处理的案件，一般都包含了调解处理和判决处理这两种司法手段。针对合法性审查的结果，可从这两种处理方式加以审视。

（一）调解制度呈现合法性审查的结果

合法性审查结果的一个重要体现，就是能否对行政行为进行调解。1989年版行政诉讼法第50条规定，行政案件不适用调解；2014年版行政诉讼法第60条在规定行政案件不适用调解的同时，明确了行政赔偿、补偿和法律法规规定的自由裁量权三类案件可例外适用调解。由此，调解原则经历了从“绝对不适用”到“原则上不适用”的演变。以行政诉讼调解制度既有的理论基础来理解，行政机关应当依法行政，忠实代表国家行政职权，其不存在随意处分权力、抛弃权力的空间。此种理论与合法性审查原则关系密切，合法性审查的目的是判定适法性状态，行政机关与相对人都无权对被诉行政行为的合法性作出判断，尤其是行政机关不能拿行政行为的合法性做“交易”。

---

① 余凌云．论行政诉讼上的合理性审查［J］．比较法研究，2022（1）：20.

② 肖龙海．合法性审查原则解析［J］．华东政法学院学报，2000（5）：8-11.

当前可适用调解的三类案件，很大程度上包含了合理性的成分。因而，合法性之外的事项存在调解的余地，调解结果在某种程度上可不受合法性审查原则的拘束。

（二）审查结果通过判决方式予以体现

合法性审查的适法性，一般是用若干判决方式予以确认的。现行法律规范中的行政裁判方式丰富多样，有效衔接了合法性审查的结果。对于合法的行政行为，1989年版行政诉讼法相关条款所采取的方式是维持判决。此处的“维持”，契合了该版行政诉讼法中第1条关于“维护和监督行政机关依法行使行政职权”的立法目的。根据1989年版行政诉讼法第54条的规定，针对合法的具体行政行为，法院将作出维持判决的决定；而针对违法的行政行为，法院可作出撤销判决的决定，使之失去效力的基础。与此同时，2000年《若干解释》第58条在我国确立了情况判决的种类，法院对被诉行政行为进行合法性审查时，若发现被诉行政行为违法，但撤销此行为将有损害公共利益之虞，故可转而作出确认行政行为违法并责令行政机关补正的判决①。情况判决既有法益衡量的考量，也离不开合法性审查原则的基础框架。2014年版行政诉讼法第69条用驳回诉讼请求的判决替代了维持判决，其背后的原理是纠偏了实践中司法机关“维护”行政机关行使职权的定位，确认了行政行为本身所具备的公定力。此外，2014年版行政诉讼法第74条新增了确认违法的方式，确认了2000年《若干解释》第57条关于确认违法的解释成果。针对被诉行政行为违法却不适合作出撤销判决的情形，转而确认被诉行政行为违法。此种新型判决方式的核心要义，是从合法性角度对被诉行政行为的一种否定评价。总体来看，行政诉讼的判决方式随时代发展并不断创新，其中的多数判决种类都直接或间接彰显了合法性审查原则的理念。在合法性审查原则的指引下，法院需要对原告提出的撤销、确认等多元诉求作出司法回应，并进而推演出合法性审查的结果。

第四节 合法性审查原则的发展前景

行政诉讼是一项不可替代的司法制度，它发挥着连接公法与私法、司法与行政、政府与社会的作用，在一定意义上影响着新时代法治发展的进程。

① 综观各国对情况判决的适用，一般会最终采取确认违法或驳回原告诉讼请求这两类方式。在我国，情况判决规定的最终判决方式只有确认判决。

在全面推进依法治国的进程中，新时代行政诉讼制度已经走到了新的历史拐点，通过打造良善的行政审判体制来推进国家治理体系与治理能力现代化已势在必行。在这之中，合法性审查原则的发展应秉持守正理念，即在坚持现有功能定位的基础上，随实质法治时代变迁而审慎应对新问题。

一、坚持合法性审查原则的功能定位

维系合法性审查原则是我国行政诉讼法的明确规定，然而针对此原则功能定位的争议却没有完全消弭。例如，有政府法制机构人士提出，行政诉讼法第 6 条名为合法性审查原则，但随着明显不当标准的确立，全面审查已经成为行政诉讼的审理原则①。这种全面审查与合法性审查是何种关系，亦不免令人疑惑。不论如何，“合法性审查的功能定位乃是行政诉讼特有的基本原则”这一观点还是占据了主流地位，并得到了立法机关的充分肯认。针对这一境况，有必要追溯几个本源性问题，即行政诉讼法为何要维系合法性审查原则的定位，其理论依据何在？1989 年版行政诉讼法作为计划经济时代的立法，其所确立的这一基本原则，在当下及未来是否还要继续坚持？本书的观点是，合法性审查原则的现有定位应当得到继续维系，该原则在整体上具有普遍性、概括性和指导性。具体而言，保留该原则的理由有以下几条。

其一，合法性审查原则的定位与我国行政诉讼的定位相匹配。根据大陆法系有关诉讼目的基准之学说，将行政诉讼划分为主观诉讼与客观诉讼。这两个概念最先由法国学者狄骥（Duguit）提出，后经德国、日本学者的运用，遂在大陆法系国家得到广泛使用②。客观诉讼的目标是探寻客观法秩序的维护，主观诉讼的目的是化解行政纠纷及维护公民合法权益。综观我国行政诉讼法的相关条款可知，我国行政诉讼的功能定位是以主观诉讼为核心，并以客观诉讼作为补充。不论是 1989 年版的行政诉讼法还是 2014 年修订后的行政诉讼法，其第 1 条都强调了“监督行政机关依法行使职权”的立法宗旨，此目的与客观诉讼的定位能够契合。通过设定合法性审查原则，能够划定司法权监督行政权依法行使的边界。简言之，行政诉讼法的客观诉讼定位框定了其中的立法宗旨，只有通过基本原则对诉讼制度的合理主导方才有益于立法宗旨之实现，这决定了合法性审查原则需要得到继续维系。

其二，取消合法性审查原则将可能造成行政诉讼的民事诉讼化，而这不

---

① 张越．《行政诉讼法》修订的得失与期许［J］．中国法律评论，2016（3）：133.

② 狄骥．公法的变迁［M］．郑戈，译．北京：商务印书馆，2013：153.

利于原告参与庭审活动。我国行政诉讼独立于民事诉讼的一个重要原因和体现，就在于其监督行政机关依法履行职责。试想，假如不将行政行为合法性审查作为行政诉讼的一大特色，又如何体现其与民事诉讼制度的区别呢？如果取消这一基本原则，则法院只会着重审查原告的诉讼请求，而不会对诉求之外的行政行为合法性事项作过多审查。然而，原告本来就在法律知识、诉讼能力方面处于劣势，这样的程序规则将导致原告、被告之间的诉讼对抗更为失衡。此外，合法性审查原则符合司法权界限的命题。例如，在日本，司法权界限是行政诉讼制度的基本理念，有助于促进行政诉讼教义的体系化，特别是有利于其与民事诉讼之间关系的体系化理解①。可见，行政审判权的特色、行政诉讼与民事诉讼的界限问题，同样呼唤合法性审查原则的塑造作用。

其三，尽管撤销诉讼中心主义依然是行政诉讼法的主要特点，但不代表其他诉讼类型不需要合法性审查。先前学界主张取消合法性审查原则的一个重要理由，是认为合法性审查是撤销诉讼的准则，已不适用于整个行政诉讼制度，也难以适应给付诉讼等类型。诚然，对行政行为的合法性进行审查，更为突出地表现为撤销诉讼的任务。依法行政的核心要义是否定违法行政行为的效力，撤销诉讼则是保障行政法治的最有效手段。在此种诉讼类型下，尤其需要关注司法权与行政权的界限要求，而这也适应了1989年版行政诉讼法所构建的以撤销诉讼为中心的诉讼体系。需要注意的是，其他诉讼类型其实也离不开合法性审查。例如，在给付诉讼之中，被告是否负有给付义务，涉及被诉不作为的合法性，尤其涉及被诉行政机关的法定职责等事项。同样，在确认诉讼中，其中主要确认的是已终结行政行为的适法性，此种诉讼属于撤销诉讼的另一种表现形态，自然存在合法性审查的必要。

二、对“明显不合理即违法”的省思

（一）“明显不合理即违法”的解释进路

确认了合法性审查原则的定位之后，接下来有必要继续探讨合理性审查问题。不论是1989年版行政诉讼法中的显失公正标准，还是2014年修订后行政诉讼法中的明显不当标准，倘若拘泥于上述标准的字面表述，将难以发现合法性审查与合理性审查之微妙关系的实质。针对这一情况，有学者认为，合法性审查与合理性审查关系之说的背后，是源于“形式合法”与“实质合

① 王天华．行政诉讼的构造：日本行政诉讼法研究［M］．北京：法律出版社，2010：28-29.

法”这两种不同的合法性概念[①]。如前所述，立法者及主流学理方面认为合法性审查原则内涵已得到了扩展，其中的关键理据，是我国现行行政诉讼法中第 70 条将明显不当这种不合理行政行为视为违法情形。此通说的立足点，是从实质合法观的角度将明显不当标准归于合法性审查的范畴。形式合法性则主要表明形式上符合法律的明文规定，是从权源合法要素出发所作的审视[②]。实质合法并不是排斥形式合法的基本要素，而是强调目的性价值之实现，公平、正义、秩序等法律价值构成了核心要素。有法律界资深人士认为，法院对明显不当行为的审查是一种低强度审查，某种意义上属于广义的“合法性”范畴，是对合法性审查原则的有益补充。法院对行政行为合理性进行有限审查的制度也得以正式确立[③]。由此可知，在实质合法观视角下，行政诉讼法所维系的合法性审查原则中的“合法性”在自身广度与深度上进行了拓展，此原则的内涵经扩大解释已经延伸至部分合理性审查之中。

需要追问的是，运用实质合法观原理就能够一劳永逸地将滥用职权、明显不当等标准统摄到合法性审查范畴中吗？这样的技术处理，就可以解决行政诉讼到底是否审查行政行为合理性的问题吗？细究之下可知，实质合法观背后存在着一种可称之为“明显不合理即违法”的解释路径。如有学者认为，立法者在合法性审查的理念上坚守了实质合法的观点，合理性审查不再是合法性审查之外的东西，明显不当也是违法[④]。此种学说似乎无意对合法性审查与合理性审查作出明确区分，而是试图以“实质合法”这个包容性很强的概念去统合二者。同时，还有学者提出，合法性与合理性之间没有一条严格的界限，而是一个由量变到质变的过程，重大且明显的、严重的不合理等情形属于违法[⑤]。显然，此类学说的理论洞察力是值得充分肯定的。在我国现行行政诉讼法总则部分继续遵循合法性审查原则而分则条款又规定明显不当之情形下，这样的阐释立场比较符合法律条款之间逻辑自洽的需要。并且，随着现代行政法的发展，行政机关所涉及的行政管理事务更为精细多样，其中蕴含的裁量权也更为广泛。凭借合法性审查原则的大框架去规制明显不合理的行政行为，的确具有保障公民合法权利的现实优势。

---

① 何海波．论行政行为“明显不当”［J］．法学研究，2016（3）：70-88.

② 黄学贤，李凌云．行政措施的性质界定及其法律规制［J］．法治现代化研究，2019（3）：21-34.

③ 江必新，梁凤云．行政诉讼法理论与实务［M］．北京：法律出版社，2016：1612.

④ 何海波．论行政行为“明显不当”［J］．法学，2016（3）：70-88.

⑤ 江必新，邵长茂．新行政诉讼法修改条文理解与适用［M］．北京：中国法制出版社，2015：43.

令人深思的是，“明显不合理即违法”这一解释的核心宗旨，是认为合法性审查与合理性审查不存在实质区别，充其量只是程度不同。对此，有学者表达了异议，认为合法性审查目标在于判断行政行为是否“合法”，合理性审查的任务则在于判断行政行为是否“适当”，区分二者的主要标准恰恰在于性质而非程度①。笔者认为此种论说颇为精当，虽然1989年版行政诉讼法所确立的合法性审查原则一般不介入其他范围，但依然将行政处罚显失公正及滥用职权等情形划归为适当性，这已然存在有限合理性审查的意蕴，故合理性审查与合法性审查并非截然对立。自此，行政诉讼能够开展合理性审查的做法已逐步达成共识，2014年版行政诉讼法中的明显不当标准只是将合理性适度扩展至其他行政行为而已。“明显不合理即违法”的解释理路，在证立合理性审查方面并无必要性。倘若明显不合理性与合法性之间仅仅是程度不同，那么基于程度差异而设计审查机制就不再是什么难题，并且从一开始就失去了在行政诉讼中区分二者的实际意义。那么，自1989年行政诉讼法颁布后的很长一段时间里，又为何要反复纠结二者的关系呢？如果说自明显不当标准被引入之后，运用实质合法观就轻而易举地消弭了二者的界分，则此种解说未免有过于简单潦草之嫌疑。同时，如果认为实质合法观视域下合法性审查原则的适用会导致被诉行政行为出现“形式合法但明显不合理”的现象，则此种情形实则是因“法”与“理”之间的冲突所造成的。形式合法的纠正或修改本应交予立法者处理。不过，假如法院以“实质合法”之名去对“形式合法但明显不合理”的情形作出否定性评价，则有可能会影响制定法的安定性，不免有僭越立法权之虞。此外，司法权与行政权的关系才是决定合法性审查发展的关键，但二者依然在合理性方面存在分权的界限。概言之，“明显不合理即违法”的逻辑自洽性值得怀疑，运用实质合法观这一理论工具将合理性审查纳入合法性审查的说服力并不充分。

正所谓有原则就有例外，在行政诉讼制度的发展过程中，合法性审查原则的可能例外情形不容忽视，法院对行政行为合理性也没有置之不理。以我国现行行政诉讼法为例，其涉及合法性审查原则的总则条款虽然着重强调了该原则，但也没有断然否定合理性审查。任何职权都存在一定限度，行政裁量权应当接受司法审查的观点已被不少国家所采纳。例如，英国的合理性原则、德国等欧陆国家的比例原则在司法审查中的适用，均表明法院的司法审

① 邹奕．行政诉讼中合法性审查与合理性审查的关系之厘定［G］//姜明安．行政法论丛：第19卷．北京：法律出版社，2016：98.

查权不仅仅是合法性审查。甚至有学者认为，法院对行政裁量行为享有相当的行政审判权，虽其不能以自身判断代替行政机关的裁量，但有权审查裁量权是否遵守法定界限①。事实上，我国最高人民法院发布的司法文件中也暗含了合理性审查的某种可行性。例如，2008 年《最高人民法院关于行政诉讼撤诉若干问题的规定》第 1 条指出："人民法院经审查认为被诉具体行政行为违法或者不当，可以在宣告判决或者裁定前，建议被告改变其所作的具体行政行为。"此规定表明，假如法院不审查其合理性，就难以判定被诉行为是否不当，故行政行为合理性可被审查；或者说，合理性审查可作为合法性审查原则的例外而存在。

（二）合法性审查标准的体系构建才是关键

法治作为一种政治理想，确实存在着形式法治与实质法治之分，行政诉讼制度发展也应当被置于法治文明发展形态的框架之中加以理解。整个法治发展的过程形态，于行政法治领域的体现比较明显。如有学者认为，"行政行为应该不仅在形式上要具合法性，实质上亦应合法。仅以外在的、形式上的合法与否，来区分一个行政行为之违法与不当，已经落伍"②。与其他诉讼制度不同的是，行政诉讼制度与宪法、行政法治的关系尤为密切，行政行为形式合法与实质合法的划分对行政诉讼制度产生的影响也尤为显著。有学者从哈贝马斯有关理想交流语境和民主商谈理论的角度，阐明行政诉讼本质应为"协商对话说"的立场，并认为行政审判应该基于公共协商对话机制，以实现人权保障为宗旨的实质法治理想目标③。新时代的行政审判实践，承载着推进宪法建设、法治政府建设的重任。行政行为的形式合法与实质合法，必然要求行政审判适应实质合法观的理念，成为一种高度专业化的司法知识输出过程。

综上，笔者要表达的观点是，虽然实质法治发展的大背景确实对整个行政诉讼制度变革提出了新的期待和要求，但并不一定要体现于合法性审查原则之中，且此项原则或许也并不能为行政诉讼制度之内涵扩展提供相应的阐释工具。合法性审查原则着重审查的依然是合法性问题，"明显不合理即违法"中的"法"需要人颇费心思去琢磨，而其中"法"与"理"关系的统合也值得仔细推敲。另外，滥用职权与明显不当都是应对行政裁量权的标准，

---

① 孔繁华．行政诉讼基本原则新辨［J］．政治与法律，2011（4）：106.

② 陈新民．中国行政法学原理［M］．北京：中国政法大学出版社，2002：285-286.

③ 高家伟．公正高效权威视野下的行政司法制度研究［M］．北京：中国人民公安大学出版社，2013：328.

这两个标准具有高度同质性，而前一个标准早在1989年版行政诉讼法中就已经得到确立。所以说，明显不当标准的引入并不意味着合法性审查原则就必然扩大了；如果换个角度来看，反而可能是合理性审查的内涵得到了扩展。即便通说认为合法性审查原则的内涵更广了，在某种程度上又何尝不是以“合法性审查”之名行“合理性审查”之实？因而，明显不当标准的引入或许确实使合法性审查原则变得更为复杂了，但未必就给此原则的内涵带来了实质性扩展。当前亟待解决的问题，是对此标准的司法适用有一个科学认知。申言之，关键是要厘清明显不当与滥用职权的关系，以及行政诉讼法第70条所规定之事实、程序、依据等标准的关系，并进一步回应此标准对现行审查标准体系所造成的影响，或许这样才更具现实意义。要探究行政诉讼法第70条规定的六项审查标准的内在逻辑，应谨遵科学的划分标准及整合方法。只有当明显不当标准与审查标准体系的关系得以明确后，合法性审查原则的内涵及轮廓或许才会更加明晰。

三、审查依据的适度扩充

合法性审查原则发展的关键，是要探寻独特的审查依据理论，这就是对审查依据进行扩展。当前合法性审查原则之依据，是以成文法为分析背景的。这些成文法规范的解释、发现和适用，却应当借助法律价值的还原链条。成文法是一种规范性主张，但实践中的规范性来源却并非只有一类，行政法渊源的类型正越来越多元。从一般性法律价值出发，可以尝试挖掘非正式法源作为审查依据的可能功用，这些非正式法源事实上也会影响合法性审查的展开。也就是说，从成文法依据出发去判定行政行为是否合法还远远不够，审查所依据之“法”不应拘泥于狭义的成文法，而应当结合法律的基本原则、目的及精神，将我国行政诉讼法第6条中的“法”涵盖至其他不成文法或社会规范等非正式法源。概言之，可尝试构建以成文法为主体，其他典型的非正式法源作为补充的审查依据理论。当前，需要重点关注的两种非正式法源是党内法规与习惯（法）。“将一些人们共知、共信、共守的惯例作为处事断案依据完全合乎实质合法性要求。”①

（一）党内法规作为可能的审查依据

党内法规可作为潜在的审查依据，行政审判须观察和回应党政关系的实践与发展。党的十九大以来，随着新一轮党政机构的改革，“归口管理”“合

① 柳砚涛．构建我国行政审判“参照”惯例制度［J］．中国法学，2017（3）：286-302.

并设立”“合署办公”等多类党政机关融合的形态相继产生，党的机构也逐渐内嵌于行政系统之中，塑造了富有中国特色的新时代党政体制。当法院运用成文法去评判党政机关中某些行政行为的合法性时，或会发现此类有权机关制定的“硬法”中存在疏漏之处。例如，实践中党政机关联合制发的党内法规正逐渐成为行政执法的依据，若公民与之发生行政纠纷，则法院的合法性审查活动势必无法绕开此类行政执法行为所依据的规范。由此，在党政机构改革的背景下，党内法规的司法适用性便成为值得探讨的问题，当然与之相关的适用解释机制也需要相应跟进。

（二）习惯作为可能的审查依据

所谓习惯在行政审判中的适用，即能否运用习惯去审查行政行为合法性。在我国，习惯也可称之为惯例，是非制定法的重要表现形式。沃尔夫等认为，习惯是指特定的行为虽然没有采取明示的权利表达方式，但参加人出于对法治要求或者保障的确信，其得到长期、稳定和普遍实施，以至于与之偏离即构成违反平等要求①。司法实务中，虽然法院以习惯为法源审理行政案件的数量非常少，且无法直接据此作出裁判，但并不排除援引习惯评判行政行为合法性的实例。例如，在上诉人李益民因一审被告睢县人民政府土地行政处理不服一审判决一案中，二审法院认为：上诉人李益民实际使用的宅基面积与睢县人民政府1994年颁发的《国有土地使用证》证载面积基本相符，其主张的堂屋后三尺滴水即争议地超出证载土地范围，但根据睢县县城老集街的民俗习惯，老宅基堂屋后都有滴水，滴水宽度一般为三尺，李益民的宅基为祖遗老宅基，其主张争议地为其滴水不违反社会公德、不损害社会公共利益，被诉处理决定认定争议地为上诉人宅基的滴水且其只能作为滴水使用不再为其另行发证并无不妥②。本案中，法院在说理部分依照当地习惯评判行政处理行为的合法性，于一定意义上赋予了习惯“裁判理由依据”的地位。此类案件对习惯的适用，实际上就是根据非正式法源审查了行政行为的合法性，继而间接倡导了实质合法观。

有学者曾提出，尽管我国行政诉讼法及相关司法解释未明确规定民间法，但行政法官可基于裁量权在个案中借助民间法填补立法的匮缺；同时，因惯习在行政裁决等行政争议中的适用意义比较突出，建议明确肯认民间法的法

① 沃尔夫，巴霍夫，施托贝尔．行政法：第一卷［M］．高家伟，译．北京：商务印书馆，2002：260.

② 参见：商丘市中级人民法院（2010）商行终字第122号行政判决书。

源地位①。尤其是在少数民族地区，习惯的适用空间更大一些。例如，我国人民武装警察法第 21 条的“尊重公民的宗教信仰和风俗习惯”、旅游法第 10 条关于“民族风俗习惯”等规定，都为法院裁判行政案件时适用习惯提供了一定的法律依据。简言之，虽然习惯能否成为正式法源的论题还值得推敲，但并不影响其成为审查行政行为合法性的某种依据，这也契合了实质合法的内在精神。

① 范乾帅．论民间法作为行政诉讼法之法源［G］//谢晖．民间法：总第二十二卷．厦门：厦门大学出版社，2019：247-248.

第四章 行政诉讼立案登记制改革中的疑难问题

党的十八届四中全会决定改革法院案件受理制度，将审查制改为登记制。2015年4月，最高人民法院通过的关于人民法院登记立案若干问题的规定，对民事、行政、刑事、强制执行和国家赔偿申请等领域的立案进行了相应规定。这表明，在民事诉讼、行政诉讼和刑事自诉等领域都实行了登记制度。登记制度在三大诉讼领域中的应用看似没有太大区别，其实不然。实际上，三大诉讼领域的运行逻辑并不一致，“立案难”在行政诉讼之中体现得尤为严重，本章所聚焦的即是行政诉讼立案登记制改革中的疑难问题。从形式上看，立案制度成为2014年行政诉讼法修法中的一大特色，法院也正以实际行动践行“有案必立、有诉必理”的承诺，似乎长期困扰行政审判的“立案难”问题可由此得到比较彻底的解决。但是，此次修法中，与行政诉讼立案制度密切相关的行政诉讼法第49条基本没有被修改，即行政诉讼的起诉条件依然存在高阶化问题。因而，就立案模式来说，尚不能将当前模式归结为登记制下的形态。对此有学者提出，行政诉讼法确立了立案登记制的观点值得商榷，立案登记制的精义在于实质性地简化立案环节的审查事项，而不深入对诉讼要件作出实质审查[①]。简言之，当前的案件受理制度还不能说是实质意义的登记制。

本章以行政诉讼立案制度革新为契机，通过对此制度的功能、立案模式、历史变迁与实施状况等进行探究，从而为行政诉讼探寻一个最为合适的立案登记制模式。对行政诉讼立案登记制进行研究，具有以下积极意义：一是在理论层面，通过对该领域的研究进展进行回顾和展望，可反思现行立案登记制理论的不足以及应该完善的方面；二是在司法实践层面，能助益起诉与受理阶段的行政诉讼立案工作有序推进；三是在立法完善层面，在一定程度上反思立法上存在的可能不足，可为后续进一步修法提出相应建议，这对行政诉讼法的司法适用有一定的意义和价值。因此，笔者重点关注的是行政诉讼

---

① 施立栋．得形忘意：行政诉讼立案登记制之省思［J］．浙江学刊，2021（3）：87.

立案登记制的模式选择，论证其存在的合理性，并力图科学设置与该模式相配套的运行机制，以推动真正意义上的立案登记制之生成。在研究方法上，笔者主要采取了理论和实际相结合、规范分析等方法，在定性分析的基础上，辅之以适当的定量分析，以妥善处理司法实践与制度完善之间的关系。

第一节 行政诉讼立案登记制的功能与模式

2014 年 10 月以来，涉及“立案登记制”的研究呈现益发火热的态势。目前的研究思路集中体现在三个方面：一是针对立案登记制的出台背景和贯彻落实进行了分析，该类论述对立案登记制作出了细致剖析[①]。二是对立案登记制的制度原理及实际问题进行反思，旨在对其有效实施提出对策。例如，提出目前的立案登记制实为“准立案登记制”，应正视行政诉讼法中存在的立法缺陷，并从明确起诉条件的审查标准等方面提出了应对之策[②]，如可以从书记员专门登记立案、制裁恶意诉讼等方面保障登记立案制度的实施[③]。立案登记制的应然面向，是指法院在立案环节仅限于核对当事人的起诉文书是否包含必需内容[④]。三是反思了立案登记制的规范缺陷并提出制度修正设想。如有学者提出，我国行政诉讼起诉条件混合了起诉要件、诉讼要件甚至本案有理要件，这种规范缺陷因忽略了诉的评价位阶，导致适用效果与行政诉讼立案登记制改革精神相左[⑤]。还有观点认为：现行行政诉讼法中立案登记制存在立法缺陷，即缺乏最基本的定位。例如，我国行政诉讼法第 51 条、52 条中尽管规定了立案登记制，但其内容较为笼统，仅规定对符合起诉条件的应当登记立案。综上，学界已围绕该主题产生了大量研究成果，对于行政诉讼立案登记制的进一步完善提供了理论基础。

有学者认为，当前研究不应再投入大量精力去关注立案审查制与立案登记制的取舍问题，而应聚焦当前立案制度在司法实践中衍生的问题并相应提出完善的对策，以推动该项制度得到有效落实。这确是一种有益的研究思路与方法。但应该指出，当前立案制度的改革很不彻底，有必要回溯问题源头，

① 江必新．行政审判的理念、政策与机制［M］．北京：人民法院出版社，2019：342.

② 黄先雄．行政诉讼立案登记制的立法缺陷及应对［J］．行政法学研究，2015（6）：20-28.

③ 王春业．论行政诉讼的登记立案制度：兼评新行政诉讼法相关条款［J］．北京社会科学，2015（11）：80.

④ 梁君瑜．我国行政诉讼立案登记制的实质意涵与应然面向［J］．行政法学研究，2016（6）：84.

⑤ 陈海萍．行政诉讼起诉条件的规范缺陷与修正［J］．行政法学研究，2020（1）：89.

重新思考如何在立案环节确立真正意义上的立案登记制。立案模式作为案件受理制度中的核心要素，在很大程度上决定着一起案件在其受理阶段的走向。已有研究成果已认识到了立案制度的弊端所在，但通过立案模式去审视立案制度的研究尚不充分。

一、行政诉讼立案登记制的基本含义

从字面含义来说，立案是在主管机关注册登记，得到批准①。具体而言，行政诉讼立案就是法院对“诉”的处理，指的是当事人以行政机关为被告而向法院提起诉讼之后，法院的立案庭依据相应标准展开审查，以决定对案件展开审理或者裁定不予受理的一种诉讼活动。换言之，案件受理就是法院将社会学意义上的“纠纷”转变成法学意义上的“案件”的程序过程，符合立案条件的“纠纷”会获得法院的案号，立案工作人员会填写立案登记表，当事人则需要及时缴纳案件的诉讼相关费用。一起将由行政审判庭审理的案件就此诞生。在此阶段，围绕立案审查所形成的立案模式发挥着关键性作用，因为合理的立案模式决定了案件受理的高效与公正。如果当事人认为立案工作人员的立案行为不当，其可以向上一级法院投诉，同时还有权就不作为向上一级法院起诉。“只要法官认为某一争讼属于法院管辖权范围，法官就会继续行使司法权的其他权能，最终对争讼作出裁判。因此，案件受理权是司法裁判权能的起点。”② 立案在行政案件的起诉受理环节具有重要地位，直接决定着对当事人行政诉权的保障，并进而决定了一起社会纠纷能否通过诉讼程序得到化解。行政诉讼立案制度就是围绕上述相关诉讼行为所构成的制度总和，具有非常重要的理论与实践价值。

立案是开启法院审理程序的总开关，是行政审判庭对案件作出裁判的前提和基础。立案制度，又可称为案件受理制度，主要分为审查制与登记制两种不同的类型。在立案制度下，又存在着“诉案模式”、“事前审查模式”、“绝对模式”和“诉状登记模式”等多种立案模式。所谓立案模式，是以法院对起诉的审查为核心所构建的一种决定是否立案的工作机制。立案的条件、模式与救济等要素共同构成了一个完整的案件受理制度。作为当事人启动诉讼救济程序的开始阶段，立案制度的有效运行直接影响着对起诉权利的维护和保障。在诉讼程序中，立案庭依据行政诉讼法及相关法律规定进行登记立

① 中国科学院语言研究所词典编辑室．现代汉语词典［M］．北京：商务印书馆，1973：622.

② 贺日开．司法权威的宪政分析［M］．北京：人民法院出版社，2004：57-58.

案，发挥着平衡公民诉权和审判权，保障诉讼程序有效运行的作用。在行政诉讼当中，立案登记制充分彰显了行政机关、受诉法院与公民三方权力和权利之间的博弈状况。从此种角度来看，立案制度之完备成为考察一国司法水平高低的重要标准之一。因此，基于司法实践的现实情况，探究设置合理的立案制度，是当下全面深化司法改革的题中应有之义。同时，先前所采用的立案审查制，已不符合我国当下司法实践的需要。

二、行政诉讼立案登记制的基本功能

立案制度是法院受理案件的依据和指南，立案庭的工作人员就是依据这项制度去决定是否受理当事人所提起之诉讼的。立案制度的直接目的是畅通当事人诉求表达的渠道，为两造平等对抗提供有效的平台。不言而喻，科学合理的立案登记制不仅能够对行政诉讼产生积极作用，而且对法治政府的建设亦有裨益。立案登记制的基本功能，主要包括以下几方面。

（一）启动行政诉讼程序

就公民来说，行政诉讼立案制度为其实体权利的保障创造了条件。实体上的权益保障，通常是通过司法上的救济而得到实现的。当事人权利救济的实现程度及其范围大小，则实际取决于司法的态度。离开了有效的司法救济，宪法和法律所设定的公民权利只能停留在一种应然的状态，而不能成为人们可以拥有的实然权利。在日常生活中，往往是行政机关处于强势地位，而公民则经常处于劣势。但在行政管理活动中，虽然行政相对人和行政机关之间往往也是不平等的法律关系，但其有对行政机关行为提出异议的权利。行政相对人能够通过多种方式表达自己的异议，去法院提起行政诉讼就是其中非常重要的一种方式。当行政相对人将与之发生纠纷的行政机关诉之法院时，法院要先给公民一个“说法”，这种“说法”就是立案庭对立案的司法态度。倘若立案庭给出了肯定的司法态度，就开启了由行政审判庭解决行政纠纷的大门，并引导行政相对人与行政机关在法庭上平等对抗。法院则会积极提供诉讼服务，以法治思维和法治方式解决社会矛盾纠纷。在此之中，法官将遵循正当程序审查行政行为的合法性，对双方的意见、证据一视同仁，进而对二者之间的纠纷作出裁判。如果行政相对人的合理诉求得到法院的支持，则意味着其权利得到了初步救济。这就是立案制度的首要功能之所在。

（二）筛选行政诉讼案件

在中国人的传统意识中，不到万不得已之时是不会去法院打官司（尤其是提起行政诉讼）的。倘若行政相对人抱着最后一线希望走进法院，司法救济的大门却对其关闭了，他们的失望与无奈可想而知，所以行政诉讼立案制度的必要性无可置疑。行政纠纷能够在法治轨道上得到恰当解决，是法治原则得以彰显的基本体现。诚然，行政诉讼作为国家参与化解行政纠纷，用公力救济替代私力救济的方式，满足了国家、社会与公民个人对解决行政纠纷的现实需要。在化解社会矛盾的各种手段里，诉讼是较普遍、较为规范和作用比较明显的一种①。但应该指出，诉讼是有成本的，法院化解纠纷的能力也是有限的，并不是所有的行政纠纷都适宜纳入诉讼中去解决。毫无限制的诉讼，不但无助于矛盾的化解，而且会消耗珍贵的司法资源，给公共利益带来更大的损害。立案制度发挥着过滤网的功能，这意味着只有达到一定条件，案件才能被法院所接纳，这就可以将一些不适于诉讼的行政纠纷排除在诉讼程序之外，从而将更多的司法资源用在那些确有需要的行政案件之中。这是从满足公民需求出发所创制的科学诉讼机制。如此，法院在“有所为有所不为”上能做得更好，使审判资源的投入与纠纷的化解达到有效平衡。

（三）增强诉讼主体的理性法治观念

从行政机关的角度而言，完善的立案制度能够推动其依法履行职责。立案制度表明，纠纷之进入法治解决渠道可使行政行为进入司法审查的视野中。通过审查行政行为的合法性，可对违法或不作为作出纠正，从而推动行政权有序运行。在行政法治建设的进程中，遵循法律的规定是核心要求与基石。“法律是使人类行为服从规则之治的事业。”② 法律同样会促使行政机关服从规则之治，无论其是主动遵守还是被动服从。公权力机关的活动应以法治之要求为旨归，否则就可能恶化与行政相对人的关系。任何一个明智的政府，都不希望同民众“打官司”。立案制度畅通了权利救济的渠道，在某种程度上是以倒逼的方式促使政府以更强的法治意识对待自身的行政管理工作，积极转变政府职能，从而尽可能减少与民众的冲突。同样，针对当事人的起诉，立案制度规定了其需要提交的诉讼材料，并要求其在确定的诉讼期间内完成起诉行为，否则不予立案。面对法院在立案中的不当行为时，当事人能够按照一定的程序向上级法院寻求救济，从而减少甚至避免当事人为谋求立案而与本级法院“死磕”的现象。

三、行政诉讼立案登记制改革的四种模式解析

如前所述，在立案制度的大框架下，可以将其划分为登记制和审查制这

① 紫发邦．体制改革与完善诉讼制度［M］．北京：中国人民公安大学出版社，1991：24-25.
② 富勒．法律的道德性［M］．郑戈，译．北京：商务印书馆，2005：124-125.

两种主要类型。所谓立案审查制，就是指立案庭在受理案件时对当事人的起诉行为作出包括形式审查和实质审查在内的全方位核查，这表明法院不仅会对当事人的身份证明、诉状等是否符合规范进行形式上的核验，而且会对主体资格、法律关系、诉之利益、诉的合法性、诉讼请求以及管辖权等进行实质上的审查。登记制则只对起诉条件作形式上的核对，如果当事人满足了一般的格式要求，法院就应该进行登记并加以立案。

（一）立案制度与立案模式的关系

在讨论了立案制度之后，有必要讨论其与立案模式的关系。所谓立案模式，就是在当事人向立案庭申请立案后，法院工作人员审查起诉材料并决定受理与否的方法与标准。易言之，立案模式就是立案制度部分阶段的具体情形，是其实际操作中的子类型，与立案条件、救济等共同构成了一个完整的立案制度[①]。在不同的国家（地区）以及不同的时期，根据司法政策及立法价值取向的差异，会采用不尽一致的立案制度。同样，不管是立案登记制还是立案审查制都具有多种立案模式，即便在一定时期内实施某种较为固定的立案制度，也可能存在不同的立案模式。

（二）立案审查制下的“诉案模式”与“事前审查模式”

在立案审查制的发展演变过程中，根据实质审查方式不同，其模式一般存在“诉案模式”与“诉前审查模式”两类。

所谓诉案模式，就是当事人向立案庭提交起诉材料之后，由于“诉”本身的不确定性，法院工作人员不仅会对其诉状是否规范进行核对，而且会对当事人的“诉”进行审查。如果当事人的“诉”符合法定条件，则立案庭会据此进行立案，此种“诉”遂转变为一起案件。在此种模式下，“诉”是立案的核心内容。可以说，法院对“诉”的审查，就是对当事人的主体资格、法律关系、诉之利益、诉讼内容等进行审查。我国之前的立案审查制所实行的就是此种“诉案模式”，即对起诉的审查包含了上述“诉”的内容。

诉前审查模式集中体现在德国的普通法时代。当原告向立案庭提起诉讼后，诉讼尚未由受诉法院管辖。只有当被告对此作出应诉答辩之后，诉讼才正式开始。这种模式是指从原告提交诉状到被告应诉答辩，即诉讼系属前还存在一个时间段。在此缓冲期间，法官须对诉状进行“事前审查”[②]。具体而言，立案庭会就当事人所提交的诉讼文书是否具备作出本案裁判的基本条件

① 李凌云．行政诉讼立案制度的模式选择与规范运行［J］．西部法学评论，2017（5）：79-91.

② 中村宗雄．学问方法与诉讼理论［M］．东京：成文堂，1976：328.

而展开审查。当立案庭认为当事人的诉讼文书不齐全且未能作出补充之时，则会以命令的方式在正式立案前驳回起诉。

（三）立案登记制下的“绝对模式”与“诉状登记模式”

立案是一个筛选案件的过程，即将适合审理和不适合审理的纠纷严格区别开来，以节约有限的司法资源，提高诉讼效率。在西方国家，立案登记制下主要分为“绝对模式”和“诉状登记模式”，这两种模式的根本区别在于法院对所提起诉讼的形式审查强度不同。

绝对模式以法国为典型代表。在诉讼程序上，法国行政案件发展进程的运行规则遵循一定的民事诉讼相关规定。在此种模式下，法官不参加“诉讼开始”的程序，单凭原告的起诉行为就能够开启诉讼，即法院在收到诉讼文书之后就意味着起诉的完成①。换言之，法院的立案并不遵循一套严格的程序和规则，法律对此也没有特别的规定，一起诉讼能够转变为案件主要取决于当事人的主观意志，法院所能做的就是如何处理纠纷，而不对是否应该立案作出评价。

诉状登记模式，指的是原告给法院立案庭提交符合规范的诉讼材料后，法院会作出准予立案的裁定，然后转入审判程序。很多欧美国家行政诉讼实务中的通行规定表现为：诉讼从当事人给法院提交诉讼文书开始算起，案件即应系属该法院。在确定行政诉讼当事人方面，采宽松条件几乎是各国的通例②。所以，这种立案模式又可以被称为“诉状模式”或者“诉状登记模式”。此种立案模式的最大特色是对起诉作出形式审查后便登记在册，并严格区别形式要件的登记内容与实体问题的审理。

第二节　行政诉讼立案登记制的动态演进

2014年11月，“登记立案”字样被纳入修改后的我国行政诉讼法相关法律条款中。至少从字面上看，在行政诉讼中已经设置了立案登记制。行政诉讼立案制度之所以从审查制转变为登记制，其目的在于解决因审查制而造成的“立案难”问题，以维护当事人的合法权益。然而，笔者认为我国现行立案制度与实质的“立案登记制”相去甚远，立案模式也并非“绝对模式”或“诉状登记模式”。

---

① 段文波．起诉程序的理论基础与制度前景［J］．中外法学，2015（4）：879.

② 吴庚．行政争讼法论［M］．台北：元照出版公司，2008：287.

一、从审查制到登记制：行政诉讼立案制度的历史变迁

（一）立案审查制引发的弊端

立案审查制与立案登记制作为两种不同的案件受理制度，二者最大的区别在于审查模式的差异，因而其对当事人起诉权的保障程度也不同。前者的弊端体现为“立案难”问题，并集中体现为以下几点：一是立不上案。包括属于法院主管范围的案件，很难被法院所接收；此外，还有因法律的规定不是很细致而难以被法院立案等情况。二是立案拖沓。针对当事人提起的诉讼，法院受理案件的周期比较长，相应的步骤比较麻烦，耗费的时间较长。三是在正式的立案环节，法院总是让当事人或代理人往返准备材料①。出现上述难题的主要原因，是法院对当事人的起诉进行实体审查，这就将本应在法庭审理阶段审查的事项提前到了立案阶段，从而造成大量本应受理的案件无法顺利进入下一步的诉讼阶段。

针对此种立案审查制，学界诟病已久并经常呼吁对其进行革新。围绕立案审查制度的上述问题，就该制度之存废曾在理论界和实务界引发过激烈的论争。例如，江伟认为，应该改革立案审查制，在立案程序中引入登记制度，他提出：“当事人向人民法院提起诉讼，人民法院应当立案登记。人民法院不得拒收当事人的起诉状。”② 刘敏认为，立案审查制度已经构成了当事人诉诸法院的障碍，应当坚决予以取消③。姜启波则反对立即设立立案登记制，并提出如果实行此制度应该具备以下三个条件：一是公民普遍具备良好的法律意识；二是现实中已有完善的纠纷解决机制；三是司法具有极大权威④。尽管理论界和实务界对案件受理制度有着不同的看法，但将立案审查制改为立案登记制的观点还是取得了较为主流的地位。客观而言，之前的审查制在司法实践中对纠纷的解决曾产生了许多正面影响。但随着法治进程的推进，该制度的弊端愈加凸显，无法满足公民对诉讼的需求，不能有效地保障公民诉权。

（二）中央政策的激励及立法的跟进

经过学界多年的呼吁及科学的考察论证，加之“立案难”面临现实窘境，

① 薛峰．以法治思维和法治方式落实立案登记制［N］．人民法院报，2015-04-15（8）．

② 江伟．探索与构建：民事诉讼法学研究：下卷［M］．北京：中国人民大学出版社，2008：621．

③ 刘敏．论裁判请求权保障与民事起诉受理制度的重构［J］．南京师大学报（社会科学版），2005（2）：44-50．

④ 姜启波．人民法院立案审查制度的必要性与合理性［N］．人民法院报，2005-09-21（B01）．

中央对案件受理制度也予以高度重视。2014 年 10 月，党的十八届四中全会决定改革法院案件受理制度。随即，2014 年修改的行政诉讼法于第 51 条、52 条对登记立案的内容、立案不当行为及立案不作为的救济等作出了规定。“登记立案”成为此次行政诉讼法修法中的一大特色。

2015 年 4 月，《关于人民法院推行立案登记制改革的意见》（以下简称《立案意见》）于中央全面深化改革领导小组会议上通过。同月，最高人民法院通过了《关于人民法院登记立案若干问题的规定》（以下简称《立案规定》），对立案登记制中诉讼文书应当记明的事项、当事人应当提交的诉讼材料、法院的处理办法等加以全面系统的规定。同月，最高人民法院审议通过了 2015 年《适用解释》，其中的第 1 条、第 3 条等对行政诉讼法中有关立案的规定作出了解释和补充。同年 5 月，2014 年修改的行政诉讼法、《立案规定》、2015 年《适用解释》于同日一齐施行。自此，新的立案制度正式落地生根，其改革的目标是避免审查制所造成的各种弊病。以上司法改革中对法院的案件受理制度所进行的革新，的确让人们对司法制度进步抱有更高的期待。

（三）“登记立案”的立法现状

法院在受理案件中应该严格遵循法律的规定，立案登记阶段的具体流程可参见图 4-1。法律规定的内容充分彰显了立法者的制度定位和价值取向。因此，要了解一项制度，应从其立法现状着手。具体来说，有关我国行政诉讼立案登记制的法律条款，集中体现在行政诉讼法、2015 年《适用解释》和《立案规定》之中。

第一，法院登记立案的具体职责。根据上述法律及司法解释可知，法院登记立案应该履行以下具体职责：一是法院的登记职责。法院应当一律接受诉讼文书，并向当事人发放书面凭证，以表明收到；能够当场判定满足条件的，要现场登记，否则应及时作出不立案的裁定。若不能当场判断的，应当于 7 日内作出决定；7 日起算点，应当是接到诉状之日，终结点为立案决定作出之日。二是法院对立案的指导和释明职责。如遇到当事人提交的诉讼文书欠缺相应内容以及存在不规范的情形时，法院应该对其进行指导与释明。《立案规定》第 4 条指出，起诉状所欠缺的一般包括原告的姓名、职业、工作单位、联系方式等应当载明的必要信息。法院的释明是一项富有积极意义的司法便民举措，当然法院应该把握好这种释明的尺度，即当事人的错误达到了法院应该释明的程度，否则会无谓增加法院在立案工作中的压力，甚至可能演变为法院干预原告起诉的借口。

第二，立案不当行为的救济。在改革立案制度之前，审查制所导致的不当行为集中体现为两方面：一是既不立案也不作出不予立案的裁定，这属于“不理睬、不出文书”的立案不作为现象；二是法院在接收当事人诉状后不出具书面凭证，或者不一次性告知当事人需要补正的材料，又如共同诉讼中要求每一个起诉人都提交一份起诉状等，这些都属于立案不规范行为。为杜绝此种不当行为，登记制专门出台了救济办法。

对于上述立案不作为，当事人拥有选择救济的权利，法律保障的途径是向上级法院起诉。上级法院在接到投诉并查证属实之后进行处理，这里的处理方式，既包括上级法院责令下级法院改正，也包括由上级法院直接立案受理。对于立案不规范行为，当事人可以向相关法院投诉，有关部门应该要求立案法院及时改正，同时给其及相关责任人员以相应的处分。

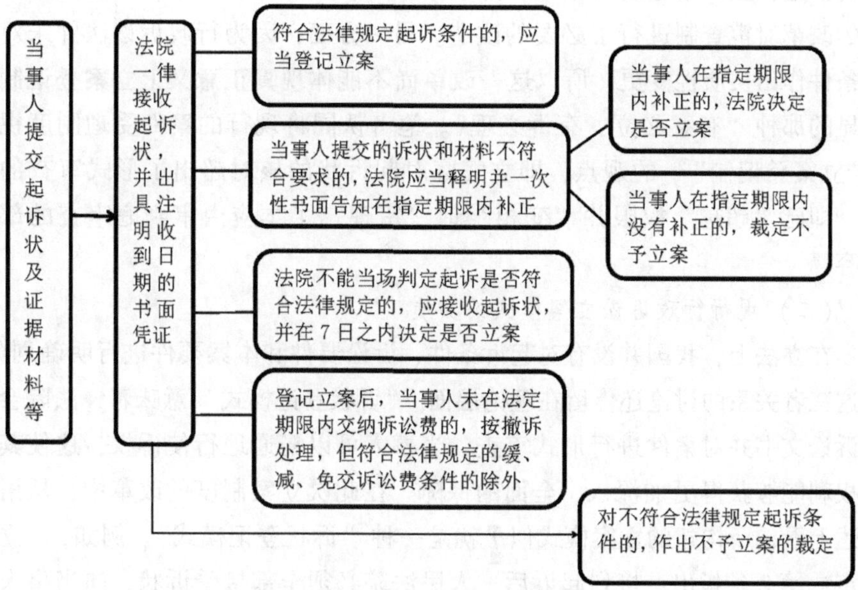

图 4-1 行政诉讼立案阶段流程

二、行政诉讼立案登记制度及模式的实质

如何革除立案审查制度的弊端，释放立案制度的功能，构建一套完善而适宜的案件受理制度成为当前我国司法实践中的一项紧要工作。立案登记制的做法无疑可以回应此种紧迫需求。当然，我国行政诉讼制度中尚未设置一种纯粹意义上的登记制。从制度角度而言，当前的案件受理制度是一种介于

审查制与登记制之间的、具有中国特色的“准立案登记制”；从立案模式来看，则是一种语义表述上的“诉状登记模式”。

（一）现行行政诉讼立案制度的实质

党的十八届四中全会提出改革案件受理制度，彰显了中央对构建一个良善的案件受理制度的决心。但是必须看到，改革需要一个过程。尽管我国行政诉讼法规定“对符合本法规定的起诉条件，应当登记立案”，但这里的“起诉条件”，要以行政诉讼法第 49 条和第 25 条的规定为参照，而这两个条款的内容又都较为宽泛，实践中不太好把握。由此可知，现行的行政诉讼立案制度在一定程度上还是“在固守旧有立案审查制思维的内核下，以立案登记之措辞加以粉饰的产物”①。换言之，当前案件受理制度与实然层面的登记制尚有较大差别。一方面，基于法律对立案具体职责的细致规定和对立案救济制度的构建，立案审查制所带来的弊端在很大程度上得到整治，即通过立案制度的改革对审查制进行了必要的改造。另一方面，因为行政诉讼法并未对起诉条件作出实质性变更，所以这一改革尚不能体现真正意义上立案登记制所彰显的那种“有案必立，有诉必理”。笔者认同将现行的案件受理制度视为“准立案登记制”② 的观点，即立案庭对起诉状的核对超出了形式审查的范围，即已“超越”权限并“变相”地“审理”了本应由审判庭审查的部分内容。

（二）现行行政诉讼立案模式的实质

在立法上，我国并没有对起诉条件、诉讼要件和本案要件进行明确划分，对这三者关系的讨论还停留在理论层面。“诉状登记模式”意味着，法院会接收诉讼文书并对案件进行形式审查，当事人可以畅通地行使诉权，这使其诉讼权利能够获得更加深入、全面的保障。在此次立案制度的改革中，从语义表述上看，所构建的立案模式似乎就是一种“诉状登记模式”。例如，《立案规定》第 2 条指出：接到起诉后，人民法院必须全部接受诉状，向当事人发放收到文书的书面凭证并写明相应时间。应当说，当事人提起诉讼后立案庭的工作人员对诉状进行接收并注明，这更多是文书意义上的登记，是法院对当事人到法院立过案的一种书面记录。实际上，在目前的制度设计下，立案庭不仅会对起诉状进行核对，而且会审查部分本应由审判庭审查的内容。因此，目前的立案模式并非立案登记制下那种的“诉状登记模式”，即当事人给

① 梁君瑜．我国行政诉讼立案登记制的实质意涵与应然面向［J］．行政法学研究，2016（6）：84.

② 黄先雄，黄婷．行政诉讼立案登记制的立法缺陷及应对［J］．行政法学研究，2015（6）：20-28.

法院提交符合规范的诉讼材料，法院就会对此作出立案的裁定并将之转入诉讼程序。概言之，在“准立案登记制”下，立案庭对当事人起诉的审查沿袭了立案审查制的模式，即现行行政诉讼立案制度的立案模式还处于“诉案模式”阶段。

三、现行立案登记制取得成效的原因

从2015年5月开始，“准立案登记制”在各级法院贯彻落实。当年5月4日是实行新立案制度的第一天，相关部门的统计资料显示，当天全国范围内的立案数量超过6.7万件，与上年同期相比增幅超过20%，当场登记立案率超过85%。仅在2015年5月这一个月的时间内，全国共登记立案113.27万件，同比增长29%，其中行政案件的涨幅最大，比上年同期增长了221%。2015年，全国一审行政诉讼案件比2014年增长了55%，达到22万件[①]。从1990年到2015年，在实施行政诉讼法的20多年时间里，2015年的受案量比往年的增长幅度都要大。

从数据上而言，似乎可以把立案数量的增长归功于新的立案制度及其模式。但笔者认为，现有模式之所以能够取得上述成效，是多方面原因共同作用的结果。一是新的立案制度规定了法院的登记职责及立案监督，一定程度上确实能够起到督促法院依法立案的行为。二是2014年行政诉讼法修法时对受案范围进行了一定的扩张，将衡量诉讼客体的“具体行政行为”变更为“行政行为”，这在一定程度上便利了当事人提起行政诉讼，从而使得更多案件被纳入法院的审理范围。三是部分法院误读了立案制度的实质含义。例如，在司法实践中有的法院“只要当事人递交诉状的，就登记立案，对起诉条件不作审查，导致大量不符合行政诉讼起诉条件的案件进入了法院”的现象[②]。此外应当看到，在新旧立案规定中，法院予以立案的前提都是当事人的起诉符合起诉条件，而在起诉条件基本未变的情况下，新的立案制度在解决“立案难”问题上所能够发挥的作用还有待进一步考证。

在中央大力推行立案登记制的背景下，各级法院在立案时一般都会表现得比较积极，这也是短期内立案数量大增的原因之一。但是，此种不健全的

---

① 何海波．从全国数据看新《行政诉讼法》实施成效［J］．中国法律评论，2016（3）：145-149.

② 杨翔，谷国文，江华．落实立案登记制，保障当事人诉权：湖南高院关于行政诉讼案件立案登记制实施情况的调研报告［N］．人民法院报，2015-07-02（8）.

立案模式所创造的成绩能持续多久？笔者并不太乐观。毕竟，在沿袭立案审查制之立案模式的情况下，仅凭一时的推动并不能避免今后当事人的起诉权被随意限制的情况。

第三节　行政诉讼立案登记制的实践问题

任何一项制度都应当以社会需求为导向，立案制度同样应当回应人民群众对司法的关切。行政诉讼立案制度的运行，实际也充满了行政机关、公民与司法机关三者之间关系的博弈与交锋。要对一项制度作出评判，可从内与外两个角度加以考察。这既包括该制度在现实中是怎样一幅图景，还包括制度自身的内容及其逻辑自洽性。改革后的立案制度实施几年来，的确取得了一定效果。但前面对此亦有过分析，即不能将其完全归功于立案制度及其模式的改革。此外，尽管立案制度改革取得了一定成效，但改革的不彻底也引起了不少问题。

一、法律条款相互冲突

党的十八届四中全会指出法院在受理案件时应该做到“有案必立、有诉必理”，而现行行政诉讼法的相关条款仍是对“符合本法规定的起诉条件的”案件才实行“登记立案”。行政诉讼的起诉条件，集中体现在行政诉讼法第49条、第25条之中。尽管第49条对起诉条件进行了概括，但起诉条件的范围依然有不明的问题①。上述条款规定的起诉条件中，部分条件必须凭借一定的实质审查才可以作出明确的判定，因而很大程度上依然难以避免实体审查之倾向。例如，“与行政行为有利害关系”这一表述看似简单，却因为该概念的构成要素在学理上存在多种看法，所以需要在司法实践中深入考察某一具体个案后才能作出正确判断，即推断当事人与利益是否存在一定关联的可能性。由此可知，对当事人是否存在“利害关系”的审查形式必然是实质性的，而此种审查方式又必须等到进入案件审理阶段方可进行。因而如果将“利害关系”作为登记立案的条件，则会使立案登记时出现审查“实质化”倾向，从而导致“准立案登记制”重新滑向立案审查的可能性增强。

在实行新的立案制度后，法院立案庭的工作人员对案件起诉条件本应

① 杨寅，李晓．行政诉讼立案登记制的成效与完善［J］．行政法学研究，2018（2）：103.

该转变为形式审查。然而由于上述问题的存在，使得立案制度的实质意涵没有得到充分展现。个中缘由可以归结为立法上的仓促性，即立法者对中央关于“立案登记制”的指示领会不够，信心不足，没有充足的心理及技术准备，但又要贯彻中央政策，遂仓促进行了文字上的简单添附①。在此情形下，从立案审查制到立案登记制的转型，与之相适应的立案模式只是在司法术语上转变为“诉状登记模式”而已。这一问题亟待在今后的工作中加以解决。

二、案件审查标准不统一

基于立法技术方面的考虑，加之经济社会的发展变化，法律法规不可能规定得过于细致。立案制度同样如此。从某种程度上来说，立案模式之实质就是立案庭依据一定的标准对案件起诉条件作出审查。考察这些法律条款，除了行政诉讼法中关于登记立案的规定和《立案规定》第 10 条所指出的危害国家安全等 6 项不予登记立案的规定之外，已不能找到更为详尽的规定。在此情形下，很多地方法院适时出台了有关登记立案的实施细则或者暂行办法，在这些司法文件中，更细致地规定了对于提起诉讼的案件法院应当就哪些事项和内容进行审查。表 4-1 中列举并归纳了部分省市法院的文件，从中发现除了常规的起诉状、起诉材料应注意的主要的事项之外，这些法院还会对如表 4-1 所示的内容进行审查。

如表 4-1 所示，北京、江西等五个省的规定存在很大差异。在此，暂且不论其中某些规定是否存在与上位法相抵触的情形，只说在法律条款本身规定比较宽泛，以及法院在新法实施初期贯彻中央政策的动力下，这些审查规定应该会对当地起诉工作产生一定的积极影响。然而，随着时间的推移，这样的做法难免产生两个问题：一是因各地的审查标准不一致，很难实现相似案件在不同法院得到同等对待，如某些案件在甲地能够立案，而在乙地却未必，从而可能导致司法实践中出现立案不公的问题；二是今后为规制滥诉现象，减少大量案件进入司法程序，本地法院在严格执行自己制定的“土政策”之后，势必会收窄行政案件进入司法救济程序的渠道，从而阻碍当事人行使其起诉权。

---

① 王春业．论行政诉讼的登记立案制度：兼评新行政诉讼法相关条款［J］．北京社会科学，2015（11)：80.

表 4-1　部分法院对立案登记制实施的细则规定

司法文件名称	对行政案件审查的内容
《北京法院登记立案实施办法》	1. 被告主体资格适格，不属于错列被告情形 2. 起诉在法定起诉期限内 3. 诉讼标的不为其他生效判决的效力所羁束 4. 撤回起诉后有正当理由再行起诉的 5. 不属于复议前置情形
《山东省高级人民法院立案登记制暂行办法》	下列不符合法定条件的起诉，立案部门可以口头或书面方式告知当事人，如当事人在得到告知后仍坚持起诉，立案部门应当在法定期限内裁定或者决定不予受理、不予立案并向当事人送达裁定书。 1. 行政诉讼原告不符合行政诉讼法第 25 条规定的原告主体资格 2. 依照法律规定，在一定期限内不得起诉的案件，在不得起诉的期限内起诉 3. 对判决、裁定、调解书已经发生法律效力的案件，当事人重复起诉 4. 起诉的诉讼标的为生效判决的效力所羁束 5. 行政起诉不属于人民法院行政诉讼受案范围 6. 行政起诉已撤回起诉，当事人无正当理由再行起诉 7. 不属于人民法院主管，应向仲裁机构申请仲裁或向有关机关申请解决的 8. 曾被认定属于滥用申请权或诉权情形的，当事人在裁定生效后又提起类似诉讼 此外，该文件还规定：立案人员在登记立案过程中，应注意甄别当事人的起诉中是否存在虚假诉讼、恶意诉讼、缠诉等滥用诉权的行为。对当事人的起诉存在滥用诉权情形的，应作出不予受理、不予立案的裁定或者决定
《福建省高级人民法院关于实行登记立案若干问题的实施细则（试行）》	对所诉事项不属于人民法院主管，当事人坚持起诉、自诉的，裁定或者决定不予受理、不予立案
《陕西省高级人民法院关于登记立案的实施细则（试行）》	未规定
《江西省高级人民法院立案登记制实施暂行办法》	未规定

三、行政立案与行政审判职能紊乱

法院审判权是国家权力的重要组成部分，它只能通过法院依照法定程序并准确适用法律来实现。法院审判权中的各项职能是由其内设机构来完成的。法院不是一个抽象的主体，其内部设有审判业务机构和综合行政机构，二者的职能共同构成了法院司法权的整体。审判业务部门是法院的核心组织部分，如何恰当地配置法院这一内设机构的职能，影响着内部组织关系的运行状态及机构的功能定位，从而决定了审判权的实现程度。

立案是诉讼过程中不可或缺的阶段，决定着哪些案件能够进入法院并通过审判的方式加以解决。立案庭对诉至法院的各类纠纷发挥着“过滤网”的功能，可以把不符合法律规定的案件拒之于纠纷解决程序之外。这不单单是立案庭过滤纠纷的单方机制问题，同时也是与审判庭有效衔接的诉权保护问题。此种机制符合诉讼经济原则。在审查制下，立案庭的职能不仅是对起诉状等文书作出形式核对，而且会对案件的诉之利益、证据的证明力等实质要素作出审查。在这种情形之下，立案庭与审判庭的关系存在职能交叉之处。

在最理想的状态下，立案庭所应发挥的作用是对起诉作出形式审查之后就进行登记在册，并尽快将诉讼材料转移至审判程序，进而把对应于形式要件的“挂号”式登记内容与应对程序和实体问题的裁判内容进行明显区分①。在改革立案制度后，这一问题能够得到初步解决。但是，在起诉条件与登记立案的法律条款相互冲突的情况下，立案庭还是有可能对案件进行实质审查的，这导致其与行政审判庭之间职能关系紊乱的问题仍得不到有效解决；也使立案法官“越位”承担了行政审判庭法官的部分职责，导致立案与审理职能的错位，而这并不符合《人民法院五年改革纲要》所确立的“立审分离”原则。

第四节　行政诉讼立案登记制的模式选择

囿于立法上的不健全，当前立案模式并不能有效破解“立案难”的困境，反而存在着许多新问题。如前所述，立案登记制下主要存在“绝对模式”和“诉状登记制”两种立案模式。在“绝对模式”下，仅凭原告的起诉行为就

---

① 傅郁林．中国民事诉讼立案程序的功能与结构［J］．法学家，2011（11）：99.

可任意启动诉讼，这将造成有限的司法资源更加紧缺，因而此模式并不适合我国。笔者认为，未来行政诉讼立案制度的改革应该选择“诉状登记制”这种模式，这是构建真正意义的立案登记制的有效乃至最佳路径。换言之，只有选择了“诉状登记制”，案件受理制度方才属于真正的登记制。为此，应该降低行政诉讼的起诉条件，并较为系统地论述“诉状登记制”存在的合理性。

一、起诉条件低阶化是重新选择立案模式的基础

制定立案制度的目的是保障当事人依法诉讼的权利，对于违法不当提起的诉讼要依法作出限制或排斥。因此，行政诉讼应该在充分保障和依法保障之间寻求平衡，而其中有效的方式就是设置科学、可操作性的起诉条件。法院对一起案件决定受理与否，要看该案件是否符合起诉条件，因此在实际上立案庭的审查主要就是以起诉条件为标准的。设置合理的起诉条件，能够使立案和不立案之间达到良好的平衡；反之，不科学的起诉条件则会阻碍立案制度的有效实施。因此，要完善立案登记制，应该跳出立案的监督、救济等既有框架，从构建合理的低阶化起诉条件入手。

在对诉讼法构造的探究中，存在区别起诉要件与诉讼要件前后两个阶段的原理。起诉要件是立案阶段所需要的，当事人的起诉如果通过了法院的形式审查要求，就能够进入案件审理环节。诉讼要件则属于案件被法院受理之后，审判庭对该案件的实体问题作出审查并决定裁判的范畴。然而，我国现行行政诉讼法关于起诉的法律条款将部分诉讼要件混杂在了起诉要件之中。

从法院一方来看，起诉要件是其决定案件受理的条件。起诉要件集中表现于行政诉讼法相关法律条款之中，即当事人提起诉讼应具备原告资格、有明确的被告、有具体的诉讼请求及属于法院的受案范围和管辖范围等。虽然相关司法解释之有关条款对起诉条件进行了进一步的细化和阐释。但是，上述条款依然存在抽象之处，同时我国行政诉讼法第 25 条中关于“利益关系”的解释也存在很大空间。所以，行政诉讼所设定的起诉条件存在高阶化之倾向。此种高阶化的起诉条件，会使法官在理解上产生分歧，若把握不好这个度，将不利于行政诉权的保障。因此，以上相关规定是否会消解立案登记在破解“立案难”上的积极作用，需要加以审慎分析①。改革立案制度的出发点是解决立案过程中因实质审查而带来的“立案难”问题，新的立案制度却将原告资格当作立案的要件之一，而确定诉讼主体资格的关键点又在于行政

① 范志勇．立案登记制下的行政诉讼原告资格［J］．法学杂志，2015（8）：124.

诉讼法所规定的“利害关系”。然而，“利害关系”是一个较为抽象的概念，如此规定则可能使立案登记制又落入实质审查的窠臼。对此有学者认为，原告资格是一个裁判要件，而非起诉要件，它与法院最后作出的裁判有关①。

为此，可以考虑将现行行政诉讼法第 49 条第 1 款由“原告是符合本法第二十五条规定的公民、法人或者其他组织”改为“原告是被认为与案件有直接利害关系的公民、法人或其他组织”。只要当事人在起诉状中写明其同被诉行政行为之间存在他人所没有的利害关系或特殊利益，立案庭就应该认定其享有原告资格。同时，考虑到一起案件只有经过实体审理之后才能确认该纠纷是否属于行政诉讼的受案范围，因此可将行政诉讼法第 49 条第 4 款“属于人民法院受案范围和受诉人民法院管辖”移出起诉条件，并将其纳入法院实体审理的范畴。对此有不同观点提出，倘若不把管辖权界定为起诉要件，则法院对本案进行审理裁判的权力不具有正当性。其实，这种看法是误读了管辖权限的指向对象，二者实为法院对案件实体问题的裁决权，不属于法院主管和本院管辖并不意味着其完全不能审查该争议②。这样，当立案庭的工作人员在判定当事人是否“符合本法规定的起诉条件，应当登记立案”之时，只需要考虑原告是否具备提出了和行政案件存在利害关系、有明确的被告、有具体的诉讼请求和事实根据这三个要素。这样的制度安排，可以虚化因起诉条件不符合要求引发的实质审查，与一般诉讼文书中要求具备当事人基本信息、诉讼请求和事实根据等相对应。

二、选择“诉状登记模式”的三个理由

(一) 有效保障行政诉权

对行政诉权的有效保护之所以如此重要，是因为行政审判中的诉权保护不仅保障特定公民的合法权益，而且具有国家政治决策正当化的功能。举目世界，但凡法治国家都将人权保障确定为其基本政治决策之一。同时，来自行政诉权的有效保护是公民基本权利保护之不能缺失的内在组成部分。诉权的保障水平，在很大程度上反映了一个国家的发展进步和权利保护程度。从以上目的来看，构建合理的立案模式也就是自然而然的了。

立案行为预示着诉讼法律关系之生成，原被告双方在诉讼活动中的地位也得到确定。这表明当事人的起诉行为得到了法院的肯定。可以说，诉权理

① 章剑生．现代行政法总论［M］．北京：法律出版社，2014：362.

② 张卫平．起诉条件与实体判决要件［J］．法学研究，2004（6）：58.

论贯穿立案制度的始终。在司法案件中，诉权是诉讼活动的基础，诉讼的运行始终围绕着诉权的实现而展开，当事人需要通过诉权才能进入司法程序并获得权利救济。行政诉权作为诉权的一类，是行政诉讼的权利主体依据法律规定的程序，向法院寻求对相关行政纠纷作出公正审判的程序方面的权利①。这意味着行政诉权一般具有三方面的内涵：一是当事人拥有向法院起诉行政机关的资格；二是当事人拥有得到法院居中作出裁判的权利；三是当事人拥有获取法院诉讼结果的权利。

行政诉权是由起诉、上诉等各项具体子权利组合而成的。因为当事人需要依据起诉权提起行政诉讼，并请求法院居中作出裁判以保障其合法权益，所以起诉权是申请回避权、辩论权等的前提性权利，也因此处于最为主要的地位。在“诉状登记模式”下，立案庭只需要依据有关规定对当事人的诉讼材料作出形式层面的核对。当起诉能够满足这些条件之时，法院就可对此作出立案的裁定。这种立案模式能够避免产生立案审查那种“诉案模式”的弊端，进而最大程度保障当事人的行政诉权。

（二）有效避免法院的选择性立案

应星等学者曾探析过行政诉讼的立案制度，并创建了“立案政治学”②这一概念，他们认为在审查行政案件之时，法院除了依据法律规定审查起诉时所要求的立案形式要件，还会根据行政案件与当地综治维稳需要和党政中心工作的关系去决定是否立案。当然，从实际情况来看，司法权在立案阶段所受到的外界直接干预其实并没有想象中的那么大。现实中，一些法院之所以对某些行政案件不予受理，主要还是出于自身的利益考虑，而非着眼于裁判纠纷、定纷止争。也就是说，许多时候法院其实是以它所认为的可能后果来决定是否应当立案的。这就是立案政治学所指出的，一些法院在受理案件过程中有意回避那些敏感性和疑难复杂的案件。立案审查制下的“诉案模式”对案件的实质审查，恰恰为法院的选择性立案留下了可操作的空间，成为法院调控收案的手段。在司法实践中，法院会以“原告不适格”“不存在利害关系”等借口不予受理当事人提出的诉讼，从而使不少本应受理的案件无法被纳入诉讼程序。

反观“诉状登记模式”下的形式审查，则能够压缩法院选择性立案的空

---

① 薛刚凌．行政诉权研究［M］．北京：华文出版社，1999：17.

② 应星，徐胤．“立案政治学”与行政诉讼率的徘徊：华北两市基层法院的对比研究［J］．政法论坛，2009（6）：111.

间。在这种模式下，法院不能拒绝当事人所提起的符合立案条件的诉讼，而是要将符合形式要件的案件一律登记受理，不再进行实质性审查（此项审查在诉讼程序中进行）。这既使当事人获得了启动诉讼的主体身份，也是正当程序得到遵循的体现。“对想要从法院获得司法裁判的当事人而言，如果其起诉行为被法院拒绝而不能起到启动诉讼程序的作用，那么他的诉讼请求就未能进入随后的实质性审理阶段，这就表明当事人在具体内容上获得司法裁判的心愿从最初便未能实现。”① “诉状登记模式”能够抑制法院立案中的恣意行为，避免法院推诿行政审判义务，破解立案审查制引发的“立案难”困境，满足当事人获得司法裁判的愿望，使当事人切身感受得到法院在立案时所付出的努力。此种模式无疑能破解选择性立案带来的司法上不确定性，为提升司法公信力奠定基础。

（三）不会导致行政“滥诉”

先前坚持立案审查制的一个很重要理由，就是认为诉讼低门槛的立案登记制会带来滥诉现象。确实，滥诉的行为对那些有正常司法需求的公民权利产生了挤压，使立案制度的正常功能出现了异化，妨碍了法院正常工作的进行。鉴于司法资源的有限性和稀缺性，倘若不对那些确属滥诉的行为进行规制，则不利于立案登记制的有效实施，故对行政滥诉的行为进行规制是理所当然的。

对此，《立案意见》作出了“健全配套机制，制裁违法滥诉”的规定。有学者也呼吁，应采取应对措施，在立案登记制实施后严格应对滥诉的规制和治理问题②。具体说来，滥诉是指当事人滥用诉讼权利，打乱正常诉讼活动秩序，损害社会公共利益和他人合法权益的不理性行为。此种乱象的确会给立案程序的合理运行造成阻碍。但同时应该看到，如何去科学、理性地认定和规制滥用行政诉权的行为，是亟待解决的问题。对此，笔者从两个角度来回应“滥诉风险说”的质疑。

第一，实行“诉案登记模式”并不必然造成行政滥诉现象。在很长一段时期里，中国行政诉讼领域所面对的尴尬处境，是许多行政相对人宁愿选择申诉上访也不愿意提起行政诉讼，法院受理行政案件的数量比较少，诉讼程序的功效未能充分发挥，没有案件可以办理、没有案件可以审理的问题导致

---

① 黄娟．当事人民事诉讼权利研究［M］．北京：北京大学出版社，2009：113.

② 陆永棣．从立案审查到立案登记：法院在社会转型中的司法角色［J］．中国法学，2016（2）：204.

行政审判力量被闲置。有资料统计，1990 年至 2011 年的 20 年间，在三大诉讼法中的一审结案总数量中，行政案件的数量比较少，仅仅占结案总量的 1.8%①。“老百姓别和官斗”的社会心理，在行政案件中表现得较为明显。在这种社会心理背景下，“诉状登记制”既便利了当事人的起诉，又并不必然会引发大量滥诉现象的发生。

第二，目前滥诉的内涵与外延还不明确，笼统地将一些诉讼行为认定为滥诉为时尚早。当前，并没有明确的法律或标准去精确地界定何为滥诉，因此对于滥诉的判定应该慎之又慎，不然很可能会混淆滥诉与非滥诉案件，使一些合理诉求无法进入诉讼。为防止对滥诉的规制矫枉过正，只有当疑似滥诉案件达到一定数量和相应的种类时，人民法院结合审判经验对这类案件进行总结归纳，从个案中抽象出普遍规则，找到认定滥诉的基准和分寸，才是较为可取的方法与态度。当下能做的，就是以足够的耐心和细心来观察、反思司法案件。

第五节　行政诉讼立案登记制的优化路径

立案登记制的实施只是一个开始，还需要通过多个维度、多个层面对其进行完善，为该制度作用的有效发挥夯实基础。合理的立案模式是立案制度完善的客观基础，而一项立案模式能否有效发挥其作用，还有赖于合理的运行机制之构建与完善，从而以更为灵活、动态的方式来推动立案工作不断优化。在“诉状登记模式”下，从科学利用既有制度资源出发，对立案的审查标准、审查程序、职能优化和配套机制等进行适当的技术改造，是推动该模式持续破解“立案难”问题的可行路径。

一、建立明确的审查标准

在“诉状登记模式”下，应该建立一个明确的标准来对案件进行审查。只有依据明确的审查标准，才能避免不同地区法院对立案审查的内容不同，也能避免同一地区不同法院对立案登记制内涵的误读。“诉状登记模式”奉行的就是形式审查的标准。立案阶段的审查主体是立案庭，由其对法院管辖权、重复起诉等要素进行核对，具体方式可以采取书面审理，也可以根据需要采

① 包万超．行政诉讼法的实施状况与改革思考：基于《中国法律年鉴》（1991—2012）的分析[J]．中国行政管理，2013（4）：48-55.

用口头辩论方式进行①。在审查当事人的起诉材料时，除了一般诉讼中所要求的身份证、律师代为立案时的授权委托书、基本的证据材料之外，立案庭还应对行政诉讼所设定的条件进行妥善处理。

在“诉状登记模式”下，立案审查依据的是低阶化的起诉条件。一是在原告资格的审查方面，只要原告被认为是“与案件有直接利害关系的公民、法人或其他组织”即可。二是在“有明确的被告”这一标准上，由于行政机关识别度高，则不要求被告必须确定无误，仅限于其身份明确即可，而不要求地址正确，也不要求其法定代表人正确。三是关于“有具体的诉讼请求和事实根据”的严格程度，仅作形式性的要求，即只要能达到确定的内容或对象即可。毕竟，若是对这一标准要求过严，实际上就容易造成在只有原告一方与法院接触的情况下，法院帮着被告进行抗辩的局面。所谓的“事实根据”，仅指能够证实行政行为实际具有即可，而不包含诉讼请求所依据的那些事实理由。“受案范围和受诉人民法院管辖”则不属于立案审查的内容，而是留待行政审判庭加以处理。

与此同时，最高人民法院在《立案意见》中也强调除法律规定之外不得设立受理条件，并指出要全方位清除与废止不契合法律内容的立案“土政策”。对此应该明确，除了审查上述三个起诉条件外，法院不对其他条件进行审查。换言之，当事人是否构成滥诉，是否属于复议前置等情形，统统不属于这个阶段进行审查的内容。总之，应当限定立案审查的内容，除了上述几个法定起诉条件和标准外，法院不能以自由裁量权的名义对其他内容再进行审查。如此，就在实际上达到了只以起诉状为审查对象的目的。

二、优化立案登记与行政审判的职能划分

有学者提出，在对立案制度改革后，“作为专门的受理审查机构——立案庭没有必要继续存在，代之以立案室，真正实行柜台式处理。立案室的司法事务辅助人员主要的工作就是登记立案，并将符合诉状要求的诉状送达给被告”②。这种观点有待商榷。立案庭的工作的确是对案件作出形式核对，但取消该机构的举措是不现实的。立案庭的职能如何以及在法院内部扮演何种角色，不能以表面上的“立案”二字去界定。根据最高人民法院官方网站中的描述，立案庭一般负责法院受理的各种案件登记立案，负责办理立案、管辖

① 相庆梅．立案登记制：理论反思与完善路径［J］．社会科学家，2020（1）：108.

② 张卫平．民事案件受理制度的反思与重构［J］．法商研究，2015（3）：3-15.

权争议案件，负责审查处理有关申诉及再审申请案件，负责司法救助工作。由此可知，立案庭的职能不只是进行登记立案，还包括诉前调解、诉非衔接、诉前财产保全、签发支付令等其他职能。必须指出，废除立案庭没有必要，但立案庭与行政庭之间的职能亟待厘清。

在行政诉讼过程中，立案和审理是前后联系的两个步骤，二者之间职能的衔接主要体现在庭前准备阶段。就职能分工而言：首先，立案庭负责对案件进行审查和处理。具体而言，立案庭负责对当事人的起诉条件进行形式审查，是否立案一般应由该庭的法官决定。其次，立案庭的有关负责人员应该及时将所收到的案件材料提交至庭审阶段。当立案阶段存在疑问且在法定期限内不能裁定时，应及时立案并将案件材料交给审判庭的法官。最后，行政审判庭在接受案件之后，对包括起诉条件和实体要件在内的一切事项进行审查并作出判决，行政纠纷也正是在这个环节得到解决的。

综上，通过准确把握立案庭与行政庭之间的职能分工，有助于健全立案与审判这两个阶段之间相互衔接的机制，能够优化法院内部的职权设置，更加高效地破解“案多人少”的困境，以促进案结事了。在司法体制改革这个宏大主题之下，还应着眼于法院内部工作机制的完善。一起行政案件要经过立案庭、审判庭等多个业务部门，涉及案件的执行时还要由执行局经手。立案庭是行政纠纷进入法院的第一个阶段，行政审判庭则是化解纠纷的主要阵地。在“诉状登记模式”下，要进一步处理好立案庭与行政审判庭的关系，以确保法院的审判职能得到高效便捷的实现。

三、采取与“诉状登记模式”相配套的措施

若想进一步解决立案难问题，单纯从完善案件受理制度、改变法院立案模式还不够。立案制度的改革在很大方面表现为程序方式上的变革，其作用的发挥应当与其他配套制度结合在一起综合考虑，这是分析登记制的一个理论基础及逻辑起点①。“诉状登记模式”在实施过程中不可避免会衍生新的问题，这决定了有必要构建系统性的配套机制，使行政诉讼立案制度扬长避短，从而深化该项制度的改革。

（一）推行多元化纠纷解决机制

法律是权利救济的最后一道防线，但司法并非万能，它只能解决法律范

① 许尚豪，欧元捷．有诉必案：立案模式及立案登记制构建研究［J］．山东社会科学，2015（7）：67.

围的问题，只能为符合起诉条件的案件敞开救济之门。在我国，“起诉难”是一个综合性的问题①。行政诉权保障不充分的问题，还应着眼于立案程序之外的行政复议、行政赔偿等多元化纠纷解决机制来获得有效解决，因为诉讼的方式不过是众多救济程序中的一种，各类救济程序应发挥合力作用。在诉讼需求日趋多样化的情况下，单一的审判方式显得力不从心，多元化纠纷解决机制是助力化解行政纠纷的一种有效途径。从这个意义而言，多元化纠纷解决机制可被称作“立案制度的配套措施”，应及时确立“多措并举”的矛盾化解思路。因此，应当引导当事人根据其纠纷的种类、解决的效率及严重程度等要素，理性选择更为恰当的化解纠纷的路径和方式，使紧缺的司法资源得到更大程度的利用。

（二）建立受案范围负面清单和案件分流机制

作为特定的司法机构，法院的审判能力受多重因素的影响，如果法院受理的案件数量超过了其审判能力，则不利于法院保障其他人权利的实现。在“诉状登记模式”下，法院通过形式审查认为，某些案件尽管符合立案规定，但就一般情理与法理而言，此类案件不适宜或不能由法院进行管辖，于是将其纳入立案受理负面清单，这一做法也是法院在法定受案范围之外所进行的拓展。《立案意见》明确规定了几类法院不予受理的案件，但因过于原则和抽象，可被纳入的案件数量也少。因此，当某些特定案件诉至法院后，有必要针对其建立负面清单，如政治敏感性案件、针对国家领导人或特殊党政机关起诉的案件等。此外，还有的是政策敏感类案件，如涉及国家重要方针政策变化或历史上重大问题等的起诉。这些案件易引起负面影响并产生连锁反应，对国家和社会的稳定造成干扰。可见，对此类属于负面清单范围的起诉，立案庭就不会对其进行登记立案，并将原因告知相关人。

此外，可以考虑在立案后到审判前这个中间阶段设置一个筛选程序，即对超过法定起诉期限、未先行申请行政复议等情形的案件裁定驳回起诉。设置此筛选程序具有以下功能：一是将已立案的案件进行分类管理，判定当事人是否具备主体资格，是否适宜由该法院管辖；二是对案件有关材料进行整理，明确纷争焦点之所在，为后续的审判工作做好准备。诉讼的前期准备可以助力审判工作的有效进行。

（三）赋予当事人在立案过程中的参与权

一项良好的法律制度的落实，不能缺乏公民的自觉遵守。公民对法律制

---

① 张卫平．起诉难：一个中国问题的思索［J］．法学研究，2009（6）：65.

度的服膺，既取决于法律制度自身的健全，又有赖于在该制度的实施中彰显对公民的尊重，此外还需要公民法律素养的提高。在立案程序中赋予当事人以必要的参与权，能够对其法治观念的提高产生潜移默化的影响。但在现行制度下，立案庭对案件的审查方式仍显得较为封闭，一般是对诉讼文书进行书面审查。若当事人无法参与这一程序，则对其权利的保障是十分不利的，因为这一阶段法院的自由裁量权过大，若个别法官在立案过程中有不当行为，则当事人的诉讼权益往往难以得到保障。虽然我国行政诉讼法规定，针对立案阶段的不当立案行为，当事人有权利向上一级法院投诉，但必须看到这一规定在地域范围较小的省市中或许还能得到执行，但若是在像新疆、西藏、内蒙古等这样面积广阔省区的基层法院，则当事人向上一级法院投诉的经济和时间成本实在太过高昂。因此，在立案程序中设置必要的救济手段是立案登记制度改革的一部分，而这也是当事人异议得到重视的体现。

考虑到上述情况，笔者认为可以在立案阶段设置立案听证制度，即如果当事人与法院就是否立案产生争议，可由当事人主动申请或由法院依职权启动听证程序，并由当事人围绕权利等要件就不利于自己的观点进行辩论，使原被告双方得以充分、全面地参与立案程序。创设立案听证制度，使当事人就立案焦点问题展开辩论，法院则依据诉讼文书以及双方之间的辩论情况加以判断，从而做到立案裁定的慎重性。设置立案听证的方式旨在公平分配行政审判资源。这既可以使当事人在心理上不再感到“立案难”，也能够以此种公开、透明的方式去有效防止立案当中的司法腐败问题，提高立案裁定的科学化和民主化。关于听证制度，其中重要的一点是对听证的范围和方式加以研究。对此，可以初步考虑从拆迁等案件开始试点，而非随意扩大案件听证的适用领域。

四、规制立案裁量权

基于法律规范的原则性和抽象性，法官拥有在司法过程中自由裁量的权力，这在案件审判中体现得较为明显。实际上，在行政诉讼立案登记阶段存在着另一种面向的自由裁量权。行政诉讼立案登记制的实质内涵为自由裁量权提供了逻辑起点，立法状况为自由裁量奠定了法律基础，立案程序则暗含了裁量余地。与立案审查制相比，立案登记阶段的自由裁量权出现了一些新变化，如裁量的空间压缩以及“一律接收诉状”与“自由裁量立案”之间的失衡。为克服法官自由裁量权给行政诉讼立案工作带来的不确定性，有必要从裁量理念、立案登记标准与立案登记程序三个维度，对此种“酌情作出决定的权力”进行规制。

（一）行政诉讼立案登记制下的自由裁量权

在案件审判过程中，往往能发现法院自由裁量权的运用。这里的自由裁量权，是指法官享有“酌情作出决定的权力”①。如前所述，基于法律规范的原则性和抽象性，以及为实现特定的利益平衡，法官拥有对案件事实认定或者法律适用问题等酌情作出决定的权力，这在案件审理和裁判阶段体现得较为明显。同时应该指出，我国法院在立案审查阶段也存在自由裁量权，即法官可在形式上遵循立案规定的同时，灵活把握立案条件与标准，从而酌情决定是否立案。正如江必新大法官所言，“自由裁量权不仅存在于裁判过程中，而且存在于司法整个过程中”②。

立案审查制与立案登记制下的自由裁量权有所不同。立案审查中，法院立案庭法官③在受理案件时，会对原告的起诉行为作出包括形式审查和实体审查在内的全面审查。对此，法官不仅会对原告的身份信息、诉状是否符合规范等进行形式上的核验，而且会对主体资格、法律关系、诉讼请求以及管辖权等要素进行实质上的审查。由于法律条文无法穷尽所有事项，法官在立案阶段不可避免要运用实质审查的方式。此种审查模式的效果，在很大程度上取决于法官的专业素养和经验积累，体现了法律规定与法官主观判断之间的互动关系。概言之，自由裁量权实际上曾深嵌于立案审查的各个阶段，并对案件受理状况产生了潜移默化的影响。以上便是法官自由裁量权在立案审查阶段的产生及体现。

行政诉讼从立案审查制转变为立案登记制后，制度层面的变化表明：先前法院对起诉作出严格审查，以相对谦抑的姿态介入纠纷解决的过程，进而从宏观司法政策层面选择性立案的行为得到终结④。如前所述，实行行政诉讼立案登记制这几年来已取得了一定效果，民众诟病已久的“立案难”问题得到了初步解决，各级法院受理的行政案件数量显著增加。在此背景下，法官尤其是立案庭法官面临着一场较大的专业考验。例如，与立案审查制相比，法官在行政诉讼立案登记阶段是否继续拥有自由裁量权？如果有，此种自由

① 沃克．牛津法律大辞典［M］．北京：光明日报出版社，1989：261.

② 江必新．论司法自由裁量权［J］．法律适用，2006（11）：17.

③ 在司法实践中，除法官外，部分法官助理和书记员也会负责立案工作。考虑到法官对立案的主导性和话语权，书中统一表述为立案庭法官或法官。

④ 陆永棣．从立案审查到立案登记：法院在社会转型中的司法角色［J］．中国法学，2016（2）：204-224.

裁量权的现状是怎样的？如何让法官科学审慎行使自由裁量权？等等。若此类疑问没有得到明确，将不利于立案登记制的落实及相应地妥善保障当事人的行政诉权。

（二）自由裁量权存在的现实基础

理论上，行政诉讼立案制度已历经了从审查制到登记制的变革，形式审查应该成为法官审查立案的主要方式。在这样的逻辑下，似乎法官只需要从形式上核对当事人的起诉材料。换言之，在立案登记制下，法官在判定是否立案时已基本不用行使自由裁量权。但在笔者看来，自由裁量权在行政诉讼立案登记阶段仍然具有其存在的理由和生长的土壤。

1. 立案登记制的实质内涵为自由裁量权的继续留存提供了逻辑起点

通过对比我国 2014 年和 1989 年版行政诉讼法中关于立案的规定可知，2014 年版行政诉讼法所确立的立案登记制与 1989 年版行政诉讼法所确立的立案审查制的最大差别，是 2014 年版行政诉讼法在第 51 条第 1 款中新增了“对符合本法规定的起诉条件，应当登记立案”的表述，并加强了对立案的监督和救济。但这之中，涉及立案登记制与立案审查制核心区别之处，从字面上来看其实只是新增了“登记立案”一说。这就不难理解为什么有观点认为，现行的行政诉讼立案制度是在固守原有立案审查制模式的内核下，用立案登记制的措辞进行粉饰和修辞①。从制度层面而言，目前的立案登记制是一种介于审查制和登记制之间的、具备中国特色的案件受理制度，迥异于应然层面的立案登记制。从修改内容看，由于新法对立案职责及救济制度作出了细致规定，立案审查制所引发的问题在很大程度已能够得到治理，因而现行的立案登记制称得上是立案审查制的改良版或升级版。此外，就未修改的内容而言，现行行政诉讼法并没有对行政诉讼的起诉条件作出实质变更。笔者认同将现行立案制度视为“准立案登记制”的看法，即立案审查制下的实质审查方式，依然存在于新的立案制度中。由此可知，法官在立案登记阶段依旧拥有较大的自由裁量权。从此种立案审查的逻辑来看，行政诉讼立案登记制的实质内涵为自由裁量权的继续留存提供了起点。

2. 立法状况为自由裁量权的继续留存奠定了法律基础

第一，是立案登记制度中原则性法律条款的存在。在法律概念存在不明确之处的情形下，法官的自由裁量权体现为将不明确的法律规定明晰化以及对争议解决的理由说明上。我国现行行政诉讼法第 51 条第 1 款明确规定，对

① 梁君瑜．我国行政诉讼立案登记制的实质意涵与应然面向［J］．行政法学研究，2016（6）：84.

"符合本法规定的起诉条件的"案件才实行"登记立案"。在我国，行政诉讼的起诉条件主要见诸行政诉讼法第25条和第49条之中。但如前所述，这两个条款更多是从原则性角度来规定的，内容也比较宽泛，很难做到简明易辨。例如，第25条"与行政行为有利害关系"的表述看似简单，但深入考察后可知，"利害关系"一词在学理上有多种解释，法官在立案登记时不可避免需要对"利害关系"进行主观理解并加以适用，这便可视为自由裁量权的实际行使。美国学者梅利曼曾感慨，此类原则性条款的宗旨在于，"完全取决于法官处理案件的自由裁量权……这样，立法机关制定的法规就形同虚设，实际上是法官自己在为'衡平'划定界限"①。这些较为原则性的法律条款，欠缺严格的操作性，留待今后修法中加以完善。

第二，立案登记的法律条款构筑了复杂的规范体系。我国现行行政诉讼法中关于立案登记制的规定，主要体现在第49条到第52条之法律条款中。但应该看到，不能仅凭这几个条文来孤立地看待立案制度。法律条款具有其内在的逻辑和体例，行政诉讼法亦然。一是这几款法律条文与行政诉讼法第六章"起诉和受理"中的其他条文关系密切，其中涉及第44条的受案范围、第45条的复议规定、第46条的起诉期限等，都是法官在立案登记时所要考虑的；甚至，行政诉讼法中关于立案的条件可以延伸到第1章至第4章中的相关内容。二是上述法律条款还应与2018年《行诉法解释》结合起来理解，在该解释的第六节"起诉与受理"部分对立案的起诉条件和受理作出了详细解释，作为对行政诉讼法的有效补充。同时，对于行政诉讼法中关于立案登记制的规定，法官还应该将其与2015年的《立案规定》结合起来理解。上述法律规范及司法文件的规定，构筑了一个联系紧密、内容多而复杂的立案体系。这样的立案规范体系，不免为法官预留了自由裁量的空间。

3. 立案程序暗含裁量余地

行政诉讼立案登记制是一个前后衔接的过程。在日常立案过程中，立案庭的工作具体可分为当事人提交起诉材料、法官接收诉状、材料审查和登记立案等前后衔接的环节。当法官能够判定某项起诉已满足立案条件时，就可现场登记立案；反之，则作出不立案的裁定。当遇到当事人所提交起诉材料不规范等情形时，法官还具有指导与释明的程序义务。如当事人在指定期限内补正材料，法官则予以登记立案。此外，若法官对当事人的诉请是否应准予立案当场表示存疑时，则应接收诉讼材料，并在七日内作出决定。这一点

① 梅利曼．大陆法系［M］．顾培东，禄正平，译．北京：法律出版社，2004：54.

体现在行政诉讼法第 51 条的规定中，即“（人民法院）对当场不能判定是否符合本法规定的起诉条件的，应当接收起诉状，出具注明收到日期的书面凭证，并在七日内决定是否立案”。

分析可知，七日的考虑期限暗含了自由裁量立案的程序安排。七日期限的本意，是使法院立案庭有充分时间进行考虑。“当场不能判定”的具体表述，可以从以下方面加以阐释。一方面，倘若法官经过七天的研判，仍未能判定当事人诉至法院的行政纠纷是否适宜立案，则应根据规定加以立案。另一方面，在七日期限内，法官就进行登记立案或不予立案作出裁定。如此，这便涉及“七日内”如何判定的问题。从“当场不能判定”向“七日内判定”的过渡，使立案庭法官存在裁量立案的余地，即便法官并未意识到这就是在行使自由裁量权，实际亦是如此。此外，行政诉讼法第 52 条规定，“人民法院既不立案，又不作出不予立案裁定的，当事人可以向上一级人民法院起诉。上一级人民法院认为符合起诉条件的，应当立案、审理，也可以指定其他下级人民法院立案、审理”。可见，关于当事人是否符合起诉条件，上级法院可以直接立案受理或指定下级法院立案，这由上级法院自由裁量决定。

对现行立案规定进行分析后发现，法律虽未明确授予法官在行政诉讼立案登记阶段的自由裁量权，却暗含了其裁量立案的余地。考虑到现行立法关于立案的原则条款、法律体系之复杂以及程序上的裁量空间等因素，对依法立案与裁量立案之间的“度”如何准确把握并没有固定的标准，这就需要法官凭借专业素养来加以判定。从此种法律认知层面来说，现实中的法律条款及立案程序为自由裁量权的产生提供了土壤。行政诉讼立案登记阶段的自由裁量权，便是在上述场域中生成的。

（三）行政诉讼立案登记阶段自由裁量权的现状

与立案审查制相比，行政诉讼立案登记阶段的自由裁量权也出现了一些变化。具体而言，其实践状况表现为以下几个新的特点。

1. 自由裁量的空间相对压缩

一般来说，自由裁量权是以良性发展为导向的。即使裁量幅度出现偏差，也主要是因为法官对法律理解有偏差或者专业能力不够，从而导致偏离本来目的。但在立案审查阶段，自由裁量权却曾一度被滥用，这主要体现为法官的选择性立案，即一种非正当目的的裁量产物。如前所述，在立案政治学的语境下，法官在审查案件之时，不仅会依据法律规定审查起诉时所要求的立案要件，而且会根据案件与当地的综治维稳需要和党政中心工作的关系去决定是否立案。当然，从实际情况来看，法官在立案阶段所受到的外部干扰有时并不是那么严重。相反，有的法官在立案阶段对某些本应受理的行政案件不予立案，实则是基于其自身利益而作出的决定。立案政治学研究指出，这一做法的直接后果，就是法院在立案过程中可能会选择不予受理那些敏感和疑难复杂的案件，而这实质上就是一种偏离了正常轨道的自由裁量权，立案审查制则为此种偏离提供了某种契机。

立案登记制在一定程度上克服了法院的选择性立案做法，使其自由裁量的空间被压缩。在中央对解决“立案难”问题的决心以及行政诉讼法律制度建设中推进立案登记制的背景下，目前法院已无法回避当事人所提起的符合立案条件的诉讼，以及将符合形式要件的所有行政案件予以登记立案。立案登记制规定了较为完善的立案监督和救济制度，对立案审查制的弊端作出了改良，一定程度上能够抑制法官在立案中的随意行为，并起到监督法院自觉克服推诿立案心理的作用。在司法实践过程中，立案登记阶段的自由裁量权减少后，原先立案审查阶段法官以“原告不适格”“不存在利害关系”等借口不予受理原告所提起诉讼的情形，在一定程度上得到改观。

2. “一律接收诉状”与“自由裁量立案”的失衡

自由裁量权的两极化倾向，就是要么不行使，要么随意行使。在立案登记阶段，深嵌其中的自由裁量存在导致立案利益失衡的风险，其表现为朝着一极化方向发展的趋势。换言之，在遵循“一律接收诉状”规定的同时，产生了自由裁量权滥用的情况。深化立案登记制改革以来，以 2015 年为例，尽管当年法院所受理的行政案件数量比历年的增长幅度都更大，但是部分法院在立案登记阶段的自由裁量走得过远，也是其数量大幅增长的原因之一。例如，在立案实践领域，有法院出现了随意立案的现象，即只要当事人向法院递交起诉状就能够登记立案，而法院不对起诉作出审查，使得大量原本不符合起诉条件的案件也能够顺利进入审判程序①。从中可知，立案登记制所倡导的“一律接收诉状”，与法官在立案登记阶段的自由裁量权，在某种程度上产生了冲突。可见，在大力推行立案登记制的背景下，部分法院于立案登记工作中难免在“政治正确”和依法立案之间出现了失衡。由此，法官的自由裁量权往往滑向另一端，即不审查案件是否符合立案条件，随意运用自由裁量权予以立案，从而偏离依法立案的正常轨道。

（四）对行政诉讼立案登记阶段自由裁量权的规制

在自由裁量权给法官以某种选择权的同时，此种权力通常也要受到制约。

---

① 杨翔，谷国文，江华．落实立案登记制，保障当事人诉权：湖南高院关于行政诉讼案件立案登记制实施情况的调研报告［N］．人民法院报，2015-07-02（8）．

美国学者博登海默认为，权力运作所凸显的能动和易变属性，使得此种权力在不受规制时会趋于膨胀，进而造成破坏性的后果①。行政诉讼立案登记阶段的自由裁量权，在一定程度上具备其存在的合理性。同时，应该警惕此种自由裁量权所可能引发的负面影响，并因此对其行使的边界加以规范和约束。具体而言，应从理念、标准和程序三个维度，对行政诉讼立案登记阶段的自由裁量权进行规制，促使法官具备合理裁量的技术方法。

1. 裁量理念上的规制

立案制度是法院受理案件的依据和指南，法官正是依据此项制度规定来决定是否受理当事人所提起的诉讼。出台行政诉讼立案制度的直接目的，是畅通当事人诉求表达的渠道，为两造平等对抗提供有效的平台。规制自由裁量权的宗旨，是达至合理裁量之境界。裁量立案的权力务必要得到约束，为此规制的策略不仅应是立法和制度层面的健全，而且应该是合理裁量理念的确立。从某种意义上而言，任何外在的法律和程序规制，或许也不如将法官在立案登记阶段的法律思维加以统一来得牢靠。可以说，法律思维层面的同质性或许有助于更好地去限制法官的自由裁量权，这是从司法内在约束的角度而言的②。妥当合理的裁量理念，则可以看作立案登记阶段的法律思维。法官在行政诉讼立案阶段行使自由裁量权，应遵循科学的考量标准，即既要有效保障当事人的行政诉权，也要合理筛选行政案件，以实现二者之均衡。

第一，以保障行政诉权为导向。对公民来说，行政诉讼立案制度为实体权利的保障创造了条件。实体上的权益保障经常是通过司法上的救济得以实现的。当事人权利救济的实现程度及其范围大小，则实际上取决于司法的态度。离开了有效的司法救济，宪法和法律所设定的公民权利就只能停留在应然的状态，而不可能成为其实然权利。在日常生活中，由于行政机关明显处于优势地位，公民与之对抗时经常“落于下风”。反观行政管理活动，虽然公民和行政机关在其中往往也存在不对等的法律关系，但公民有对其行为提出异议的权利。在公民可采用的多种表达自己异议的方式中，提起行政诉讼就是其中非常重要的一类。公民将与之发生纠纷的行政机关诉之法院并请求立案时，法官先要给公民一个“说法”，这种“说法”就是法官对立案的司法态度。倘若法官给出了肯定的司法态度，就开启了由行政庭解决纠纷的大门，

① 博登海默．法理学：法律哲学与法律方法［M］．邓正来，译．北京：中国政法大学出版社，1999：83.

② 郭本思．法律思维同质性的意义［J］．东岳论丛，2010（11）：175.

并以此引导公民与行政机关在法庭上平等对抗。可见，要实现公民与行政机关的平等对抗，第一步往往取决于法官的立案活动。尤其是当立案存在裁量空间时，法官遵循保障行政诉权的价值判断尤为重要。

第二，合理筛选案件的理念。公民与行政机关产生纠纷后，行政诉讼作为国家参与化解行政纠纷，用公力救济替代私力救济的方式，满足了国家、社会与公民个人对解决行政纠纷的现实需要。在化解社会矛盾的各种方式中，诉讼是最为普遍、形式效力也最为显著的手段。但应该看到，诉讼是有成本的，法院化解纠纷的能力也是有一定局限的，并不是所有的行政纠纷都适宜纳入诉讼以解决。毫无限制的诉讼，不仅无助于矛盾的化解，而且会消耗珍贵的司法资源，给公共利益带来更大损害。法院立案阶段扮演着过滤网的角色，这意味着只有达到一定条件，案件才能被法院所接纳，这就能够将一些不适合以诉讼方式化解的行政纠纷排除在司法程序之外，而将更多司法资源用在那些确有必要的行政案件上。考虑到上述要点，强化法官在自由裁量过程中合理筛选行政案件的理念，有助于司法资源的投入与矛盾的化解达到有效平衡。

2. 立案登记标准的规制

为规制法官自由裁量权，很关键的一点就是消解抽象的法律基础，使之裁量的法律空间压缩。正如英国学者韦德就自由裁量权所言，消除普遍存在的自由裁量权并非法治的目的，法律所要做的是适时控制其行使①。在我国行政诉讼的立案登记阶段，法官是基于行政诉讼法、《立案规定》等法律规范和司法文件载明的法条和规定来开展工作的。其无论如何行使自由裁量权，都必须与上述法条和规定保持整体协调。立案审查制向立案登记制的变革，实际并非在于要不要审查，而在于怎么审查或者说具体审查哪些内容。如何构建立案登记阶段的“审查标准”，是规制自由裁量权的核心要素。确立了合理的立案登记标准，有助于规制自由裁量权，使之在一个相对精准的范围内运行。

立案登记是实质，是将“依法应该立案”和“不该立案”作出区分，这依然需要通过审查才能明确。对此，最高人民法院立案登记制改革课题小组提出了“区分登记要件与诉讼要件”的观点，即登记要件是启动司法程序的首要条件，其大体包括具有符合法律规定形式的诉状、按时交纳诉讼费等，

① 韦德．行政法［M］．徐炳，潘世强，李湘如，等译．北京：中国大百科全书出版社，1997：55.

故只需要对登记要件作出形式审查，此诉讼要件即可作为启动审判程序的条件①。鉴于现行立法状况，应以构建具有可操作性的审查标准为目标，确立形式审查与实质审查相结合的立案登记标准。其中实质审查的内容，有待于今后的修法中运用立法技术加以合理调适。在现行行政诉讼法所构建的“立案登记制”暂时不会有很大程度改革的情况下，只能着眼于现行立法框架内寻求突围。具体来说，当事人的起诉状是否规范、当事人的身份信息是否准确、是否复议前置、是否超过了起诉期限等，都简单易辨，属于形式审查的范畴，基本不存在法官的自由裁量权。也就是说，对自由裁量权的规制，应该在实质审查内寻求对立案条件的合理配置。

考察现行法律条文可知，行政诉讼法关于起诉条件的法律条款，即当事人提起诉讼时应具备原告资格、有明确的被告、有具体的诉讼请求及属于法院受案范围和管辖范围四个条件，是实质审查存在的法律基础。这些标准属于“高阶化”的起诉条件，在法律明文规定的情况下，其适用的范围较为模糊。因而此种审查标准，需要由最高人民法院发布典型的立案案例，以发挥统一司法适用尺度的功效。应当明确，除了上述几个立案标准外，法院不能再以自由裁量权的名义，对当事人是否构成滥诉等不属于起诉条件的内容作出审查。

3. 立案登记程序的规制

从功能角度而言，程序规范具有抑制行为随意性的效用。为此，可以从立案登记的过程着手，对立案登记程序加以控制，以弥补因法律局限而导致对自由裁量制约不够的缺陷。对于这一问题，不妨从内部和外部两个维度对立案登记程序加以规制，即在内部设置立案协调机制，在外部则扩大立案阶段的司法公开，从而建立内外结合的程序规制方式。

第一，设置立案协调机制。我国法院实行新的立案制度以后，有学者提出，立案庭作为法院固有的专门受理审查机构，其存在已经没有现实必要性，应当代之以立案室，对立案实行柜台式受理。立案室中司法事务辅助人员的主要职责是登记立案，并将符合诉状要求的诉状送达被告②。此种论断是基于实质意义上的立案登记制而提出的。然而如前所述，新的立案制度实为“准立案登记制”。根据最高人民法院官方网站的说明，立案庭的职能并不局限于

① 最高人民法院立案登记制改革课题组．立案登记制改革问题研究［J］．人民司法，2015（9）：66-68.

② 张卫平．民事案件受理制度的反思与重构［J］．法商研究，2015（3）：3-15.

立案，除发挥审查过滤作用之外，立案庭还能够发挥案件分流、矛盾化解和诉讼服务等多项功能[①]。因而，废除立案庭的说法有待继续考证。

笔者认为，不妨在立案程序中设置立案庭与行政庭的立案协调机制，就行政诉讼立案中的疑难问题共同协商，以此规制立案庭法官的权限。这可以从两个方面加以说明。一方面，这是考虑到立案阶段法律条文的复杂性，以及立案庭法官对行政诉讼的理解未必如行政庭法官那样专业。另一方面，如前所述，我国行政诉讼法第 51 条规定了“七日内决定是否立案”的法律条款。在七日的立案考虑期内，由立案庭法官征求行政庭法官的意见。若行政庭认为应当立案登记，则原则上立案庭予以受理。实证研究显示，自 2015 年起，在法院经由一审程序所审结的案件中，裁定驳回原告起诉的结案方式在比率上有大幅上涨。究其原因，主要是 2015 年 5 月实施新的立案制度后，立案机构在登记立案时主要倾向于形式审查，如此就造成许多原本不符合起诉条件的行政案件在经过登记立案后进入审判程序。当此类案件交由行政审判庭审理时，就会发现其实际上并不符合行政诉讼的起诉要求，故裁定驳回起诉。之所以造成这一结果，主要是立案庭法官对部分起诉是否符合立案条件存在疑问，而又在七日内自主裁量立案并将案件材料移交行政判庭。可见，通过设置此种内部协调机制，既能促进立案工作的规范化运行，也能够适当控制立案庭法官在立案登记阶段的自由裁量权。

第二，立案过程的司法公开。我国行政诉讼法第 51 条、第 52 条规定了原告可以投诉、向上级起诉等监督机制，但采取此种措施只是从立案不作为或立案不当等角度出发的。针对因自由裁量而造成的不予立案等行为，如何对其进行规制则有必要进一步探讨。笔者认为，针对个人，可以尝试构建立案异议复核机制，当事人对立案过程有异议或疑问时，法官需要在出具不予立案裁定书的同时向当事人释明情况。针对社会公众，则应对具有典型特征和社会导向的立案案例加以梳理，法院立案庭可在必要时召开立案新闻通报会，公开立案登记的依据和过程，将其置于公众监督之下，这也是新时代司法公开的应然选择。此外，基于检察机关监督行政诉讼活动的职权，将法院立案工作置于检察机关的监督之下，也是规范立案登记制的有益举措。当检察机关发现本应由法院受理的案件不被受理时，有权向法院发出检察建议，督促法院及时将行政案件纳入审判程序。当然，这涉及法律监督权与审判专业性之间的平衡问题，有待构建更为细致的衔接机制。

---

① 张嘉军．立案登记背景下立案庭的定位及其未来走向［J］．中国法学，2018（4）：218.

在行政诉讼立案登记阶段，应尽可能避免法官的主观判断及自由裁量。当原告到法院提起行政诉讼时，通常法官只需要按照确定的标准和程序，对符合条件的案件予以立案登记，做到既不限制也不放任原告的起诉活动。作为将“行政纠纷”转换为“行政案件”的司法实践者，立案庭法官在自觉或不自觉行使自由裁量权的过程中受到相应的规制，也是为了更好践行其保障原告行政诉权的宗旨。为此，考虑到立案登记阶段自由裁量权存在的客观实际，以及当前法官综合业务能力不尽一致的情况，运用合理的规制手段去引导和规范立案过程就显得尤为必要。这也是探讨行政诉讼立案登记阶段自由裁量权的旨趣所在。

综上，立案作为诉讼的开始环节，是当事人的起诉权与法院的司法权相接触的首个阶段。倘若这一环节的实施效果不佳，法院不合理地限制了当事人的起诉，不仅会堵塞当事人个人利益保障的司法救济渠道，而且会挫伤社会对程序正义以及行政法治的信心。因此，对行政诉讼立案制度的理论基础和运行状况加以理性剖析，对于完善和优化行政起诉制度，保障当事人行政诉权具有很大的现实价值。现实中，在改革立案审查制度之后，立案登记制却并未随之完全落地生根，这无疑对法院在立案阶段的应对能力提出了很大挑战。因此，本章的核心要旨就是反思当前行政诉讼立案登记制的不足，以为之探寻更为合理的制度选择。由此得出的结论是：行政诉讼立案制度应该选择“诉状登记模式”，以降低相应的起诉条件为基础性工作；在完善相关运行机制之后此举有助于释放该制度在保障行政诉权方面的功效，如此就能够在行政诉讼中形成真正意义上的立案登记制，实现“有案必立、有诉必理”的立法愿景。这里必须指出的是，对立案制度及其模式的改革只是手段，最终目标是保障当事人的诉讼权利，使更多行政纠纷能够在法治框架内得到恰当解决，从而有效保障当事人的实体权益。

第五章　投诉举报人原告资格判定中的疑难问题

作为行政诉讼的启动者，行政诉讼原告是最为关键、最具地位的两造之一。原告资格的判定向来是行政诉讼理论界与实务界公认的难题。“原告资格”一词并不是各国行政诉讼中的通用表述。如在德国，由于行政诉讼中只有诉讼参加人的规定，业内人士一般避免使用“资格”这一容易引起混淆的词汇，而是以“诉权”（klagebefugnis）概念来替代①。在我国的行政诉讼理论界与实务界，虽然原告资格之概念和内涵已经约定俗成，但是运用何种标准对之作出判定则向来分歧很大。近年来投诉举报类行政案件数量大幅增加，各级市场监管、金融监管、环保等部门在处理投诉举报事项上面临巨大压力②。2018 年《行诉法解释》第 12 条第 5 项明确规定了投诉人在行政诉讼中起诉行政机关的原告资格③。这既是对司法实践中早已有之的投诉举报类行政争议的制度肯认，也在深层次描绘了权利与权力互动关系的新图景。

法治是对理性精神的弘扬，法治时代与人治时代的根本区别是前者所具的理性精神。在很大程度上来说，依法治国就是依理性治国，而新时代的行政诉讼制度建设，尤其需要倡导司法理性精神。所谓司法理性，就是理性思维在司法适用或裁判活动中的实际融入，这要求法官具备专业的释法、推理、判断能力，尽可能消除不确定因素并实现结果的合理客观。司法理性是一种“技术理性”或“职业理性”，其实质意涵是对司法权行使的科学运用与有效规范。原告资格判定直接关涉公民诉权，自然也要遵循这一价值维度。有必要说明的是，由于行政诉讼需要在行政机关、司法机关以及公民之间保持适当张力，而投诉举报人原告资格的判定标准又无法像自然科学领域那样得以

① 胡芬．行政诉讼法［M］．莫光华，译；刘飞，校．北京：法律出版社，2003：242.

② 周雷．投诉举报人原告资格认定的司法理性［J］．当代法学，2021（3）：68-77.

③ 2018 年行政诉讼法司法解释第 12 条规定：“有下列情形之一的，属于行政诉讼法第 25 条第 1 款规定的‘与行政行为有利害关系’：……（5）为维护自身合法权益向行政机关投诉，具有处理投诉职责的行政机关作出或者未作出处理的。”同时，我国行政诉讼法第 25 条第 1 款规定：“行政行为的相对人以及其他与行政行为有利害关系的公民、法人或者其他组织，有权提起诉讼。”

精确运算，故在这之中潜在的主观不确定性难以完全消除。因此，有必要从规范与实践入手，全面揭示投诉举报人原告资格判定标准的现实难题，从理论上进行阐释，探寻司法适用的相对客观化及方法问题。

第一节　投诉举报人原告资格判定的难点所在

一、基本的问题意识

2018年《行诉法解释》第12条明确了投诉举报人原告资格及其判定标准后，如何将其适用于司法实践即成为关键课题。然而，由于对法律规范及司法解释的理解偏差，这类当事人的原告资格并不那么容易确定。当我们将上述关于投诉举报人原告资格的这一条款与原告资格判定的现实状况进行比对时发现了一个问题，即投诉人与举报人在原告资格判定方面存在某种微妙关系，而这一点亟待厘清。例如，2017年8月发布的《最高人民法院关于进一步保护和规范当事人依法行使行政诉权的若干意见》规定，当事人因投诉、举报等事项不服行政机关的被诉行政行为，法院应当认真审查当事人是否具有利害关系，对于确有利害关系的应当予以立案。这一司法政策显示，举报人有资格成为行政诉讼原告。又如，最高人民法院指导案例77号（以下简称"77号案例"）——罗镕荣诉吉安市物价局物价行政处理一案，法院作出以下裁判要点："举报人就其自身合法权益受侵害向行政机关进行举报的，与行政机关的举报处理行为具有法律上的利害关系，具备行政诉讼原告主体资格。"① 既然先前司法实践已明确了投诉举报类行政争议的原告资格，可是2018年《行诉法解释》却为何只规定投诉人原告资格？该司法解释中的"投诉人"能包含"举报人"吗？考虑到司法解释本身的严谨性，这一区别对待耐人寻味。

考察相关法律规范可知，不少条款采用了将投诉与举报这两个概念一并规定的表述方式。例如，我国广告法第53条规定"任何单位或者个人有权向工商行政管理部门和有关部门投诉、举报违反本法的行为"。原国家食品药品监督管理总局颁布实施的《食品药品投诉举报管理办法》之所有条款，更是把投诉与举报连在一起使用，而不作任何区分。简言之，本书所讨论的投诉与举报，特指投诉人与举报人将某些违反行政管理要求的行为向有关行政机

① 参见：最高人民法院《关于发布第15批指导性案件的通知》（法〔2016〕449号）。

关反映或报告，并由行政机关对此作出调查、处理。若行政机关的行为未能满足投诉人与举报人的期待，提起行政诉讼便成为他们表达诉求的方式之一。那么，当投诉人原告资格已名正言顺地体现于行政诉讼之中时，举报人原告资格在司法实践中又是怎样的情况呢？二者到底有没有差异？上述难点共同指向了一个问题：如何准确地判断投诉举报人原告资格，以及投诉人与举报人的原告资格关系。

二、投诉举报人原告资格判定的难点呈现

当前司法实践中存在大量的投诉举报类行政案件，可以先研判以下两个案例，借此引出原告资格判定标准这一主题。

案例一①：何某以西城商贸公司存在过期商品销售为由进行投诉，当地食药监分局根据投诉事项作出调查、处理。何某对投诉处理不服，诉至法院。一审法院认为，本案中行政行为的相对人是西城商贸公司，本案证据可以证明何某在购买该罐头时已经知道过期，与一般消费者明显不同。故何某的投诉并不是为了维护自身合法权益，其不具有原告资格，裁定驳回起诉。随后，何某提起上诉。二审法院认为："本案争议焦点为何某是否具有原告资格。何某以第三人存在过期商品销售为由进行的投诉，其并非购买并用于个人食用的一般消费者，在明知商品过期还购买并制作视频，其目的不是维护自身合法权益。一审裁定认定事实清楚，适用法律正确。"

案例二②：张某申请再审称，他曾多次前往省人社厅所属部门投诉举报及询问处理结果，但均未获得答复，认为二审认定其提交的证据"不能证明省人社厅知晓举报人和请求答复人是张某本人"有误。请求撤销一、二审行政裁定，依法再审本案。最高人民法院认为："张某向省人社厅匿名举报长征机械厂提供虚假职工人事档案办理提前退休的问题，并非为维护自身合法权益向行政机关进行的投诉，故其与省人社厅对该事项的处理并不具有利害关系，不具有提起本案诉讼的原告资格。张某的起诉不符合法定条件，一审裁定驳回其起诉，二审维持一审裁定，裁判结果正确。"

第一起案件中，法院以"不是维护自身合法权益"为由否定了当事人的原告资格。那么该如何理解"自身合法权益"呢？事实上，投诉人原告资格判定标准的双重要件，是作为行政诉讼法设定的一般性原告资格判定

① 参见：郑州铁路运输中级法院（2018）豫71行终163号行政裁定书。
② 参见：最高人民法院（2019）最高法行申9564号行政裁定书。

标准——“利害关系”的再解释或细化。笼统地说，利害关系是判定原告资格的核心要素，有利害关系就有原告资格。但是，“自身合法权益”等抽象概念之界定却是一个比较复杂的过程，在这些并不明确的判定标准之下，司法适用的实际成效值得审视。“利害关系”有很大的解释余地，包括围绕当事人权利保护、行政秩序安定性及连续性等所涉利害方面作出权衡。对此，该类案例的裁判是否真正体现了“自身合法权益”的规范内涵？在第二个案例中，“投诉”与“举报”的关系不禁让人疑惑。为什么法院要特别强调二者的区别？基于司法解释本身的严谨性，既然2018年《行诉法解释》第12条第5项未提及“举报”字样，就不能忽略投诉人与举报人之间可能存在的差异。以上两个经典案例仅仅展示了投诉人原告资格判定标准中的某些侧面，其背后所引申出的其他难点问题亦不容忽视。

行政诉讼原告资格作为公民、法人或其他组织提起诉讼并能够成为原告的法律能力，大体上经历了一个逐步放宽的过程①。原告资格的放宽，主要体现为判定标准由窄到宽的转变，既关涉当事人的权益保护程度，又影响对行政权的监督力度。笔者认为，原告资格判定标准的具体适用应当贯彻司法理性的精神，这样才能兼顾权利保障与权力监督的二元功能。因此，如何在投诉人原告资格判定的具体适用中增强司法理性尚待深思。

三、投诉举报人原告资格判定的混杂

如何做到既不过度限制，也不无限扩展投诉人原告资格，预防宽严失度的发生是眼下亟待解决的论题。检视相关规范与实践可知，现实中投诉举报人原告资格的判定标准已出现混杂现象。

（一）投诉人与举报人的判定标准相混同

笔者检索不少案件后发现，投诉人与举报人的关系的确是实践中的一大难题。如有法院在论述投诉人原告资格时是这样表述的，“原告资格取决于两方面：一是法律法规或者规章是否规定了投诉举报的请求权；二是该投诉举报请求权的规范目的是否在于保障投诉举报人自身的合法权益”②。此处，似乎将投诉人与举报人的原告资格判定标准加以等同对待。有部分其他法院在裁判说理时，同样是将投诉与举报连在一起使用的。如在原告张波诉被告合肥市市场监督管理局不予受理行政复议申请决定一案中，法院作出如下裁判：

① 黄学贤．行政诉讼原告资格若干问题探讨［J］．法学，2006（8）：3-11.

② 参见：广东省佛山市中级人民法院（2019）粤06行终128号行政裁定书。

作为投诉举报人的张波，与行政机关就投诉举报事项作出的处理告知行为以及由此引发的关于政府信息公开申请的答复之间并不具有利害关系，张波不具备提起行政诉讼的主体资格[①]。反观另外一些案件中，法院援引了2018年《行诉法解释》第12条第5项之规定，在裁判说理过程中都是投诉举报并用，最后判定原告资格有无时却只是单独表述为“举报人”[②]。由此可见，投诉人与举报人之判定标准相并用的现象并非个例。

笔者通过初步检索，发现涉及投诉或举报的我国现行法律有40多部，诸多的行政法规、规章也对此作出了相应规定，其他规范性文件更是不胜枚举[③]。其中，建筑法、社会保险法等绝大多数法律的条款是一并规定“投诉举报”或“投诉、举报”，单独规定“投诉”或“举报”字样的条文并不多见。同时，《医疗机构投诉管理办法》等专门以投诉或举报为主题的部门规章达上百部之多。大体而言，可以将涉及投诉与举报关系的立法概括为三种模式：一是投诉与举报并列规定模式。该模式在法律条文中一并规定“投诉举报”或“投诉、举报”，一时看不出二者的差异。例如，食品安全法第115条规定，县级以上人民政府食品安全监督管理等部门应当接受投诉、举报。此类法律是在同一语境下使用了这两个概念。二是投诉与举报隐性区分模式。该模式虽然在概念上对投诉与举报连用，但通过对该部法律的体系解释能够发现二者之不同。例如，药品管理法第106条规定：药品监督管理部门应当接受投诉、举报，对查证属实的举报按照有关规定给予举报人奖励。该类法律在奖励、监督等公共利益问题上区分了投诉与举报，可以从中管窥立法者对二者内涵的不同考量。三是投诉与举报明确区分模式。该模式在立法上径直规定二者概念的不一致。例如，《市场监督管理投诉举报处理暂行办法》对投诉与举报概念有明确的区分；又如，国务院颁布的《劳动保障监察条例》中第9条将劳动者的自身合法权益与投诉相连接，并认为举报的主体是任何组织和个人。

显然，后两种立法模式中的投诉人不能等同于举报人。申言之，举报主体具有开放性，投诉主体具有封闭性。举报的主体范围是任何组织或个人，而投诉的主体范围是与被投诉事项有关的人员或组织。这契合学界的主流观

---

① 参见：合肥市庐阳区人民法院（2019）皖0103行初103号行政裁定书。

② 参见：广东省佛山市中级人民法院（2019）粤06行终117号行政裁定书。

③ 在本书写作过程中，笔者先后以“投诉”、“举报”、“投诉举报”和“投诉、举报”等关键词，在北大法宝上进行检索。数据截至2022年8月1日。

点，即举报是出于维护公共利益的目的，对违法失职行为进行上报①，投诉则是公民为维护其个人利益而采取的措施。因此，举报可视为其他主体保障公共利益的行为，故是否为了保护自身合法权益成为投诉与举报之最鲜明的区别。因此问题的关键在于，应如何理解投诉与举报的并列规定模式。有些规范性文件将这两个概念加以并列的出发点，或许有通过资源整合推动管理系统化的用意。例如，针对《食品药品投诉举报管理办法》之规定，正如有学者所言，"食品投诉和举报的统一化、系统化管理已经成为防控阶段重要的一环"②。不管投诉人与举报人如何相似，该模式中二者存在差异的可能性依然存在。司法实践中，有关方面对二者的原告资格判定都应作出合理阐释，而不应将判定标准"捆绑"在一起却不加说明。

（二）投诉人与其他行政相关人原告资格的关系模糊

笔者认为，对判定标准的分析，应将其置于行政诉讼法及其司法解释的框架中展开。我国行政诉讼法第 2 条中的"认为行政行为侵犯其合法权益"，于总体上确定了原告资格的概括性判定标准。不过，解读该判定标准时不能迁就当事人的"认为"，否则将与我国行政诉讼所具有的主观诉讼属性相违背。行政诉讼法第 25 条分别确立了行政相对人型原告资格和行政相关人型原告资格两类，投诉人属于后一种类型。因行政相对人天然地具有原告资格，故该条款所构建的"利害关系"标准，主要是为行政相关人确立判定依据。结合该条款的规范结构，应进一步考察 2018 年《行诉法解释》第 12 条之构成。其中除第 5 项涉及投诉人的原告资格判定标准之外，另外 5 项内容分别涉及相邻权人、公平竞争权人、行政复议第三人、受害人等相关人的原告资格判定标准。但令人疑惑的是，根据体系解释，为何该司法解释第 12 条所包括的 6 项内容中，只有第 5 项的投诉人强调了"自身合法权益"，与之接近的第 4 项则仅仅重复了行政诉讼法第 2 条中的"合法权益"或"其合法权益"之表述。那么，"自身合法权益"与"合法权益"有本质区别吗？前缀"自身"两字有何意义？由于投诉是一个事实描述性的概念，投诉人种类非常多，现实中恐怕会将竞争权人、相邻权人等囊括在内。例如，在原告东莞市长安镇花园业主委员会诉东莞市城市综合管理局一案中，原告认为小区开发商在未办理规划变更情况下，私自在小区加盖建筑物，且由案外人占有并对外出

---

① 周叶中．宪法［M］.3 版：北京：高等教育出版社，2015：260.

② 毛振宾，孙晶．国内外食品药品投诉举报的发展趋势：上［J］．中国食品药品监管，2012（1）：40-43.

租。原告因此向被告投诉，要求对违法建筑进行处理，在被告不作为后，原告向法院起诉①。此时，业主委员会既是投诉人，也可能涉及其相邻权方面的利益。针对该种情形，原告资格判定标准应依据2018年《行诉法解释》第12条第1项还是第5项，尚待明确。

与此同时，投诉人与受害人之间的判定标准关系也很微妙。根据2018年《行诉法解释》第12条第3项之规定，受害人要求的是行政机关依法追究加害人法律责任。受害人概念本属治安处罚领域，这里的追究法律责任或类似于行政处罚等行为。从形式上来看，受害人与行政机关为保护人身权、财产权而追究加害人法律责任的行为确实存在利害关系，这似乎能够与投诉人要求的处理投诉行为作出界分。然而问题在于，在投诉人、受害人等行政相关人拥有原告资格的情况下，必须要考察其中的行政法律关系。这就是说，行政机关无论作出或不作出行政行为，都直接负有保护相关人权益的职责。根据此种逻辑，受害人要求行政机关追究加害人法律责任与投诉人请求行政机关履行处理投诉职责之间，并非能够泾渭分明地划出一条界线。当前，受害人概念已扩展至不少行政管理领域。试举一例，假设消费者在购买商品过程中因交易对方的侵权行为而导致人身权、财产权等合法权益遭受侵害，其向市场监督管理部门投诉后，自然是案件的投诉人。若相关法律规范明确规定，投诉人可请求行政机关查处被投诉人的违法行为，最终投诉处理结果也很可能是行政机关在实体上追究被投诉人的法律责任。对此，将之理解为追究加害人的法律责任亦无不可，因而此时被投诉人又成了加害人，投诉人和受害人概念在同一情境下发生了交会。类似难题不一而足，可见目前的判定标准明显存在定位不清的情况。

（三）差异适用导致司法理性薄弱

先看最高人民法院的几个案例。2018年《行诉法解释》颁布之前，相关案例已呈现判定标准的初步样貌。在黄玉拱诉南宁市邕宁区人民政府再审审查与审判监督一案中，法院认为对于投诉行为提起的履行法定职责案件，要区分其投诉的事项是否涉及投诉人自身合法权益，对于涉及其合法权益的，即与之有利害关系，其申请履行法定职责而行政机关不予答复或不予处理的，则其有权提起行政诉讼②。该司法解释第12条第5项正是沿用了此种判定思路。耐人寻味的是，该司法解释生效后却有部分案例未遵循类似的标准。如

① 参见：东莞市第一人民法院（2017）粤1971行初304号行政判决书。

② 参见：最高人民法院（2017）最高法行申7526号行政裁定书。

在李百勤诉郑州市二七区人民政府再审审查与审判监督一案中，法院裁判：投诉人提起行政诉讼，必须是认为其自身的合法权益受到侵犯才具有原告资格；而判断是否属于自身合法权益，则主要看一个法律规范的保护目的究竟是个别公民的利益，还是公共利益。如果法律规范的保护目的是个别公民的利益，或者在保护公共利益的同时也是为了保护个别公民的利益，就可以承认个人利益的存在①。同样，在王武军诉广东省深圳市人民政府投诉举报行政复议决定一案中，法院提出，在法律法规或者规章规定了投诉的请求权，且该请求权的规范目的在于保障投诉人自身合法权益的情况下，行政机关对投诉不予受理或者不履行依法纠正、查处之法定职责的，投诉人可以提起行政诉讼②。从某种意义上而言，这类案件中最高法院引入了域外法上的"保护规范理论"，并以此作为判定标准的解释基准，对此后文将着重论述。此类案件的判定标准适用可简化为两步：一是申明投诉人是为了保护自身合法权益；二是看法律规范的目的是保护当事人的个别合法权益。不过，此种理论能否契合 2018 年《行诉法解释》第 12 条第 5 项所设定的双重要件，亦有待进一步分析与阐释。

下面再来看地方法院的部分判例。如在任明诉德州市安全生产监督管理局不履行监管法定职责一案中，二审法院径直认定任明与其投诉事宜并无"自益性"，即上诉人并非为直接维护自身合法权益而行使投诉权利，据此认定其不符合"与行政行为具有利害关系"的标准③。该案例是从投诉人与被投诉事项的关系入手来界定自身合法权益之有无，除此之外并未提及其他标准，对原告资格的判定直接以没有"利害关系"而一笔带过，裁判文书的说理性很不够，甚至多少存有主观揣测之嫌。在另一起要求行政机关履行职责的案件中，二审法院认为：是否与行政行为有利害关系是投诉人能否提起行政诉讼的法定条件之一，并提出"利害关系"是指有可能受到行政行为的不利影响④。该案是将当事人的权益是否可能受到行政行为侵犯，作为原告资格的判定基准。还有的法院认为，通常情况下投诉人是否具备原告资格，取决于以下方面：一是法律法规或者规章是否规定了投诉人的请求权；二是投诉请求权的规范目的是否在于保障投诉人自身的合法权益⑤。该案例与前述最高

① 参见：最高人民法院（2018）最高法行申 2975 号行政裁定书。
② 参见：最高人民法院（2018）最高法行申 6603 号行政裁定书。
③ 参见：山东省德州市中级人民法院（2019）鲁 14 行终 41 号行政裁定书。
④ 参见：辽宁省大连市中级人民法院（2019）辽 02 行终 65 号行政裁定书。
⑤ 参见：徐州市中级人民法院（2019）苏 03 行终 487 号行政裁定书。

人民法院的思路一致。然而，在刘阳诉沈阳市皇姑区市场监督管理局质量监督检验检疫行政管理一案中，二审法院认为投诉人不必然具有提起行政诉讼的原告资格，而是还需要具备“与行政行为有利害关系”的要件，即只有行政机关对于所申请的拒绝侵害是属于原告自己主观权利的情况下，原告才有资格提起诉讼①。该法院是将主观权利作为判定投诉人原告资格的基准，这主要指的是个人向他人或国家要求为或者不为一定的行为，体现为可以得到法院救济的某种请求权②。实际上，我国行政诉讼法第 2 条关于“合法权益”的表述中体现了请求法院救济的主观权利属性，这也是多数国家都明确或隐含采用的表述形式；它是法律为鼓励当事人起诉而赋予其的一项主观权利，侧重形式上的强调，而非实质标准。同时，行政机关履行法定职责并不必然与主观权利相对应，实则其目的往往是实现公共利益，故主观权利的话语逻辑并不能自动转化为“自身合法权益+处理投诉职责”的双重要件。可见，实践中此种判定标准的操作路径与 2018 年《行诉法解释》确立的双重要件之间存在一定距离，甚至在某种程度上导致了现有法律层面判定标准的形同虚设。

以上是最高人民法院和部分地方法院对投诉人原告资格的裁判实例，其在标准的适用中存在多种解释基准，这些标准适用的差异属于认知层面的不同角度，普遍缺乏理性共识基础，难免引发“同案不同判”之虞。判定标准是对起诉人可以成为适格原告的一种限制，没有限制就不存在原告资格一说。判定标准的适用及其解释基准应尽可能具有司法统一性，否则很可能导致司法理性的衰落，从而有违司法理性的要义。毕竟，司法理性的基本目标之一，就是司法适用的可预期性与普遍公正性。

综上所述，投诉举报人原告资格判定标准问题较为复杂，实践中体现了较强的主观性面貌，其背后的理性思维则有待增强。之所以规范与实践的分歧颇多，既是由于复杂现实对行政案件的冲击，也是因为判定标准本身的抽象性。域外同样存在相似的难题，例如，在日本，由于行政案件中存在着调整国家立场、原告与被告立场及第三人立场的问题，学者关于原告资格的论争颇为复杂③。根据日本《行政事件诉讼法》第 9 条的规定，原告资格判定的

① 参见：沈阳市中级人民法院（2019）辽 01 行终 867 号行政裁定书。

② 主观权利在公法领域的运用，可参考德国、日本等大陆法系国家关于主观公权利与反射利益的区分理论，其界分标准是私人利益之保护目的。参见：毛雷尔．行政法学总论［M］．高家伟，译．北京：法律出版社，2000：152-162.

③ 高桥宏志．民事诉讼法：制度与理论的深层分析［M］．林剑锋，译．北京：法律出版社，2003：211.

关键是对“法律上利益”之理解，由此形成的“法律保护利益说”成为学界通说。该观点一开始遵循严格的“法律上的利益”标准，即将原告资格仅限于实定法上明文规定的个别利益。后来随着时代的演变，司法实践中逐渐发展出缓和的“法律上的利益”标准，即除了明文规定之外，还可以依据相关法律的合理解释来判定①。原告资格的判定标准，的确需要从规范到案例中去发现适用的发展动向。有观点认为，我国实定法从未将行政诉讼的所有原告资格规定为某种一般性标准，妥善把握利害关系标准的适用范围及规范内涵尤为关键②。在投诉举报人原告资格的判定场域，既然司法解释已经对此加以细化，则不妨在梳理理论与现状基础上，再去检视其自洽性与合理性。

第二节　投诉举报人原告资格的理论与实践

对2018年《行诉法解释》确立的投诉人原告资格而言，其关涉司法审查进入投诉类行政争议领域的范围。在分析投诉人原告资格与举报人原告资格的联系之前，有必要以理论脉络及司法实践为切入点，继而揭示二者的实际状况。

一、关于原告资格的理论认识

有关投诉人原告资格的观点，一是“实际影响理论”。此种学说以最高人民法院行政庭法官为代表，指的是行政机关的行政行为对公民、法人或者其他组织的权利义务关系业已或将产生实际影响。这里的实际影响，具体可以从行政行为处分了相对人的权利义务、实际影响分为积极不利影响和消极不利影响等方面加以理解③。此种理论是作为一般性标准，对包括投诉人、相邻权人、公平竞争权人等在内的利害关系人都加以涵盖。二是“合法权益受到不利影响理论”。该理论提出，公民的合法权益受到了不利影响，可以成为判定原告资格的标准。合法权益的范围，应该是立法机关通过行政法律法规所保护的那些免受行政机关权力侵害的合法权益。此处的合法权益，能够囊括行政法律法规所规定的投诉请求权之情形④。不利影响，是指当事人的合法权益受到行政行为的侵害，可能造成或者已经造成当事人权利、利益的减少或

① 室井力．日本现代行政法［M］．吴微，译．北京：中国政法大学出版社，1995：24-243.
② 陈鹏．行政诉讼原告资格的多层次构造［J］．中外法学，2017（5）：1214.
③ 江必新，邵长茂．新行政诉讼法修改条文理解和适用［M］．北京：中国法制出版社，2015：85.
④ 李哲范．行政诉讼司法权界限［M］．北京：中国书籍出版社，2015：141-144.

者义务的增加。三是"特殊利益理论"。该理论认为，当某位公民、法人或其他组织可以证明其与行政机关的行为之间享有他人所没有的利害关系或者某种特殊利益时，即可判定其与行政行为具有利害关系①。该学说认为既要坚持"利害关系"的原则，又要作出从宽解释。

涉及举报人的原告资格，则以"保护规范理论"最为典型。此种理论是将"利害关系"转化为"主观公权利"（即公法领域的权利与利益），提出只有当主观公权利受到行政行为影响时，那些受到损害可能性的当事人才与行政行为发生利害关系。要确定主观公权利的有无，又需要运用保护规范理论这一配套学说。该理论的核心要义，是认为行政机关作出行政行为时所依据的实体法或程序法规范包含了维护个人利益的目标，而不是单纯去保障公共利益，因而举报人就具有原告资格。这是把对利害关系的判定，转化为对与行政行为相关的法律规范目的之探寻。对此有学者持反对意见，提出如果将"保护规范理论"泛化适用为判断是否具有原告资格的标准，则与行政诉讼法关于扩大原告资格的立法旨趣相悖②。言下之意，是认为该理论将限缩举报人原告资格。赞同的观点则认为，纵然保护规范理论的适用会限缩原告资格，但这有助于推动诉讼功能"纯化"对单项制度的积极作用，与毫无根据地放开原告资格相比，此种设计反而更有利于行政诉讼的整体均衡③。根据该学说，即使举报人存在某种权益，但只要不是行政机关作出行政行为时应当关注的要素，则其难以获得原告资格。

此外，还有学者建议将举报人的权利与原告资格的关键因素"权利"、"利益"以及"关系"相结合去判定举报人的原告资格④。具体而言，该学说认为当前举报人原告资格还比较受限，只有当法律规范明确规定举报人可以获得奖励及答复权利之时，举报人才享有原告资格；而当举报人其他举报权利被侵害之时，则需要综合权利等多项因素才能确定原告资格的有无。

综上，原告资格的判定学说可谓众说纷纭。笔者认为，此类理论分歧并无绝对的优劣之分，想要用一种学说统摄所有原告资格之判定，既不可行也没有必要。在司法实践中妥善掌握利害关系标准的适用范围及规范内涵，才是当前最需要解决的难题。细究原告资格判定的具体细节，实际上规范解释

---

① 江必新．中国行政诉讼制度之发展：行政诉讼司法解释解读［M］．北京：金城出版社，2001：156.

② 杨建顺．适用"保护规范理论"应当慎重［N］．检察日报，2019-04-24（7）.

③ 赵宏．保护规范理论在举报投诉人原告资格中的适用［J］．北京航空航天大学学报（社会科学版），2018（5）：9-17.

④ 彭涛．举报人的行政诉讼原告资格［J］．行政法学研究，2019（2）：68.

的色彩比较淡，而更多是一种价值判断。只要是结合我国行政诉讼的特点并在原告资格理论视域下所阐释的学说，往往都能够做到逻辑自洽。但是，上述诸多理论皆未触及投诉人与举报人的原告资格关系。并且，当前依然有部分观点在同一背景下讨论投诉人与举报人问题，且存在将二者原告资格同等对待的倾向。只有暂时搁置理论分歧，直面现实问题，方有助于看清二者的实际面貌。

二、投诉人与举报人原告资格关系之实践图景

行政诉讼原告资格，先要满足行政诉讼法总则第 2 条中关于“公民认为行政行为侵犯其合法权益，有权提起诉讼”的要求。在合法权益标准上，不能任就当事人“认为”的主观标准，不然原告资格发挥的限制作用将被虚化。实际上，现行行政诉讼法中又确立了“利害关系”的标准，从而改变了 2000 年《若干解释》的“法律上利害关系”之表述。当然，“利害关系”之说有很大的解释空间。据负责起草相关司法解释的最高人民法院行政庭人士认为，虽然“法律上利害关系”与“利害关系”在表述上略有区别，但其精神实质是连贯一致的[①]。2018 年《行诉法解释》第 12 条第 5 项深化了投诉人原告资格的判定标准，乃是对“合法权益”和“利害关系”等的细化。

上述 2018 年《行诉法解释》中的这一条款，实际上是在判定投诉处理行为可诉时，确立了“自身合法权益+具有处理投诉职责”的双重要件。其理由在于，2018 年《行诉法解释》第 12 条第 5 项之规定，可划分为“为维护自身合法权益向行政机关投诉”和“具有处理投诉职责的行政机关作出或者未作出处理的”两大部分。在第二部分中，根据语义表述，既然无论行政机关作为或未作为都可能要当被告，那么“具有处理投诉职责”这个部分才是关键。正所谓，没有职责便没有义务。若行政机关不具有此类义务，自然不存在被当事人诉至法院的道理。

实践中，诸多司法案例将投诉人原告资格与举报人原告资格相提并论，这也印证了本章开篇部分的疑问。在这些案件中，法院在讨论原告资格时的论述部分，往往是将投诉与举报并列使用。如在不少案件中，法院认为原告资格取决于两个方面。一是法律法规或者规章有无明确投诉举报的请求权；

① 最高人民法院行政审判庭．最高人民法院行政诉讼法司法解释理解与适用［M］．北京：人民法院出版社，2018：97.

二是该投诉举报请求权的规范目的是否为维护投诉举报人的自身合法权益①，而在许多裁判文书中，似乎已将投诉与举报相等同。还有一些案件中，裁判文书在论证时引用了2018年《行诉法解释》第12条第5项之规定，且很多都是在论述过程中将投诉、举报并用，但在最后确定原告资格有无时却又只使用“举报人”的说法，等等②。此种表达混乱的情况，折射出逻辑上的某种断裂。显然，有关方面认为在此类案件中投诉人与举报人并不存在什么区别。

三、对投诉人原告资格与举报人原告资格混用的反思

2018年《行诉法解释》确定了投诉人原告资格的判定，在实践中将之适用自然是亟待解决的核心课题。但是，实践中将投诉人与举报人等同起来的情况却与司法解释的区别处理发生了背离。如何剖析二者的关系并寻求问题的对策，是我们必须面对的。只有当这一棘手问题解决之后，才能够妥善运用“自身合法权益+具有处理投诉职责”之标准去判定投诉人的原告资格。对此，有必要从规定背后的原理出发，通过理论视角去廓清二者在原告资格议题上的纠葛。由此，投诉人原告资格与举报人原告资格的关系，便成为行政诉讼研究中亟待厘清的问题。

第三节 投诉人原告资格与举报人原告资格的辨析

一、投诉人与举报人的区别

为探究司法解释区分投诉人原告资格与举报人原告资格的缘由，应先对投诉与举报的概念作出梳理。可以肯定的是，在行政管理领域，公民的投诉与举报行为有助于弥补行政执法能力的不足，即缓解行政执法资源的有限性与行政执法任务复杂多样性之间的矛盾。我国在投诉与举报方面尚无统一的制度立法，与该二者有关的规定散见于广告、劳动保障、物价、食品药品等各类行政管理事项的法律规范或政策文件之中。

那么，投诉与举报到底是什么关系呢？笔者认为，既然投诉与举报关系之疑问主要是由司法解释所引起的，那么不妨认真研究一下行政诉讼法及有

---

① 参见：佛山市中级人民法院（2019）粤06行终128号行政裁定书。

② 参见：佛山市中级人民法院（2019）粤06行终117号行政裁定书。

关司法解释中关于投诉的用法。2018年《行诉法解释》第12条第5项所指的投诉，显然应以行政诉讼法第25条为依据。根据体系解释的思路，作为行政诉讼法分则部分的第25条，应当受到总则部分第2条中“公民认为行政行为侵犯其合法权益，有权提起诉讼”这一条款的指导。由此可知，投诉的含义最终要受到行政诉讼法总则第2条“其合法权益”的涵摄，而“其合法权益”指的就是个人权益。行政诉讼法中的其他条款亦能印证上述判断。例如，按照行政诉讼法第51条之规定，当事人可以就法院之不当立案行为向上级法院投诉。该条款中之投诉是为了维护个人权益，与2018年《行诉法解释》第12条之规定不谋而合。实际上，投诉这一概念已隐然指向私益的维护，虽然其在上述两处语境中的表述并非完全一致，但根据这是投诉术语同在行政诉讼领域中运用的原理，其内涵并不会就此而改变。

司法实践中，已有相关案件对投诉与举报进行了区分。例如，在梁志斌诉山西人社厅一案中，最高人民法院提出，根据《劳动保障监察条例》的规定，投诉与举报是不同的概念，该条例对投诉行为设定规范的目的显然在于保障劳动者自身的合法权益，而条例对举报行为设定规范的目的显然与投诉有所区别，其目的在于保护不特定多数人的公共利益，而并非专为保障举报人个人利益①。当前，也有部分法律对投诉与举报的区别作出了界分。国家发展和改革委员会于2014年发布的《价格违法行为举报处理规定》第12条规定，因生活消费需要购买商品或者接受服务的消费者，可以单独或者在进行价格举报时一并对涉及自身价格权益的民事争议提出投诉。该规定实际是将自身合法权益与投诉相连接，言下之意是举报并不直接涉及公民个人权益。我国行政许可法第65条，则将举报违法许可事项的权利主体确定为任何单位和个人②。笔者认为，上述法律规定的阐释较为妥当。有学者检索涉及举报制度的众多法律文件后发现，多数法律所规定的举报条款均要求行政机关履行答复、核实、处理三项行为，表明答复的对象虽为举报人，但答复的内容显然属于行政执法的范畴，其目的在于保护公共利益③。严格来说，投诉的权利主体是特定的，而举报的权利主体是不特定的社会公众。投诉人与被投诉人之间，需要根据买卖合同、劳动合同等法律关系形成关联，举报人与被举报

① 参见：最高人民法院（2017）最高法行申281号行政裁定书。

② 我国行政许可法第65条规定：“个人和组织发现违法从事行政许可事项的活动，有权向行政机关举报，行政机关应当及时核实、处理。”

③ 黄锴．行政诉讼中举报人原告资格的审查路径：基于指导案例77号的分析［J］．政治与法律，2017（10）：138.

人之间则不需要借助此类关系。以此推之，举报权具有开放性，投诉权具有封闭性。

通过上述分析，投诉人与举报人的关系便较为明朗了。即使这两个概念有混用之处，依然遮蔽不了双方在私益与公益上的差异。由此可以作出判断，投诉人与举报人的概念不可直接等同，将投诉人与举报人等同看待的行为，是对法律规范与司法解释理解的偏差，实际上混淆了二者的意涵。

二、主客观诉讼视角下的投诉人与举报人

（一）主观诉讼与客观诉讼

每一项法律制度及规则都源于一种目的[①]。行政诉讼同样蕴含了相应的目的追求。司法解释之所以对投诉人与举报人作出区分，涉及行政诉讼的功能定位及目的因素。根据大陆法系关于诉讼目的基准之学理，存在将行政诉讼区分为主观诉讼与客观诉讼的判断。主观诉讼与客观诉讼的概念最早由法国学者狄骥创立，后经德国、日本学者借鉴而在大陆法系国家诉讼法学研究中得到广泛使用[②]。我国的行政诉讼实际上是以主观诉讼为核心，并将客观诉讼作为例外的。在主观诉讼功能定位下，行政诉讼的着眼点主要是化解行政争议，保障公民、法人和其他组织的合法权益。如前所述，我国行政诉讼法第 2 条之规定，体现了行政诉讼侧重权利救济的主观诉讼属性。同时，由检察机关提起的行政公益诉讼，是目前我国行政诉讼中最典型的客观诉讼类型，其主要目的是寻求对公共利益的保障与对客观法秩序的维护。

主观诉讼和客观诉讼分别具有不同的原告资格标准。投诉人能够获取原告资格，乃契合了主观诉讼的功能导向。与主观诉讼相对应的是主观权利，后者属于前者的目的。主观权利表现为某种请求权，这种请求权可以得到法院的救济。投诉人本身在投诉事项上存有合法权益，享有请求有权行政机关作出行政行为的主观权利及权能，即投诉人与行政机关形成了主观权利-主观义务之逻辑结构。投诉人之所以要提起行政诉讼，核心问题是对行政机关的行政行为不满，而不当的行政行为将直接影响投诉人主观权利的主张及其实现。投诉人提起行政诉讼的本质，是一种主观权利的实现手段。当投诉人的权益因行政权受损，能够与被诉行政行为形成利害关系时，遂具备启动行政

① 博登海默．法理学：法律哲学与法律方法［M］．邓正来，译．北京：中国政法大学出版社，1999：109.

② 狄骥．公法的变迁［M］．郑戈，译．北京：商务印书馆，2013：153.

诉讼的适法性。应当注意的是，仅对投诉人而言，2018 年《行诉法解释》第 12 条第 5 项关于“自身合法权益”的定语纯属多余。因为，我国行政诉讼法总则部分第 2 条已规定了原告资格的合法权益标准。并且，根据上下条款的体系解释可知，2018 年《行诉法解释》第 12 条的其他 5 项条款皆无“自身合法权益”之限定，与之比较接近的第 4 项也只是重复了行政诉讼法第 2 条中“合法权益”的用法。投诉人本质上仅包括与被投诉事项有关的人员或组织，其充当原告自然是为了自身合法权益，否则将与行政诉讼的主观功能定位相悖。当然，“自身合法权益”这一定语应该有其他用途，下面将详述之。

（二）投诉举报人原告资格的司法政策解读

2018 年《行诉法解释》第 12 条中，将“自身合法权益”这一定语置于投诉人之前，其用意到底何在？笔者认为，合理的解释是这一条款暗含了隔断投诉人与举报人，使二者不在原告资格上相互牵扯的目的。据曾参与起草该司法解释的行政庭法官表示，之所以增加“自身合法权益”一说，目的是明确区分投诉与举报这两种不同的行为①。换言之，这更像是立法者在区别投诉人与举报人上的迂回策略。面对实践中业已泛滥的举报人诉讼问题，立法者显然已经认识到了二者的区别。可见，该条款的用意是借用“自身合法权益”“利害关系”等规范化的法律概念来实现原告资格的法定化与有限化。这样，法院在面对投诉举报类行政争议时，便有了回旋的余地。

反观举报人，之所以司法解释不对其原告资格作出明文规定，恐怕还是认为其无法如投诉人那样天然地具有原告资格。当然，此种做法并非绝对否定原告资格的可能性。多数情况下，如果举报人本身没有在举报事项上形成自身合法权益，自然就不会与行政机关的举报处理行为产生利害关系，故不满足原告资格的要求。资格也意味着限制，倘若直接规定所有举报人都有权提起诉讼，实际上会让普通公民、法人或其他组织以原告身份进入与之并无利害关系的诉讼活动，由此而产生的滥诉行为将是法院乃至社会各方所无法承受的。公民不应借助行政诉讼把自己变成所谓的公共利益“卫士”，并由此令法院卷入对公共利益的不同阐释之冲突中。此外，若对举报人原告资格一边倒地予以认可，还可能间接鼓励职业举报人通过“公器”谋取私利。以上，是笔者对现行司法解释何以只规定投诉人原告资格而作出的说明。

① 梁凤云．行政诉讼法司法解释讲义［M］．北京：人民法院出版社，2018：80.

三、2018年《行诉法解释》第12条的要件阐释

无论是1989年版行政诉讼法所确立的“合法权益”标准，还是2000年《若干解释》规定的“法律上的利害关系”标准，或是当前的“利害关系”标准，学界关于原告资格判定标准的分歧始终未曾消弭。如前所述，曾负责起草司法解释的最高人民法院行政审判庭有关人士认为，虽然“法律上利害关系”与“利害关系”在表述上略有区别，但其精神实质是连贯一致的①。同样，2018年《行诉法解释》第12条第5项确立的“自身合法权益+处理投诉职责”之双重要件，亟待对其作进一步规范阐释。

（一）自身合法权益之分析

对于投诉人而言，“自身合法权益”要件应该受到我国行政诉讼法第2条的“合法权益”标准和第25条“利害关系”标准的指引。

一方面，有必要探讨投诉人自身合法权益与公共利益的界分。与行政相对人自身合法权益直接受到行政行为侵害不同，投诉人维护自身合法权益的起因，来自第三人民事侵权行为的侵害，即受到被投诉行为的影响。可以说，并不能用一般行政相对人原告资格之标准去理解投诉人。行政机关对被投诉行为的处理状况关涉投诉人自身合法权益的有效保障，继而在行政诉讼中引发对原告资格的讨论。但是，有些情形下自身合法权益委实不好判定，鉴于私益与公益相糅合的案件事实，对于投诉人主张的利益是自己的而非公众的这一点确实难以确定。正如有学者所述，私益诉讼与公益诉讼之界限有时是不清楚的，它需要通过法律解释之方法才能确定某种诉讼利益是私益还是公益②。有时候，自身合法权益还被囊括于公共利益之中，而纯粹的公共利益不能成为投诉人在行政诉讼中主张救济的对象。如果其他任何一个人都和投诉人有着相同或相似的权益，那么说明投诉人自身合法权益的特殊性不强。

另一方面，是有关对“合法权益”的理解。“合法权益”概念由“合法”与“权益”两部分构成，在此不妨逐一剖析。一是“合法”应该作何解释？投诉人请求保护的权益必须是“合法”的吗？按照我国行政诉讼法第2条“合法权益”的字面解释，投诉人所请求保护的权益当然得是合法的。不过，是否合法不宜成为判定标准的构成要素，而更适合成为法律的一种宣示作用。

① 最高人民法院行政审判庭．最高人民法院行政诉讼法司法解释理解与适用［M］．北京：人民法院出版社，2018：97.

② 章剑生．行政诉讼原告资格中“利害关系”的判断结构［J］．中国法学，2019（4）：244.

权益是否合法，并非利害关系的要件，即合法权益不是判定原告资格的标准，将其理解为原告可以胜诉的要件更为合适。此种观点提供了独到的见解。简言之，“合法”一词不能作为投诉人享有原告资格的直接评判依据。二是“权益”并非一个专业的法律术语。权益既包括权利，也包括利益，前者是经过法律规范确认和保护的利益，而后者可以超越制定法，可称为事实上的客观利益①。根据1989年版行政诉讼法第11条关于受案范围的规定，此种权益于法律规范层面主要指的是人身权和财产权。2014年版行政诉讼法及2018年《行诉法解释》出台之后，一种可称之为投诉人的投诉权进入了行政诉讼所保护之“合法权益”的视野。虽然公民享有的权利十分广泛，但依我国行政诉讼法的规定，除人身权、财产权以外，其他权益必须以法律明确规定为前提。目前实践中更为推崇的观点是，“合法权益”不应该局限于法律规范的明确规定，而应该是“法律上值得认可和保护的利益”，这与事实上利益受到损害就能够获得原告资格的情形接近。然而，笔者认为，此种论说暗含了价值判断，不能跳出客观标准的约束。如日本学者盐野宏主张，“法律上值得保护的利益”并不是只要具有事实上的利益就承认原告适格，而是需要加以裁判上值得保护的利益（实质性利益）之限定②。

另外，自身合法权益属于投诉人自己的现实利益，而非将来的利益和空想的利益。有案例显示，投诉人之所以起诉行政机关，是认为行政机关所处理的投诉行为将影响其所推测的民事利益，这就属于臆想的权益，除非此种将来权益在当下已经获得基本确定。

（二）处理投诉职责的规范来源

行政法视野中行政机关的所作所为，都应该遵循“法无规定即禁止”的理念。在我国，针对处理投诉职责，行政机关自然要遵循依法行政的原理，以符合行政诉讼法第6条规定的合法性审查原则。行政机关应享有处理投诉的法定职责，该职责源于行政机关对特定领域的主管权力，直接影响投诉人能否投诉并将可能不合法的处理投诉行为诉至法院。该要件作为“利害关系”标准的具体化，可谓切中投诉人原告资格标准之肯綮。

“处理投诉职责”这一要件的规范来源，应予以明确。在处理投诉实践中，行政机关作出行政行为后一般会出具《投诉处理告知书》等文本材料，在这些文件中往往会载明作出行政行为所依据的法律规范，据此人们能比较

---

① 何海波．实质法治：寻求行政判决的合法性［M］．北京：法律出版社，2009：212.

② 盐野宏．行政救济法［M］．杨建顺，译．北京：北京大学出版社，2008：88.

清楚地知道其所援引的规范要点，这是确定规范来源的渠道之一。当然，如行政机关不处理或不答复投诉请求，则法院及投诉人应积极主动地去“找法”。这需要通过该行政机关所享有的职权、所主管的事务等去寻找规范，并结合属地管辖、级别管辖、部门管辖等要素加以推导。简言之，投诉处理职责的规范来源，主要是法律、法规、规章中载明的条款。同时，2014 年行政诉讼法修法时确定了规范性文件附带审查制度，个中缘由，就是规范性文件会设定行政职责，故也可以作为行政机关行事的依据。甚至可以说，部分规范性文件载明的条款，亦是判定行政机关是否享有处理投诉职责的凭据，应当作为行政诉讼合法性审查之“法”的范畴，如此方契合监督行政机关依法行政的制度设计。当上述规范对行政机关的职责规定不明确时，行政机关依照惯例行使职权的情形也可以在一定程度上作为参照。

（三）评价与质疑

根据“利害关系”的原理，行政相关人原告资格存在的正当性，自然是与被诉行政行为之间形成了利害关系。此种被诉行政行为，应该属于复效行政行为的范畴[①]。申言之，投诉人获得原告资格的前提，是其与行政机关之处理投诉行为存在利害关系。那么，行政机关对被投诉行为作出或者未作出处理，是如何影响投诉人自身合法权益的？这一点亦耐人寻味。倘若投诉人自身合法权益所指代的是民事权益，那么侵害人是被投诉人而不是行政机关，投诉人意欲追究的权益侵害与被诉行政行为之间也缺乏直接的因果关系。同样，如果投诉人的自身合法权益是行政机关对此投诉的答复，那么只有当行政机关拒绝之时，才需要考虑程序性权利的救济。否则，行政机关在实体上对被投诉行为作何种处理，实际上与投诉权益的保障没有必然关系。此处暂且不论“自身合法权益”到底属于民事权益、要求答复的权利或者其他的实体权益，实际上这些情形并不能轻易启动构成“利害关系”的“开关”。投诉人为维护自身合法权益而向行政机关投诉，未预设行政机关必须保护个人权益，不足以说明其合法权益可能受到被诉行政行为侵害。鉴于此，“自身合法权益”作为投诉人原告资格判定标准的要素之一，其构成“利害关系”标准之要件的理论自洽性存在疑问。根据对 2018 年《行诉法解释》第 12 条第 5 项字面规定的反向推断，似乎还存在着“不维护自身合法权益”的投诉人，即投诉人可区分为公益投诉人和私益投诉人。然而如前所述，《劳动保障监察条例》

---

① 所谓复效行政行为，是指行政行为的法律效力不仅及于相对人，而且影响相关人（第三人）。参见：王克稳．论行政诉讼中利害关系人的原告资格：以两案为例［J］．行政法学研究，2013（1）：38.

第9条规定，劳动者认为用人单位侵犯其劳动保障合法权益的，有权向劳动保障行政部门投诉。该条例之规定，显然是只将投诉人界定为自益投诉人。那么，该司法解释如何与此类实体法规范相衔接，同样会面临现实挑战。由上述可见，对“自身合法权益”要件的设定出现了悖论。

有必要说明的是，无论是投诉人还是其他行政相关人，与当事人相对接的行政机关都必须有职权。当“处理投诉职责”只是为维护公共利益而需要对被投诉行为实施监管，当特定情形下投诉人自身合法权益与公共利益交织在一起时，原告资格的判定却比较棘手。如在逯成栋向北京市海淀区食品药品监督管理局投诉举报其在某超市所购买食品的配料表中未标明添加食用油的具体名称等违法行为一案中，行政机关对逯成栋作出《举报投诉处理结果回复》，其不服遂诉至法院。对此法院认为，本案中行政机关是出于食品安全秩序目的，保护不特定公众的身体健康和生命安全而履行职责，原告客观上由此而获得的利益，不足以构成行政诉讼所保护的个人合法权益①。然而，就民事侵权角度而言，“自身合法权益”可作泛化理解，即该案中原告逯某作为消费者所购买的食品的确不符合相关规定，毕竟这件商品存在瑕疵，因而作为被投诉人的食品经营者侵害了投诉人的自身合法权益。若从广义上理解2018年《行诉法解释》第12条第5项之规定，逯某的行为似乎符合“自身合法权益+处理投诉职责”双重要件的覆盖范围，但是其原告资格并没有被法院认可。此外，“自身合法权益”要件所引发的行政救济活动，还意味着行政机关要对处理投诉行为的合法性承担举证责任②。此处有必要细究的问题是，投诉类行政案件中侵犯投诉人权益的并非行政机关，而是被投诉人。因此，为何要以行政机关为被告呢，投诉人仅在民事诉讼中起诉被投诉人可否？基于此，该要件有将本应由民事诉讼裁断的案件纳入行政诉讼的嫌疑，混淆了两种诉讼制度的必要分工。双重要件的结构在应对此类案件时缺乏足够的说服力，没有体现缜密的规范特质。

笔者认为，“自身合法权益”之要件的确立，某种程度上是为了表明投诉人原告资格不是随便获取的，彰显了我国行政诉讼制度在个人权利保护方面的主观诉讼特质。然而，上述该要件中所存在的悖论，很可能是本章开篇所揭示问题发生的缘由。此种悖论引发了判定标准的不确定性，给司法审查留下了宽泛空间，使实践中的适用难免流于主观化，故无法在各地法院的司法

① 参见：北京市第一中级人民法院（2018）京01行终493号行政裁定书。

② 伏创宇．行政举报案件中原告资格认定的构造［J］．中国法学，2019（5）：231.

过程中发挥凝聚理性共识的作用。因此，该判定标准的双重要件并非最优设计。

第四节　投诉人原告资格与举报人原告资格的澄清

目前尚待解决的问题是，为何前述之77号案例是通过确认举报人与举报处理行为具有利害关系，从而肯定当事人原告资格的？毕竟，最高人民法院指导案例在司法领域所具有的权威性，令人难以相信它会出现这样的谬误。或许有人甚至会产生这样的质疑：既然上文已经提出举报不会与行政机关的举报处理行为产生利害关系，那么莫非是笔者的解读有误？

针对类似的疑问，较为合理的解释是：与其说77号案例的原告是举报人，不如将其视为实质上的投诉人更为适宜。理由是：法院在77号案例中提到，原告虽然要求吉安市物价局“依法查处并没收所有电信用户首次办理手机卡时被收取的卡费”，但却是基于原告认为吉安电信公司收取卡费的行为侵害了其自身合法权益而向吉安市物价局进行举报这一点。也就是说，原告既向物价局举报了电信公司向不特定消费者收取卡费的行为，也向物价局投诉了电信公司向其收取卡费用的行为。实际上，其投诉与举报是在此处发生了交织。对此有相关论述颇有见地，即“举报的违法行为侵犯了举报人的自身利益的时候，举报也就可以被称为投诉”①。

一、典型案件中的区别

此处需要再次重申的是，虽然一般情况下举报人没有原告资格，但并不意味着其一概不具有原告资格。在例外情形下，举报人是有可能获准提起行政诉讼的。关于举报人，除前述有学者提及私益举报人和公益举报人之外，学界还有不少理论也按照举报的直接目的系保护自身合法权益还是公共利益之不同，将举报分为自益性和公益性两类②。对此，不妨将举报人原告资格区分为自益性举报人原告资格与公益性举报人原告资格。对举报人类型作出上述区分后，再尝试对投诉人原告资格与举报人原告资格作两方面的澄清。

（一）投诉人原告资格与自益性举报人原告资格相同

如前所述，77号案例便可划归为自益性举报。进一步而言，此类案件中

---

① 彭涛．举报人的行政诉讼原告资格［J］．行政法学研究，2019（2）：67.

② 黄涧秋．举报答复行为可诉性的类型分析［J］．法治研究，2019（4）：152.

的自益性举报人，就是实际的投诉人。司法实践中，同样有部分法院采用此种方式去审理案件[①]。这些都是由外在可能的第三方侵权行为最先引起，继而对行政机关的处理行为不服而产生的诉讼，投诉人与自益性举报人皆在第三方行为及事项上形成了自身合法权益，而行政行为的处理方式将直接影响其权益，故都与被诉行政行为存在利害关系。据此，投诉人原告资格与自益性举报人原告资格在实质上或许并没有实质性区别，二者获取原告资格的内在理路高度一致。

（二）投诉人原告资格与公益性举报人原告资格不同

自益性举报人具有原告资格的情形，集中体现于举报奖励等个别事项。例如，在原告张某诉厦门市工商局、厦门市思明区工商局行政奖励纠纷一案中，张某诉称：二被告收到他关于厦门10家大卖场涉嫌超出核准登记范围擅自从事图书经营的举报书后，通过调查认为举报属实，遂根据福建省相关举报奖励办法给了他1万元奖金。张某对奖金数额不满，认为二被告应按10起案件没收的违法所得及所处罚款向其发放更多奖金。本案中，一二审法院都没有否认其原告资格[②]。又如，在杨智全等诉北京市海淀区国税局因拒绝履行奖励职责一案（以下简称“杨智全行政奖励一案”）中，杨智全等向海淀区国税局举报京农公司总经理的偷税行为，国税局调查查实后，杨智全等多次申请国税局依法兑现奖金。在申请奖励无果后，遂向法院提起行政诉讼。二审法院认为，杨智全等认为海淀区国税局拒绝履行奖励职责侵犯其合法权益，可以依法提起行政诉讼，海淀区国税局认为对方原告不适格的诉讼理由缺乏依据[③]。此类案件中，公益性举报人原告资格的取得与前述自益性举报人原告资格乃不同的逻辑。法律规范及规范性文件之所以规定行政奖励，是维护公共利益需要。当上述规定明确举报人可以获得奖励时，公益性举报人即根据这一规定在获取奖励方面形成合法权益。可见，此处举报人所行使的实属对授益行政行为的实现请求权，即举报人具有要求行政机关为或不为一定行为的权利[④]。公益性举报人对奖励不服，是由于自身合法权益的增益没有得到有效实现，而投诉人原告资格的获取，乃行政诉讼制度对其自身合法权益被损害后的一种补救措施。可以说，二者所赖以立足的理念存有差异。因此，投

---

① 参见：南京市中级人民法院（2018）苏01行终字第149号行政裁定书；武汉市中级人民法院（2017）鄂01行终字第715号行政裁定书等。

② 参见：厦门市人民法院（2011）厦行终字第71号行政判决书。

③ 参见：北京市第一中级人民法院（2000）一中行终字第34号行政判决书。

④ 梅迪库斯．德国民法总论［M］．邵建东，译．北京：法律出版社，2013：67.

诉人原告资格与此类型公益性举报人原告资格截然不同。

二、投诉人原告资格与举报人原告资格的区分思路

前面对投诉人与举报人的原告资格关系作出了分析，并总结了二者在问题、原理及实践等方面的差异。但若仅运用原理与案例去阐述而缺乏可操作的思路，则难以在未来众多行政案件中实现对二者的有效辨别。对于投诉人与举报人来说，最要紧的还是如何在司法实践中对其原告资格作出具体区分。其中的症结，主要存在于投诉人与举报人相互交织的那些行政案件中，此时原告资格最容易被混淆。为此，不妨以司法解释对投诉人原告资格的判定标准为起点，并在举报人已被类型化为自益性与公益性这一框架基础上，运用区分处理的思路去凸显二者各异其趣的实践面向。

（一）运用“特殊利益理论”框定原告资格的属性

当一起投诉举报类案件进入行政诉讼程序，涉及原告资格争议时，先要看当事人到底是投诉人还是举报人。此处可将2018年《行诉法解释》中“自身合法权益”的判断转化为对投诉人与举报人的分类处理。法院应当根据所查明的事实，去判定是属于投诉人原告资格还是举报人原告资格。在此阶段，法院不必拘泥于当事人具体是怎么表述的，即不论是“投诉人以举报之名行投诉之实”，还是“举报人以投诉之名行举报之实”，关键是要厘清投诉人与举报人的区别。

至于“自身合法权益”的具体操作标准，可参照前述“特殊利益理论”。这就是说，如果当事人与投诉举报事项具有他人所不具有的某种特殊利益，便可以直接确定为投诉人原告资格。这里的投诉人原告资格，应当将自益性举报人原告资格囊括进去。反之，便是公益性举报人原告资格。在实践中，亦有不少法院采用保护规范理论去框定“自身合法权益”，这里分两步：第一步是看法律法规或者规章是否规定了投诉举报的请求权；第二步是看该投诉举报请求权规范的目的是公共利益还是私人利益。当然，此种思路也可以用来作为区分投诉人与举报人的操作标准。但是，由于很多的行政法律规范体系并未具体解释投诉人与举报人，因而此种理论的妥善运用既有赖于法官们高超的法律解释能力，也离不开法律规范本身的健全。

不过，现实中存在将潜在投诉人纳入公益性举报人范畴的情形。例如，在原告张某诉北京市工商局门头沟区分局行政纠纷一案中，北京某公司在其经营的商城网站中销售一款电脑产品，宣传该产品“长效续航10小时”。张

某购买该产品并在使用后发现，此产品只能达到2~3小时续航，遂认为该公司存在欺诈，并向北京市工商局门头沟区分局反映。该分局调查属实后，对该公司作出行政处罚，张某不服诉至法院。两审法院均判定，张某虽然通过购买涉案产品成为消费者，但其投诉举报是为了保护不特定消费者的利益，与被诉处罚决定之间没有行政法上的利害关系①。针对这样的案例，当前法院系统的主流观点是不承认当事人原告资格。有法官认为，在此类案件中原告主张的利益属于他人，或者公共利益（或者此时其个人合法权益在其中显得极其微不足道），不宜认定其与行政行为存在利害关系②。初看之下，此种兼为保护举报人私益的行为已经被公共利益所吸纳，的确更像是一种反射性利益。或者，这是在保护公共利益之同时所产生的一种附随效果。由此可见，当前司法机关实际上是采取了渐趋收紧的司法理念，将潜在的投诉人判定为公益性举报人。如此做法，可能符合当前法院的承受能力要求。然而，倘若根据相关法律目的，能够将此类看似细微的个人利益从公共利益之中甄别出来，将当事人判定为投诉人则似乎更为适宜。总之，此种案件中投诉人与举报人的边界颇值得深究。

（二）厘定被诉行政行为的性质

在区分原告资格属性并将自益性举报人纳入投诉人范畴之后，接下来要区分投诉人与公益性举报人之间在被诉行政行为方面的属性。在投诉举报类行政争议中，具体要看被诉行政行为的性质。

对投诉人来说，被诉行政行为是行政机关的投诉处理行为。投诉人的本意，是希望行政机关动用行政权对被投诉事项作出行政处理。此时，投诉人是投诉处理行为的相关人，其原告资格遵循利害关系标准。假如投诉人不满，认为行政机关的行政行为不当，或者行政权的动用不达标，便可提起诉讼。这里主要看行政机关是否具有处理投诉职责，即投诉人必须按照法律规范的明确授予而获得投诉请求权，才有资格提起诉讼。以上，与2018年《行诉法解释》第12条第5项关于“具有处理投诉职责”这一要件相对应。同时，即使投诉人有其自身合法权益，但如果是向明显不具有事务、地域或者级别管辖权的行政机关投诉，那么也无法获取原告资格。当前，在本轮党和国家机构改革的背景下，对于行政机关的处理职责应当认真研判。基于法律、法规、

① 参见：北京市第一中级人民法院（2018）京行终80号行政判决书。

② 最高人民法院行政审判庭．最高人民法院行政诉讼法司法解释理解与适用［M］．北京：人民法院出版社，2018：103.

规章、规范性文件以及“三定方案”等，能够大致明确行政机关的法定职责。如果行政机关针对投诉事项作出调查并将处理结果告知投诉人，可推定其履行了职责。但是，假如投诉人对处理结果不服，试图通过诉讼方式要求行政机关加重第三方的负担，此时则应当审视法律规范是否还规定了请求权，然后才能确定投诉人原告资格。

对公益性举报人而言，被诉行政行为是行政机关的公益性举报处理行为。一般来看，公益性举报人向行政机关的举报大体分为反映线索和处理要求两方面内容，前者是对他人违法行为的报告，后者则是要求行政机关及时履行有关处理职责，并将处理情况告知举报人。简言之，举报处理行为包括程序意义的举报答复行为和实体意义的举报处理行为这两种。如《价格违法行为举报处理规定》第 11 条指出，价格主管部门应当在举报办结后 15 个工作日内告知举报人对被举报价格违法行为的处理结果。

第一，针对举报答复行为的原告资格，应结合法律规定加以判断。如果法律法规及规范性文件已经明确规定举报人可以获得答复的情形，那么行政机关便负有履行其法定职责的义务，否则即构成行政不作为，举报人有权提起行政诉讼。例如，在张风竹诉濮阳市国土局行政不作为一案中，法院认为，国土局虽然受理了原告对非法占用土地的举报，但没有及时将审查结果告知原告，是故违反了《土地违法案件查处办法》第 16 条的规定[①]。此类案件实际上肯定了举报人在行政机关不予答复或者不及时答复时的原告资格，遵循了行政相对人的判定路径。当然，举报人对答复本身拥有的仅是程序性权利，当法律未规定其有权要求行政机关履行具体查处义务的情形下，则无法以行政机关未履行职责为由而获得原告资格。

第二，对于举报处理行为，公益性举报人一般不具有原告资格，但存有例外。前面提及的杨智全行政奖励一案，便是此类个例。当行政机关根据相关法律规范或规范性文件已承诺奖励举报行为却不履行奖励义务时，那么举报人就是行政机关不予履行举报奖励行为的相对人，行政机关的做法对其实体权利产生了实际影响。换言之，在举报人起诉行政机关不履行行政奖励职责的案件中，举报人本身即是行政机关以不作为方式作出行政行为的相对人，此时亦运用相对人标准认定原告资格。

对投诉处理行为与公益性举报处理行为的区别，还可以通过当事人诉讼请求的重整，具体去区分两类被诉行政行为。原告资格实际上是起诉人诉讼

① 参见：河南省濮阳市中级人民法院（2014）濮中法行终字 28 号行政判决书。

请求和法院审查相结合而产生的结果，不同的诉讼类型对于原告资格的要求也不同。应根据诉讼请求，具体对接行政机关的被诉行政行为，从而进一步展开对投诉人与举报人的区分。

（三）裁判依据的分别适用

区分投诉人原告资格与举报人原告资格的第三步，是要求法院在说理论证时分别对二者适用不同的裁判依据。其一，如果是投诉人原告资格，那么径直适用2018年《行诉法解释》第12条第5项之规定，以确定投诉人原告资格的有无。其二，如果是自益性举报人原告资格，那么裁判依据的适用则有两种思路：一是对2018年《行诉法解释》第12条第5项之规定作扩大解释，并说明自益性举报人实为投诉人。二是不适用该解释第12条第5项之规定，而是通过我国行政诉讼法及司法解释中的“利害关系人”标准加以推导。在当前司法实践中，后一种思路可能更为妥当。其三，对于公益性举报人原告事项，亦不能适用2018年《行诉法解释》第12条第5项之规定，而是应当运用其他法律条款，比如按照现行行政诉讼法第25条直接确立举报人的相对人原告地位。这就是说，运用履行法定职责条款去判定举报人原告资格即可，以防止挤压投诉人原告资格条款。

投诉人是与投诉处理行为形成了利害关系，其是作为行政行为相关人而获得的原告资格；公益性举报中举报人获取原告资格的例外，则是其与行政机关履行举报处理职责而形成了利害关系，举报人应先通过相关规范的验证而成为行政行为相对人，继而才可能获得原告资格。鉴于此，法院适用的裁判依据自然不同。此外，当前投诉人与举报人二者的原告资格之区分，还可能出现在法院立案阶段。在此阶段，法院立案庭应结合立案登记制的相关规定作出应对，并承担一定的释明义务。

概言之，理想状态下的举报人只能是公益性举报人，而根本不存在所谓的自益性举报人。即使有自益性举报人，其实质上也属于投诉人。然而，基于投诉人与举报人相耦合的复杂实践，笔者在本书中讨论举报人这一概念时，只能遵照自益性与公益性这一维度而展开。在行政管理实践中，诸多行政法律规范及规范性文件并不区分投诉人与举报人的概念，致使投诉人与举报人的含义混杂在一起，在某种程度上误导了二者原告资格之判定。可见，此类文件的相关条款亟待修缮，比如可以参照《劳动保障监察条例》对投诉与举报的区分解释来进行，即明确投诉是指“因他人损害其自身合法权益而向行政机关反映”，而举报是指“知道他人有违法行为而向行政机关反映”。此外，近年来“职业投诉人”现象较为突出，如何判定其行政诉讼原告资格也是值得进一步研究的问题①。毕竟，公民、法人或其他组织的原告资格是有边界的。

第五节　投诉人原告资格条款的重塑与适用

在区分了投诉人与举报人之原告资格的差异之后，应单独确定投诉人原告资格的判定规则，而这需要对司法规则进行调整。如前所述，2018 年《行诉法解释》第 12 条第 5 项将“自身合法权益+处理投诉职责”之双重要件作为投诉人原告资格判定标准后，其司法适用方法亟待改进，以破解原告资格判定的主观性弊端。对此，可尝试引入域外法上的保护规范理论，将其作为克服主观性难题的分析基准，由此将此前的双重要件塑造为一个新的判定结构，以实现投诉人原告资格判定中的客观理性。

一、投诉人原告资格判定标准的结构重塑

在前面的分析框架下，如何优化投诉人原告资格判定标准便是亟待解决的问题。其中的关键，是要克服双重要件所引发的混杂及不确定现象，即消除主观性弊端。

（一）保护规范理论能够克服判定标准的主观性难题

先前的司法实践中，针对“利害关系”这类一般性标准的适用，最高人民法院往往将有可能受到行政行为的“不利影响”或“实际影响”作为判定原告资格的基准，具体考虑三个要件：一是是否存在一项权利；二是该权利是否属于原告的主观权利；三是该权利是否可能受到被诉行政行为的侵害②。类似的判定思路，还会结合行政行为、合法权益以及合法权益受到行政行为影响的因果关系等要件予以考虑。不过，有学者质疑此种思路未给原告资格判定提供清晰的思考框架③。因“实际影响”的内涵比较模糊，因果关系的认定是较为棘手的问题，照此判定依然可能导致原告资格判定标准的混杂，致使原告资格存在恣意扩大或缩小的风险。当然，改变正在逐步发生。如前

---

① 据报道：从 2015 年到 2016 年上半年，深圳法院受理市场监管类一审行政案件 1 375 件，其中涉及职业投诉人的投诉类案件达到了 1 187 件，仅叶某一人便提起行政诉讼 280 件。参见：张小玲．有职业投诉人一人提起行政诉讼 280 件［N］．南方都市报，2016-08-25（8）．

② 参见：最高人民法院（2016）最高法行申 2560 号行政裁定书。

③ 赵宏．原告资格从“不利影响”到“主观公权利”的转向与影响：刘广明诉张家港市人民政府行政复议案评析［J］．交大法学，2019（2）：179.

所述，近年来，源于大陆法系国家（地区）的保护规范理论在我国理论界得到广泛关注且有挑战现有通说之趋向，原告资格的审查路径正逐渐发生转型。在2017年刘广明诉张家港市人民政府行政复议一案中，法院以较长篇幅论述了保护规范理论，并将之作为判定“利害关系”的重要参照①。该判例之最大亮点，是将前述实践中以“不利影响”等基准框定“利害关系”的方法，转变为用主观公权利——公法领域的权利和利益去确定“利害关系”，作为查明主观公权利基准的保护规范理论便随之出场。在这一案件的示范效应下，多地法院随后也陆续将主观公权利、保护规范理论等作为裁判说理的依据，前述多个案例实践可加以佐证。

保护规范理论自提出后历经方法的变迁、规则的调整和重心的转移，并逐渐形成架构完整的理论谱系。该理论的核心旨趣，是将原告资格的判定转换为对与行政行为相关的实体法或程序法规范目的之探究，当行政机关依据的规范目的指向个人利益而非纯粹公共利益之维护时，那么该相关人便享有原告资格。换言之，这是将法律规范保护的权益与当事人的请求权基础相结合，并借用此种理论去作为判定“利害关系”的方法。保护规范理论在投诉人原告资格判定中的引入，不仅和“不利影响”框定“利害关系”的做法不同，而且与2018年《行诉法解释》第12条第5项确立的双重要件不完全吻合。

针对此种理论的运用，有学者的反对意见值得重视，即如果将“保护规范理论”泛化适用为判断是否具有原告资格标准，将违背行政诉讼法关于扩大原告资格的立法旨趣②。其担忧显而易见，即认为该理论将缩小包括投诉人在内的当事人原告资格范围。笔者认为，当前投诉人原告资格面临的最大问题并非扩大或缩小，而是如何实现标准的理性适用。如前所述，至少对投诉人而言，其原告资格判定标准目前面临两种选择，即是继续坚持目前司法解释所确定的双重要件，还是从实定规范着手完成对标准本身的形塑与优化。笔者认为，前述最高人民法院部分案例的做法存在合理性，本书倾向于支持将保护规范理论导入投诉人原告资格的判定标准之内。该理论作为一种解释性学说，通过规范化的机制过滤掉了人的主观情感因素，有助于克服判定标准适用的主观性弊端，推动标准本身的客观化转向，从而在具体适用环节嵌入司法理性的因子。进一步而言，即使保护规范理论本身的某些不确定性难

---

① 参见：最高人民法院（2017）最高法行申169号行政裁定书。

② 杨建顺．适用“保护规范理论”应当慎重［N］．检察日报，2019-04-24（7）.

以避免，但至少比与当前“实际影响”等既存原告适格理论更具客观性，因而这种不确定是可接受的[①]。其实，2018 年《行诉法解释》第 13 条在规定债权人原告资格时，已经强调“行政机关作出行政行为时依法应予保护或者应予考虑”，从中可见以保护规范理论来判定“利害关系”之端倪。保护规范理论的一大特色，就是将客观法规范作为主观公权利存在的前提要求，且对规范中所蕴含的个人利益保护指向作出强调，故能够较为精准地划定个人利益的范围。

该理论之适用自然免不了对规范目的之解释。对行政争议涉及的规范依据作出解释切合行政审判职能的发挥。例如，最高人民法院于 2004 年下发的《关于审理行政案件适用法律规范问题的座谈会纪要》指出，“在裁判案件中解释法律规范，是人民法院适用法律的重要组成部分”。此种鲜明的实证法立场，对当前判定标准随意适用的现象来说，可谓提供了一个分步骤清晰推导的参考样本。在我国台湾地区的行政诉讼中，课予义务诉讼原告资格的判定，需要当事人自己享有公法上请求权得请求作成特定的行政处分（类似大陆地区的具体行政行为）；而该权利是否存在，是在适用保护规范理论情形下，依据个别法律规定的解释而判定的[②]。此种制度设计，有一定的借鉴意义。保护规范理论的导入，使判定标准有了稳固的基准，推动了司法实践之简便操作，可形成安定统一的客观裁量机制，继而纠正因对 2018 年《行诉法解释》第 12 条第 5 项中“自身合法权益”要件解释不同而引发的问题。当然，对保护规范理论所要求的基本权利之辐射效力、高强度的司法审查标准等质疑，是未来需要进一步回应的问题。总之，保护规范理论所赖以存在的规范依据，应当是进一步实现范围的有序扩大及其明确性。

（二）从双重构成要件到判定结构的重塑

基于保护规范理论的指导以及前述经典案件的阐释，笔者认为有必要厘定“利害关系”标准的推导框架，并考虑双重要件的现实状况，尝试将其塑造为一个新的判定结构。具体可从以下三方面展开。

1. 以立法模式为基础，将“自身合法权益”之判断转化为投诉人与举报人的区分处理

前已提及，“自身合法权益”对投诉人原告资格判定的作用有限。考虑到实践中投诉人与举报人一定程度上的混同，以及法律规范中二者的密切联系，

---

① 王天华．有理由排斥保护规范理论吗？［J］．行政法学研究，2020（2）：35-46.

② 陈清秀．行政诉讼法［M］．8 版．台北：元照出版公司，2018：242-243.

在判定投诉人原告资格之前，有必要追溯投诉与举报关系的三种立法模式，从而对二者关系加以廓清。例如，在李京安诉北京市顺义区质量技术监督局履行产品质量监督法定职责一案中，法院认为，判断申请人的申请事项属于“投诉”还是“举报”的关键点不在于申请人所提交申请书的名称，而在于申请人是否“为维护自身合法权益”而提出申请①。事实上，当某一当事人与其他私主体形成民事法律关系后，其就存在成为投诉人的基础性条件。若无，则很可能是举报人。简言之，投诉人原告资格判定的一大前提，是要法院借助司法方法对投诉人与举报人作出辨析②，即法院先确定当事人可被划入投诉人范畴之后，再运用保护规范理论予以判定。

2. 投诉请求权的客观存在

接下来，是考虑对投诉请求权予以明确。此种请求权追求的权益，是作为主观公权利而明确存在的。详细说来，请求权原本是一个私法上的概念，其核心含义是“谁得向谁，依据何种法律规范，主张何种权利”③。通俗地讲，就是要求他人为或不为一定行为的权利。对投诉人而言，除了应当具备已经向行政机关提出履责申请这一条件外，还需要存在相应的投诉请求权。所谓投诉请求权，就是投诉人要求行政机关作出何种行为的权利，这是在实体法上事先承认特定主体对行政机关的请求权基础。这个请求权基础，就是“处理投诉职责”所凭借的相关规范依据。也就是说，投诉请求权的厘定，有赖于行政机关履行职责，故涉及当前判定标准中的“处理投诉职责”要件。此外，投诉人的请求权基础不宜局限于法律规范之明文规定，而是还可以通过法律未禁止或反对的、法律确认等解释路径去明确规范依据之所在。

面向司法操作型的投诉人原告资格问题，需要在具体的请求权类型中去加以探明，这大体上可以从投诉人的诉讼请求中管窥一二。原告资格实际上是起诉人之诉讼请求和法院之审查相结合的产物，不同的诉讼类型对原告资格的要求也不同。投诉人针对被诉行政行为的起诉，很可能会因为诉讼请求和理由的差异，从而对其获取原告资格产生不同的影响。从对司法案例的分析来看，一般可将投诉人的诉讼请求分为要求行政机关履行投诉答复职责、行政机关履行投诉处理职责、确认行政机关的投诉处理行为违法、撤销行政

① 参见：北京市顺义区人民法院（2018）京0113行初132号行政判决书。

② 法院可以从被诉行政行为的厘定、裁判依据的分别适用等方面去辨析投诉人原告资格与举报人原告资格。参见：李凌云．行政诉讼中投诉人与举报人的原告资格之区分［J］．辽宁大学学报（哲学社会科学版），2020（1）：108.

③ 王泽鉴．民法思维：请求权基础理论体系［M］．北京：北京大学出版社，2009：41.

机关之投诉处理行为、请求行政机关追究被投诉人的法律责任等几种类型。例如，在王国洋诉郑州市二七区食品药品监督管理局投诉举报处理一案中，法院作出如下裁判：原告作为投诉人，认为被告未根据其投诉举报依法履行职责，原告提起本案诉讼符合法律规定，具有原告主体资格[①]。本案中，投诉人向法院诉请的是确认被告行政行为违法。由此可知，若立足投诉请求权与诉讼请求的某种对应关系，则这些诉讼请求的类型，大致可揭示投诉请求权的具体类型。当然，这种类型化处理未必周延，其他可能的诉讼请求还需要明确，故法官应该加强立案和审理阶段的释明。

3. 投诉请求权处于“处理投诉职责”规范中的个别保护范围

确定了请求权基础之后，要看投诉请求是否属于相关规范中的个别保护范围。所谓个别保护，是指行政机关在依据相关法律规范时直接或特别考虑的个别利益。我国台湾地区学者认为，认定法律规范具有保护特定公民利益的标准有两项：一是系争法规课予行政机关以一定的行政任务或义务；二是行政任务针对的是特定事项，且该事项旨在保护一定范围公民的个别权益[②]。申言之，纵使投诉人是为维护自身合法权益而向行政机关投诉，且行政机关负有“处理投诉职责”，但相关规范如果没有明确其所考虑、保护的对象就是特定投诉人，则投诉人也很可能无法获取原告资格。

具体的步骤，是先查找行政机关“处理投诉职责”的规范依据，然后运用法律解释去确定投诉请求权的类型是否为规范依据的个别保护对象。如果相关规范对行政机关的“处理投诉职责”已作出规定，且据以作出投诉处理行为的规范已经对投诉人施以特定、个别的权益保护，而非仅基于公共秩序或公共利益之目的，那么只有当投诉请求权与“处理投诉职责”对接后，才能完成对利害关系的证成，投诉人遂因此获得原告资格。

这项个别保护权益主要是公法规范保护的权益，纯粹私法上的权益与行政管理无关，一般不属于向行政机关处理投诉的范围。当然，如果特殊情况下行政机关基于私法规范作出的是处理投诉职责，也可谓之稳固的规范依据，而不应拘泥于形式上的公私法之划分。除相关法律规范所保护的实体处理之外，还包括程序方面的处理投诉行为。这既是为了确保后续实体处理之顺利开展，也是正当程序本身的利益所在。需要注意的是，上述保护规范理论的运用过程离不开成熟的法律解释技术，因而对法官的司法适用理念与方法是

---

① 参见：河南省郑州市中原区人民法院（2019）豫0102行初32号行政判决书。

② 李建良．行政法基本十讲［M］．台北：元照出版公司，2013：290.

一大考验。

二、投诉人原告资格判定标准的司法理性之实现

通过检讨2018年《行诉法解释》第12条第5项的适用效果，并对其中的判定标准之结构进行调适可知，该条款在今后的司法适用有望实现客观化，如此方能契合司法理性的内在要求。换言之，原告资格判定标准的结构得到重塑之后，司法适用的理念及方法应该继续秉持客观理性的原则。为实现投诉人原告资格判定标准的理性、明确与统一，曾有法官提出：在某种更为精致、更有助于实践操作的新标准产生之前，方法论层面可尝试将一般性标准作为判定原告资格的主要依据，并辅之以原告资格属性的类型化及案例的积累①。根据现行规范依据，一般性判定标准的适用，就是运用"利害关系"标准对个案进行演绎。笔者认为，此种方法论思路可作为将来投诉人原告资格判定标准的改革策略。不少国家关于原告资格的通常做法，是在立法上确定抽象的判定标准，并由司法机关根据个案进行裁量判断。鉴于前面对投诉人与受害人等行政相关人之关系的质疑，以及2018年《行诉法解释》第12条前5项中有些条款之间的内在冲突，即使对相关判定标准作出改进，可能也无法避免新条款与其他条款间的某种混淆。并且，2018年《行诉法解释》第12条只是初步罗列了包括投诉人、相邻权人在内的5项情形，第6项则是兜底条款。虽然涉及该5种行政相关人原告资格的案件数量比较多，种类也较为典型，但毕竟这只是一个经验性的总结，仍然无法代表全部类型。

实践中公民的公法权利保护需求正不断增长，涉及有利害关系的行政相关人原告资格远不仅于此。2017年8月发布的《最高人民法院关于进一步保护和规范当事人依法行使行政诉权的若干意见》规定，当事人因投诉、检举等事项不服行政机关的被诉行政行为，对于确有利害关系的应当予以立案。由此可知，检举人或享有原告资格。实际上，现实中检举人与投诉人、举报人的关系亦令人费解。当然，若涉及检举人原告资格的判定，仍需要结合"利害关系"标准进行具体化适用。由于我国行政诉讼法无法对诸多行政相关人原告资格及其权益类型进行全面列举，加之现行司法解释所罗列具体标准的抽象性，依然会使判定标准陷入循环阐释的怪圈之中。为实现原告资格整体上的相对客观化，包括投诉人在内的所有行政相关人应逐步回归"利害关

---

① 霍振宇．举报投诉人行政诉讼原告资格探讨：兼论行政诉讼原告资格的判断方法［J］．法律适用，2019（6）：100.

系”标准，而避免另设各类细化标准或构成要件。着眼未来，建议以“利害关系”这个一般性判定标准为基轴，融入保护规范理论之方法，充分发挥公法上请求权基础的价值，注重从指导案例、公报案例之中提炼实践经验并加以类型化，不断总结符合司法理性的行政相关人原告资格判定标准及其结构。

第六章　大数据时代与政府信息公开诉讼中的疑难问题

现实中，大多数社会信息是由政府管理的，政府在信息的生产、发布及管理等之中发挥了最为关键的作用。信息公开制度，是一种承认公民对政府管理的信息有权接触而政府对该种要求有答复义务的法律制度。在我国，法治政府建设背景下政府信息公开制度之逐步推进，对于实现行政机关依法行政和保障公民知情权具有积极意义。与不少国家自下而上推动政府信息公开的方式不同，我国政府信息的公开进程从根本上讲是政府的一场自我革命，是政府主导的自我改革与完善过程①。为使社会各界充分了解政府的信息资源，充分保障公民权利，需要与之相应的救济制度，于是政府信息公开诉讼应运而生。所谓政府信息公开诉讼，即公民、法人或其他组织等相对人在向行政机关请求公开有关政府信息的过程中，因行政机关不公开（包括拒绝公开及部分公开）或不作为（包括不予受理及不作决定）而提起的行政诉讼。此类新型、特别的行政诉讼所保护的诉讼利益，集中体现为相对人的知情权，是行政诉讼体系中的重要组成部分。根据《中华人民共和国政府信息公开条例》（以下简称《条例》）第51条之规定，公民、法人或者其他组织认为行政机关在政府信息公开工作中侵犯其合法权益的，可以依法申请行政复议或者提起行政诉讼。

政府信息公开诉讼是建立在政府信息公开制度基础上的特殊行政诉讼类型，信息公开申请人可通过诉讼方式获取其需要且可以或理应知晓的信息。与传统行政诉讼相比，政府信息公开诉讼属于给付诉讼，是以政府信息公开请求权为基础，融主客观诉讼为一体的新型诉讼。此类诉讼是促使政府正确、有效履行信息公开义务的理想手段。然而，现行行政诉讼制度无法完全解决政府信息公开中遇到的种种难题。例如，2020年新冠肺炎疫情肆虐时，全国

---

① 张明杰．开放的政府：政府信息公开法律制度研究［M］．北京：中国政法大学出版社，2003：3.

各地成立了疫情防控领导小组等议事协调机构，这些机构在疫情信息披露方面发挥了重大作用。但从信息公开义务主体角度来看，政府信息公开诉讼的被告资格存在判断难题①。尽管2019年对《条例》进行了修改，但其在诸多方面仍有完善的空间。尤其是在大数据时代，该类特别行政诉讼的制度难题仍有待解决。大数据不仅重塑了人类的知识谱系与生活方式，而且为政府治理带来了全新的机遇与挑战。作为国家治理的重要一环，政府信息公开随着大数据背景下政府与公民关系的改变而发生变革②。此基础上，公民因不认可政府信息公开工作而引发的行政纠纷呈现更为复杂的面向。

第一节　大数据时代政府信息公开诉讼的难点

一、大数据与政府信息公开诉讼之难点

随着云计算、人工智能技术的崛起，海量的数据资源飞速增长，这一趋势预示着大数据时代的到来。随着大数据新技术的逐步应用，包括政府和公共管理在内的各个机构和领域也越来越明显地受其影响，在此背景下世界各国政府信息公开的发展步伐明显加快。大数据时代重塑了人们的思维模式，助推了经济的转型增长，大数据技术也成为提升国家治理能力的新工具。大数据时代的到来，对传统政府的信息公开制度带来了巨大挑战。与此同时，政府信息公开诉讼也面临新的疑难问题。

此类疑难问题集中表现为信息技术对行政诉讼规则及案件审理造成的挑战。例如，法院裁判活动中需要先审查何谓政府信息。根据《条例》第2条之规定，政府信息是指行政机关在履行行政管理职能过程中制作或者获取的，以一定形式记录、保存的信息。此处，有关政府信息的概念似乎还是比较明确的。不过，在信息技术环境下政府数据与政府信息尽管在内涵与外延、制度基础、要素结构等方面存在不同，但有时却很难分辨③。“是不是政府信息”属于政府信息公开审查的第一个环节，这也是法院审理政府信息公开行政诉讼案件时的核心问题。当前，司法实践对此存有疑难。

大数据背景下政府信息公开纠纷存在新的态势。大数据技术和互联网技

① 程琥．新条例实施后政府信息公开行政诉讼若干问题探讨［J］．行政法学研究，2019（4）：13.
② 赵剑文．大数据背景下政府信息公开制度面临的挑战与变革［J］．征信，2022（4）：23.
③ 王万华．论政府数据开放与政府信息公开的关系［J］．财经法学，2020（1）：13.

术的发展，为行政机关履行政府信息公开义务提供了前所未有的便利。行政机关不再囿于电视广播、图书馆、宣传栏等传统媒介进行信息公开，官方网站、微博、微信公众号等新媒体的运用打破了信息公开的时空限制。然而，伴随大数据技术的广泛应用，公众对政府信息公开也提出了新的期待和要求。因技术便捷而引发的不满情绪甚至冲突对抗的扩大和升级，也更容易导致新的行政纠纷。此外，突发公共卫生事件中政府信息公开制度的不足也容易引起纠纷。有研究发现，突发事件中政府信息公开制度仍存在应急反应及预警预测机制缺失、疫情发布权配置不合理、政府信息公开披露不及时等现实问题。在非常规时期，行政诉讼制度需要回应因这些情况而引起的纠纷。应当正视信息公开在此类实践中所出现的诸多问题，并在行政诉讼之理论与实务上不断优化。

二、政府信息公开诉讼法律定位之难点

（一）政府信息公开诉讼的价值协同难

根据我国行政诉讼法第1条规定，行政诉讼之主要目的有三：解决行政争议、保护公民合法权益、监督行政机关依法行使职权。基于此，政府信息公开诉讼制度的设立目的就是维护公民的知情权，同时本诉讼制度的形成和完善对于构建法治政府、贯彻落实依法行政具有深刻的监督作用。此外，该制度还有利于公民宪法权利的落实，对监督行政机关依法作出行政行为具有重要作用，且符合构建服务型政府和加强廉政建设的内在要求。此处的难点不在于上述三种目的无法并存，而是如何分出主次。这决定了政府信息公开的主客观诉讼定位。并且，该类诉讼在保障公民知情权的同时，也出现了滥用诉权的现象。如有当事人利用政府信息公开诉讼“激活”原来的行政争议，使其“死灰复燃”得以重新进入司法程序①。由于此类诉讼制度在我国形成的时间还不长，配套法律法规体系尚不健全，司法实践中很多问题的解决都有赖于从根本目的上探寻依据。

（二）政府信息公开诉讼中的公共利益认定难

《条例》作出了例外信息不予公开和不公开审理的规定。因为某些信息若为社会公众所知晓，将可能给社会公共利益或相关公民带来难以估量的损失。但司法实践中存在行政机关以此为借口，以被申请公开的政府信息属于例外

① 浙江省高级人民法院课题组．政府信息公开行政诉讼案件疑难问题研究［J］．行政法学研究，2009（4）：21.

信息为由不予公开。对于信息公开申请人与行政机关之间所产生的行政纠纷，由于公共利益概念的抽象性，往往在司法救济渠道方面引发疑难问题。与普通行政诉讼集中保护私益性利益的特性不同，政府信息公开诉讼同时保障公益与私益两类诉讼利益。这是因为，政府信息公开诉讼设立的基础即具有一定公益性。在当代，信息已成为一种重要的战略资源。所有国家都高度关注信息社会与政府信息资源的利用问题，政府信息资源作为公共信息资源，属于公共物品（public goods）的范畴。建基于此的政府信息公开本身具有公开属性，因而行政机关依据职权公开信息产生的法律效果也具有公益性。

（三）国家秘密、商业秘密等概念比较抽象

《条例》实施以来，由于其自身规定及概念需要明确的地方还有很多，制度可操作性有待增强，此种实体规定难免导致程序上的诉讼实施效果不彰。政府信息公开诉讼的合法性审查，需要严格界定“国家秘密”“商业秘密”等方面的举证规则。国家秘密有时比较抽象，公开和保密的关系比较微妙，遵循“公开为原则、保密为例外”这一基本原则。“国家秘密”是政府信息公开制度中一个突出问题，国家秘密的内涵和外延界定既关涉信息公开的广度和深度，也影响政府信息公开诉讼的实际展开。《条例》规定，行政机关不得公开涉及国家秘密、商业秘密、个人隐私的政府信息。“国家秘密、商业秘密、个人隐私”等属于法律上不确定内涵的概念，涵摄不明①。该法律条文的模糊性难免影响后续的诉讼程序。并且，不同行政机关对于政府信息界定的不一致，为相互推诿现象提供了便利。

法官作为国家司法权的代表，有权对涉密案件进行严格审查。否则，极有可能出现涉及国家秘密、商业秘密、个人隐私等行政案件却不用接受司法监督的问题。《最高人民法院行政诉讼证据规则》第 18 条规定，证据涉及“三密”的，提供证据的人应当指出并向法庭说明，法庭予以审查确认，从中可以看出法官是有权对这些材料进行审查的。行政机关可以不向公众提供有关“三密”的案件，但应该向公众提供相关证据，由法院对这些涉及“三密”的证据进行严格审查，在此过程中原告可以进行质证。但是，对行政机关进行举证的过程应当有一个详细的分析，以令公众信服。或者也可以建立一种特殊证据规则，对举证时效等制度进行突破，以保证涉密信息的安全性。如行政机关不积极配合诉讼，或法院作出判决公开后，行政机关又提供证据证明该信息是有关“三密”信息的，人民法院可进行审查，必要时可启动审

① 黄学贤，雷娟.《政府信息公开条例》立法目的之检讨［J］. 浙江学刊，2012（1）：117.

判监督程序加以重审。但是，对于被告消极应诉行为所造成的诉讼资源浪费及对原告的损失，应设立相应的制裁和赔偿制度。可见，申请人能够提起行政诉讼的合法权益之界定存在难点，需要协调多个难点。

三、政府信息公开诉讼法律关系之难点

（一）政府信息公开诉讼法律关系的构成

一般的行政诉讼法律关系比较复杂。这种法律关系的厘定，关乎当事人与法院之间以及当事人之间的关系处理。此种法律关系是行政诉讼法律规范作用于诉讼行为的结果，强调了法院行使案件审理权和诉讼指挥权的作用，也是当事人主体程序的现实反映。具体到政府信息公开诉讼法律关系中，可包括主体、客体及内容三个方面。政府信息公开诉讼所涉及的法律关系主体包括：其一，作为审判机关的人民法院。法院主导着整个信息公开的司法审查过程。其二，作为原告的行政相对人。他们对诉权的行使造成政府信息公开诉讼的发生。其三，作为被告的行政机关。正是由于他们的行政行为存在且没有被行政相对人所认同，才造成政府信息公开诉讼的发生①。这三个主体是政府信息公开诉讼活动中对诉讼的发生、进行和终结起决定作用，对裁判形成具有决定性影响，不可或缺的法律关系主体。政府信息公开诉讼法律关系的内容，是主体依照行政诉讼法律规范所享有的权利和承担的义务。政府信息公开诉讼与政府信息公开行为有着密切关联，这一过程存在诸多复杂的情况，如行政机关应当公开信息而没有公开，行政相对人请求公开信息而行政机关不予答复，等等。此类复杂状况，势必造成其中权利义务内容的复杂性。法律关系的客体，则是法律关系主体之间的权利义务所指向的对象，即政府信息，而非行政行为这个客体的形式要件。

政府信息公开的制度架构围绕公众知情权（信息自由）和政府信息公开义务这一组法律关系展开，公开范围以公开为原则，公开形式以依申请公开为主要方式，个人知情权受到损害可以通过诉讼方式得到救济②。尽管上述法律关系比较明确，但有些情形依然存在疑难点。对政府信息公开案件的当事人不能一概而论，而是应根据案件的行政诉讼类型进行具体分析。根据政府信息公开诉讼的类型，可分为撤销诉讼、给付诉讼等不同维度③。所谓撤销诉

① 梁玥．政府信息公开诉讼研究［D］．苏州：苏州大学，2016：18.

② 王万华．论政府数据开放与政府信息公开的关系［J］．财经法学，2020（1）：13-24.

③ 江必新，梁凤云．政府信息公开与行政诉讼［J］．法学研究，2007（11）：22.

讼，主要是当事人为维护专属于自身的利益而提起行政诉讼；给付诉讼的当事人，则大多是针对行政机关的事实行为而提起的。行政机关主动公开政府信息的行为，大多数情况下属于事实行为范围。对于这样的诉讼分类，政府信息公开诉讼法律关系应当根据情况分别辨析。

（二）协调政府信息公开诉讼法律关系的原则

1. 利益平衡原则

利益是权利的本质，政府信息公开中的公民知情权也是如此，该知情权蕴含了信息利益。《条例》第5条明确规定了政府信息“以公开为原则，不公开为例外”的基本原则，这一基本原则的例外情形中涉及第三方的个人隐私，属于政府信息公开领域中的重点与难点问题。政府信息公开诉讼包含知情利益、公共利益、第三人利益等，处理该类行政案件应兼顾多种利益。如果将司法救济视为由国家提供的一种关乎公共福利的服务，那么由于受到经济发展水平、司法资源状况、民主法治水平、社会文化及意识形态等因素的影响和限制，这种服务肯定是有条件、有限制的①。因此，应当对提起行政诉讼的主体施加一定限制，这就产生了原告资格制度。其实，行政诉讼制度建立之初，就是平衡两方面利益的结果：一方面，为合法权益受到行政行为不利影响者提供司法救济；另一方面，则设置一道门槛，这道门槛的作用，一是避免滥诉，二是维护社会秩序。设定政府信息公开诉讼原告资格时，要结合我国目前的政治、经济、文化、社会等实际情况来平衡利益关系，主要包括公民知情权和社会公共秩序、司法权和行政权、社会公正和司法效率之间的关系等。简言之，在对多方利益作出衡量时，应遵循公众利益优先保护等基本理念，同时兼顾公共利益及第三人的合法权益。

2. 权利保障原则

《条例》开宗明义提出，“为了保障公民、法人或其他组织依法获取政府信息，提高政府工作的透明度，促进依法行政，充分发挥政府信息对人民群众生产、生活和经济社会活动的服务作用”，而“行政诉讼的唯一目的是保护公民、法人或其他组织的合法权益”②。故而，在原告资格等多个疑难问题上，必须不折不扣依法保障相对人诉权，尽可能为相对人“依法获取政府信息”的权利提供充分的司法救济。因此，政府信息公开诉讼的首要目的是促进政府信息公开，保障公民知情权得以实现。此外，知情权的实现还涉及隐私权

① 陈良刚．论行政诉讼原告资格认定中的利益衡量［J］．法律适用，2006（8）：14.

② 马怀德．行政诉讼原理［M］．北京：法律出版社，2003：702.

保障。此种隐私权是政府信息公开相关主体享有的对其个人事务、个人信息和个人领域的自主支配，排除他人侵扰的具体人格权。随着行政机关职能的日益扩大，其掌握的个人信息也越来越多。行政机关在履行信息公开义务、保障公民知情权的同时，应以不侵犯第三人隐私权为基本原则。

3. 依法行政原则

法律至上是法治的核心要求与基石，法律是使人类行为服从规则之治的事业。尽管必须承认，社会发展不可能一直停滞于既定的法律规范体系之中（社会在变化，其典型特征是比法律的变化还要快），但社会现实与社会变革的要求应服从规范的要求，特别是处于社会转型期的中国，更应注重规范的价值，任何改革的举措都必须具有适法性基础。政府信息公开诉讼本身是法治发展的产物，自然应以法治为指引，不论是保障相对人“获知政府信息”的权利，还是监督行政机关依法主动或是申请公开政府信息，都必须坚持法律至上。

4. 政策考量原则

任何事物都有一个发展的过程，根据外界环境的变化而不断变化。就政府信息公开诉讼而言，随着我国法治环境的不断进步，它也在逐步发展完善之中。我国目前处于转轨期，许多社会转型中的问题不是仅通过司法手段就能够解决的，有的更适合用行政手段解决，否则容易引发不稳定等社会问题。政府信息公开诉讼的多项法律难点之解决，可随着司法政策或立法政策的变化及其所肩负历史使命的不同而不断发展变迁，从而适用于保护国家安全、保守国家秘密等目标，以满足社会治理现代化的现实需要。

（三）政府信息公开诉讼案件类型的复杂性

从现行立法层面来看，作为在政府信息公开基础上衍生的特殊行政诉讼类型，政府信息公开诉讼存在多种形式。这主要从行政机关负有主动向社会公开政府信息和依申请向特定人公开政府信息两个层面展开。此种诉讼是因获取政府信息权遭到损害引起的，属于给付诉讼、主客观之诉，相应的案件可以分为以下类型。

1. 对申请公开政府信息行为不服而提起诉讼

此种类型的行政案件最为普遍，具体包括以下几个种类：一是对政府应主动公开的政府信息申请公开遭到拒绝而起诉；二是对政府应主动公开的政府信息申请公开，对公开答复（形式或内容）不服而起诉；三是对政府应依申请公开的政府信息申请公开遭到拒绝而起诉；四是对政府应依申请公开的政府信息申请公开，对公开答复（形式或内容）不服而起诉。

只要是公民申请政府公开政府信息（包括应主动公开的信息和依申请公

开的信息），而政府不作为或者作出不予公开决定，或者作出公开决定（但相对人对公开形式或内容不满），公民和相关行政机关之间就已经产生了一个行政行为。不过，现行依申请公开政府信息制度存在三个方面的问题：申请主体范围受限、政府信息公开范围狭窄以及监督机制无效①。若这类疑难问题得不到有效解决，其所引发的行政案件数量将不断增多。

2. 对主动公开政府信息行为不服而提起诉讼

2019 年修改《条例》时，在所列举的应主动公开信息中除了保留 2007 年《条例》中已列举的 11 项内容外，又增加了预警信息公开等 4 项，即总共 15 项。主动、及时、全面往往是评价各地政府信息公开行为是否合法的基本要素。如《条例》第 6 条明确规定，行政机关应当及时、准确地公开政府信息。针对应主动公开信息行为这一点，申请人与行政机关之间产生了诸多纠纷。在这种类型的案件中，公民、法人或者其他组织直接对政府主动公开政府信息的行为不服而起诉，具体又分为两种类型：一是公民、法人或者其他组织因政府应公开政府信息却未公开而起诉；二是政府主动公开政府信息的方式、方法不合法而引发诉讼。

以上诉讼类型是直接由政府主动公开应公开的政府信息行为而引起的，没有公民、法人或者其他组织向政府申请的程序，从而有别于因申请公开政府信息不服而提起的诉讼。因申请公开政府信息不服而提起的诉讼属于一般行政诉讼，此时政府主动公开政府信息的行为可被视作行政行为，侵害了相对人的合法权益，遵循一般的行政诉讼规则。当前，政府依职权公开信息的司法监督还存在制度不健全的问题，如面临可操作性难题等。政府依职权公开信息违法，公民、法人或其他组织能否直接以侵犯知情权为由提起诉讼尚待考察。《最高人民法院关于审理政府信息公开行政案件若干问题的规定》指出，受理涉及政府主动公开信息的诉讼情形有：主动公开信息侵犯自身商业秘密、个人隐私；公开与自身相关的信息不准确，行政机关没有及时处理。然而，对于不特定公民认为行政机关没有依职权保障公众知情权的情形，司法规则尚未明确是否能够提起诉讼。

除上述政府信息公开案件类型外，政府信息公开行为还可能引发的诉讼有行政赔偿诉讼，以及因对第三人的商业秘密、个人隐私等造成损害，第三人不服而提起的诉讼。这两类诉讼不是因获取政府信息请求权遭到损害而起诉的，不属于给付之诉、主客观之诉。尽管这两类诉讼不属于本书所研究的

---

① 陆幸福．论依申请公开政府信息之制度改进［J］．法学，2013（4）：74.

政府信息公开诉讼的范畴，但其存在无疑给此方面的研究增添了难度。

3. 反政府信息公开诉讼案件

此处重点指出的是反政府信息公开诉讼。对于这一概念，笔者受到王名扬在《美国行政法》一书中关于反情报自由法诉讼内容的某种启示，“反情报自由法的诉讼是指向行政机关提供本人信息的人，向法院提起诉讼判令行政机关不得向第三者透露关于本人的秘密信息”[①]。此类诉讼的原告是认为政府信息公开后可能损害其商业秘密、个人隐私的第三方，其诉讼目的是阻止行政机关公开某些信息，与政府信息公开诉讼的目的完全相反，故有此称。《条例》第32条规定：“依申请公开的政府信息公开会损害第三方合法权益的，行政机关应当书面征求第三方的意见。第三方应当自收到征求意见书之日起15个工作日内提出意见。第三方逾期未提出意见的，由行政机关依照本条例的规定决定是否公开。第三方不同意公开且有合理理由的，行政机关不予公开。行政机关认为不公开可能对公共利益造成重大影响的，可以决定予以公开，并将决定公开的政府信息内容和理由书面告知第三方。”在政府公开这类信息前后，第三方可以提起反政府信息公开诉讼，其不同于前述的政府信息公开诉讼，而是一类独立的诉讼。此外还有一种类型，是行政机关针对第三方作出公开争议信息的通知后，第三方不认可并提出反对意见，但行政机关以不公开有损公共利益为由而最终决定公开该信息，由此所引发的诉讼。

反政府信息公开诉讼以阻止行政机关公开特定信息为主要目的，属“侵害停止请求权”的行使。近年来此类诉讼案件的数量明显增加，但我国行政诉讼法所确立的判决类型并不能很好地适用于此[②]。由于政府信息公开诉讼是一种不同于传统的行政诉讼，有着不同于一般行政诉讼的特殊认定规则，再加上这类案件类型复杂，使实践中的裁判增加了难度，造成法院在原告资格认定、判决方式适用等方面存在分歧，甚至出现同种案件不同处理的情况。

第二节　政府信息公开诉讼之理论争鸣

一、2008年之前：《条例》未施行阶段

在《条例》制定之前，围绕行政诉讼的论述尚不多。其中，有论述介绍

① 王名扬．美国行政法［M］．北京：北京大学出版社，2016：760.

② 禹竹蕊．建立我国的预防性行政诉讼制度：以反政府信息公开诉讼为视角［J］．广西大学学报（哲学社会科学版），2017（3）：107.

了日本的信息公开诉讼制度及其监督公权力的作用，旨在探讨通过发展我国信息公开诉讼与政务公开制度来加快推进包括廉政建设在内的现代法治进程[①]。此外，还有论著系统介绍了瑞典、美国、韩国、南非等国家的政府信息公开制度之立法、执法及司法问题，域外的经验间接推动了我国政府信息公开的立法进程[②]。该时期，我国学者逐步探讨了政府信息公开的救济制度。对此有学者提出，救济制度是信息公开的一个关键性制度安排，它可以启动公众对行政机关信息公开的监督程序[③]。倘若欠缺救济制度，信息公开制度就难以得到有效实施。救济制度包括行政救济和司法救济，随着救济制度的建立，政府信息公开诉讼的理论构想得以初步实现。

尽管当时尚未正式确立行政诉讼制度，但相关案件已经揭示了其中的要点，这便是基本行政案件的知情权保障问题。政府信息公开案件的讨论与解决，对中国化语境下的信息公开请求权如何得到保护是关键而重要的。有学者以董某诉上海市徐汇区房地局不公开房屋产权登记资料这起政府信息公开第一案为契机，探讨了“档案”和“行政信息”的关系处理，提出应该从定秘、解密、扩大解释、完善程序等方面淡化档案公开和政府信息公开之间的差异[④]。《条例》颁布之初，有学者对此进行了阐释，提出政府信息公开的范围所涉及行政诉讼的类型以及法院的受案范围，这一诉讼中的当事人、举证责任和诉讼程序都因行政诉讼类型不同而有显著区别[⑤]。此外，与政府信息公开行为有关的侵犯行政相对人合法权益的情形得到确定，由此相对人的知情权救济渠道也得到明确。

二、2008—2018 年：《条例》施行阶段

这十年间围绕行政诉讼的研究数不胜数，各个角度、维度的探索都有。其中，国家秘密的审查、原告资格、受案范围、滥诉、域外镜鉴等都是该领域的理论热点。

（一）政府信息公开诉讼的司法规则

在国家秘密的界定方面，有学者认为，应吸取国外处理公开与保密关系

① 赵正群．信息公开诉讼制度：日本政府的反腐之道［N］．社会科学报，2002-08-22（7）．

② 周汉华．外国政府信息公开制度比较［M］．北京：中国法制出版社，2003：1．

③ 韩大元，杨福忠．试论我国政府信息公开法治化［J］．国家行政学院学报，2004（2）：58．

④ 刘飞宇．从档案公开看政府信息公开制度的完善：以行政公开第一案为契机［J］．法学评论，2005（3）：88．

⑤ 江必新．政府信息公开与行政诉讼［J］．法学研究，2007（5）：22．

问题的实践经验，分析我国信息公开和保密制度、档案管理制度的相互关系。在信息公开和保密的关系上，应当从传统上保密主导下的公开，迈向公开主导下的保密。在原告资格判定上，应当按照权利保障、法治、利益衡量、司法资源优化配置和渐进发展原则，通过丰富行政诉讼原告资格关于行为可诉性、利害关系性、时机成熟性等制度内涵，依法科学、理性地把握和设定信息公开行政诉讼原告资格标准①。并且，明确诉讼类型以及审查标准，涉及逐步取消原告资格法律上利害关系的限制。受案范围方面，有学者建议应当重新确定政府信息公开诉讼受案范围的原则，并将不履行政府信息公开义务的行为、公开虚假信息的行为、信息公开迟延的行为、公开不该公开信息的行为以及对公开的信息进行任意删除的行为等均纳入政府信息公开诉讼受案范围②。还有不少学者建议对政府信息公开诉讼的内容加以完善，真正建立健全预防性行政诉讼制度，从源头上推进政府信息公开的发展。可见，政府信息公开诉讼理论研究的过程与立法的发展进程密切相关，尽管学界不少司法规则对此形成了基本共识，但其中的理论争点也是较为突出的。

（二）政府信息公开诉讼滥用诉权的理论分歧

政府信息公开申请权滥用及其诉权规制，是各国信息公开诉讼领域常见的问题。诉权，即当事人请求法院保护其合法权益的一种程序性权利。因政府信息公开引发了诸多的争议，针对当事人反复多次提起琐碎的、相同或类似的诉讼请求，理论上围绕何谓滥用诉权、滥用诉权类型等存在颇多不同观点。有学者通过评释陆红霞诉南通市发展和改革委员会政府信息公开答复案，认为滥用诉权之判断标准是主观上有过错或者恶意，客观上有为了获取违法利益而实施的诉讼行为③。法院只有明确合理认定滥用诉权的基本原则与范围，才能切实保护当事人的诉权。另有学者就滥用申请权及滥用诉权的司法应对提出了自己的主张，认为应该就申请和诉讼的滥用以及相应的处理提供基础性的立法规定和授权。并且，应完善逐案解决和集中处理、行为机制和金钱机制有机结合的应对制度，授予权威的集中处理机构针对不同滥用情形的裁量权④。还有学者从规制论的角度，认为应树立以规制权利滥用反哺权利

① 王振清．政府信息公开诉讼原告资格问题研究［J］．行政法学研究，2009（4）：13.

② 黄学贤，梁玥．政府信息公开诉讼受案范围研究［J］．法学评论，2010（2）：71.

③ 章剑生．行政诉讼中滥用诉权的判定：陆红霞诉南通市发展和改革委员会政府信息公开答复案评释［J］．交大法学，2017（2）：168.

④ 沈岿．信息公开申请和诉讼滥用的司法应对：评“陆红霞诉南通市发改委案”［J］．法制与社会发展，2016（5）：21.

保障的意识，通过立法规制政府信息公开申请权滥用行为，以保障申请权的合理行使①。此外有学者提出，滥用信息公开的主要原因包括申请门槛低、申请成本低、主动公开力度不足、缺乏弹性的程序规定等方面，可尝试从强化法定救济途径纠纷解决功能，以及具体认定滥用行为的程序、方式、标准和法律后果等方面设计规制方案②。针对实践中恶意申请政府信息等滥用申请权或诉权的现象，2007 年《条例》的制度设计尚不能进行有效回应，而上述理论研究和探讨无疑深化了人们对这一问题的认识。不过，现有研究尚缺乏对滥用申请权从权利性质、表现形式、产生原因、规制限度等方面进行完整梳理。

（三）域外政府信息公开诉讼的启示

政府信息公开不仅是一项国内法所规定的权利，而且在一系列国际法律文件中也得到了确认。事实上，一个国家只有建立了政府信息公开制度，政府信息公开的诉讼活动才会有章可循。其他国家和地区的先进经验，对我国具有积极的启示意义。笔者在本书中重点介绍了美国、英国、日本等关于政府信息公开救济制度的规定，并从诉讼主体、程序问题等方面对我国的政府信息公开诉讼制度建设提出了建议③。有学者在美国《信息自由法》的基础上，分析了信息公开诉讼中知情权与隐私权平衡的立法和司法实践，并论证了其对我国的启示价值④。还有学者探讨了日本政府信息公开这一行政作用的实体与程序规制，通过考察不服行政机关的公开或不公开决定而提出的申诉，以及非公开审理等特殊的审查方式，提出政府信息公开诉讼审判程序的司法适用问题⑤，等等。类似的域外法比较研究还有很多。

三、2019 年至今：新《条例》实施阶段

（一）政府信息公开诉讼的具体类型

政府信息公开诉讼研究发展至今，已呈现深入发展的态势。笔者经考察大量案例发现，国家秘密类司法审查案件有重合性、涉密类别有集中性，有

---

① 肖卫兵．论政府信息公开申请权滥用行为规制［J］．当代法学，2015（5）：14.

② 许延东．政府信息公开申请权滥用行为的合理规制：基于宁波的实证分析［J］．电子政务，2017（6）：80.

③ 王勇．国外政府信息公开的救济制度及对我国的启示［J］．行政与法，2012（1）：6.

④ 杨建生．论美国政府信息公开诉讼中知情权与隐私权的冲突与平衡［J］．河北法学，2015（5）：133.

⑤ 朱芒．开放型政府的法律理念和实践：上：日本信息公开制度［J］．环球法律评论，2002（3）：289.

必要设置具有权威性、相对独立性的定密异议委员会负责对定密进行实质审查，并与行政诉讼的审查建立有效衔接，实现形式与实质一并审查模式的转型①。尽管国家秘密类政府信息是公认的免除公开事项，但司法审查无法回避对这类问题的审查与认定。有观点提出，从检察机关探索行政公益诉讼的成功经验来看，探索政府依职权公开信息公益诉讼能够进一步凸显行政公益诉讼的客观诉讼属性，推动信息公开法律制度的完善。此类观点将政府信息公开诉讼纳入行政公益诉讼的范围，从而深化了行政诉讼领域的研究。

（二）法律规则的完善思路

新修订的《条例》在实体和程序上已作出重大修改和创新，不少观点认为政府信息公开行政诉讼的原告资格、被告资格等方面在新《条例》实施后亟待确立新标准。尽管新《条例》对政府信息公开诉讼作出了一些创新规定，但其在司法实践中的审查规则仍待完善。有学者提出，在新《条例》制度环境下政府信息公开案件应重点审查相关行政机关针对政府信息公开申请是否存在答复行为、是否应予公开等问题，而不是审查政府信息所记录的行政行为是否合法等问题②。总之，新《条例》所塑造的法律制度环境，将对政府信息公开诉讼产生重大影响，但是其在司法审理过程中的理念与方法有待进一步改进。

第三节　政府信息公开诉讼的实践考察

随着 2007 年《条例》和相关司法解释的颁布实施，政府信息公开诉讼制度的基本框架已形成。10 多年来，该条例在发挥作用的同时，也表现出不少方面滞后于现状等不足。

一、政府信息公开诉讼的实践特性

（一）立法进展与实践梳理

2003 年 1 月，《广州市政府信息公开规定》作为中国第一部规范政府信息公开的地方规章正式生效。该规定在第 29 条明确指出：公众因知情权受到侵害可以向法院提起诉讼。随后出台的《上海市政府信息公开规定》第 32 条

① 杨伟东．国家秘密类政府信息公开案件审查模式的转型［J］．法学，2021（3）：178.

② 耿宝建，周觅．新条例制度环境下政府信息公开诉讼的变化探析［J］．中国行政管理，2020（2）：20.

指出：……公民、法人和其他组织认为政府机关违反本规定的具体行政行为，侵犯其合法权益的，可以依法申请行政复议，对行政复议决定不服的，可以依法提起行政诉讼；公民、法人和其他组织也可以依法直接向人民法院提起行政诉讼。

接下来，全国层面的政府信息公开立法进程也逐步推进。其中，2007年制定并通过的《条例》的颁布实施发挥了重大作用，这也是首次在全国性的行政法规中明确规定，公民能够以行政诉讼的形式向政府信息公开行为表达异议。该条例于2008年5月1日起正式实施，其作为政府信息公开领域的首个专门立法，对于政府信息公开制度建设发挥了重要作用。在此基础上，2011年8月最高人民法院作出关于审理政府信息公开行政案件若干问题的规定，为人民法院正确审理这类行政案件提供了指引。至此，我国政府信息公开诉讼法律体系基本形成。为改进2007年版《条例》在实施过程中的不足，2019年5月对其进行了全面修订。不过，尽管2019年的修法填补了2007年版《条例》存在的制度性漏洞，但此次修改在针对大数据时代的具体应对举措中仍略显保守，其作出的制度设置仅是一种技术性修缮，并未转换2007年版《条例》的整体风格①。2021年9月，最高人民法院《关于完善四级法院审级职能定位改革试点的实施办法》明确，对政府信息公开等这类以县级、地市级人民政府为被告的第一审行政案件，由基层人民法院管辖，推动行政争议的实质性化解。随后，相关行政机关也构建了与之衔接的制度。例如，2021年12月印发的《自然资源部政府信息公开工作规范》第39条规定，公民、法人或者其他组织认为部在政府信息公开工作中侵犯其合法权益的，可以依法提起行政诉讼。部政府信息公开主办单位负责相关行政诉讼应诉事宜。

（二）政府信息公开诉讼的实践特性

1. 涵盖的行政领域很多

与传统行政诉讼相比，政府信息公开诉讼具有分布广泛且重点突出，行政案件数量持续呈上升趋势等特点。这与政府信息公开的行政领域比较广有关。从行政机关的角度来看，其应诉范围包括省级及以下各级人民政府，以及公安、财税、环保、教育、规划等各个职能部门。其中，所涉及的规划、征地拆迁等事项都直接与民生领域相关。例如，2017年，国务院办公厅出台《关于推进公共资源配置领域政府信息公开的意见》，明确提出在保障性安居

① 孟鸿志，张运昊. 大数据时代政府信息公开制度的变革与走向［J］. 法学论坛，2021（4）：90.

工程建设、保障性住房分配、国有土地使用权和矿业权出让、政府采购、国有产权交易等社会关注度高、具有公益性的事项上，应进一步推进公共资源配置领域政府信息公开。又如，在政府环境信息公开诉讼案件中，当事人所申请的环境信息公开分布于影响评价报告书、噪声监测数据、危险废物监管信息、建设项目竣工环境验收报告等多个方面。可以说，各类行政机关在处理多数行政管理事项时，都有可能成为政府信息公开诉讼的被告。

2. 诉讼利益的多重性

尽管政府信息公开诉讼制度属于行政诉讼的范畴，但与其他一般行政诉讼相比有其诸多特色。现实中，当事人之所以要求获取政府信息往往并非仅为满足单纯抽象的知情权，而是与其自身利益密切关联。司法实践中，多数信息公开案件的原告为公民，其所申请公开的事项往往涉及房屋征收、劳动保障、环保许可等内容，且其中很多与其他民事纠纷直接相关。根据信息公开诉讼有关内容，知情权是公众的重要权利，当特定公众的这一权利受到侵犯时，根据相关法律法规，其有权向人民法院提起诉讼，因而无论是从提起诉讼的当事人还是从诉讼内容等方面，都可以看出信息公开诉讼具有私益诉讼的属性。此外，在一些信息公开诉讼案件中，当事人起诉信息公开主体，是由后者向不特定主体公开信息或不履行公开信息的义务等行为而引起的，这时的原告可以是公众中的任何个体，而其代表的将是公共利益。例如，有的法律界人士希望通过信息公开诉讼的方式，推进信息公开实践。该类诉讼的结果不仅会影响案件的双方当事人，而且可能影响其他公民，故而产生了公共利益属性。

3. 动态发展的趋势

当前，政府信息公开诉讼面临新的情况。一是在优化营商环境等政务服务领域，政府信息应将法定内容公开与办事所需信息公开相结合，当企业对这方面有异议时，容易引发行政争议。二是集约化和新技术所引发的政府信息公开争议。在大数据迅猛发展的当下，政府致力于深化政府网站和新媒体集约化等方面的信息公开建设，加强数据治理和智能分析。在这之中，若相关工作不到位，也容易引发行政纠纷。三是重点领域中的信息公开诉讼。目前，在深化“放管服”、重点民生领域、财政信息披露等方面，容易形成新的矛盾点。当事人为维护其合法权益，亦倾向于提起行政诉讼。这些信息公开案件的审理难度比较大，只有当当事人在信息公开诉求背后的实际利益得到满足之后才能够使矛盾得到顺利化解。

二、政府信息公开诉讼的现实挑战

（一）原告资格判定

原告资格即提起行政诉讼的资格。我国行政诉讼法第 25 条第 1 款规定："行政行为的相对人以及其他与行政行为有利害关系的公民、法人或者其他组织，有权提起诉讼。"政府信息公开诉讼原告资格问题关系谁有权拿到跨入法院大门的"通行证"，进而启动诉讼程序。然而，由于行政诉讼原告资格标准本身的不确定性、案件类型的复杂性以及诉讼原告资格的特殊性，原告资格的认定并不那么简单。因此，对这一问题进行研究显得尤为重要。

研究实践案例可知，现实中存在原告资格标准不一，原告资格标准宽泛，潜在的政府信息公开诉讼数量庞大等问题，首当其冲的则是诉讼中原告主体资格问题。按《布莱克法律大辞典》的经典解释，原告主体资格是指某人在司法行政性争端中所享有的将该争端诉诸司法程序的足够的利益，其核心在于确定司法争端对起诉人的影响是否充分，从而使起诉人成为案件的正当原告。原告资格问题本质上是程序上的问题，是法院能否将案件进行开庭审理，展开实体审判的法律问题。认定行政诉讼原告资格的关键，是判断其与被诉具体行政行为有无法律上的利害关系。然而，对于利害关系的判断，学术界尚没有完全统一的观点。司法实践中往往将利害关系的确定交由法院与行政机关，这就涉及一个自由裁量的问题。换句话说，如果没有一个确定的标准来判定原告资格，难免导致裁量上的失误。因此，原告资格的确定是实践中的一个疑难问题。

依据我国行政诉讼法的规定，行政诉讼重在保护权益受到损害的相对人，强调严格的受损对象特定性与利害关系现实性。而现行《条例》似乎对于诉讼制度的这一立法原则有所突破，如《条例》第 10 条至第 13 条规定了各级政府机关应主动公开的政府信息事项。以上规定在一定意义上拓展了行政诉讼的原告主体资格，使政府信息公开诉讼在一定意义上具有了"客观诉讼"的意味。由此可见，《条例》的规定在一定意义上拓宽了政府信息公开诉讼的原告主体资格，赋予其以更宽泛的主体范围，从而突破了现行行政诉讼的制度框架。

对政府信息公开诉讼而言，如果对原告资格不加任何限制会带来很多问题。尤其是在因对政府主动公开政府信息行为不满而提起的诉讼中，如果不加任何限制的话，不仅实践上行不通，而且会造成滥诉等情况的出现。其实，《条例》本身对原告资格有一个限制，即该条例在明确赋予相对人政府信息公开诉权之条款上，沿用行政诉讼法的表述，规定相对人认为行政机关在政府信息公开工作中的具体行政行为侵犯其合法权益的，可以依法申请行政复议或提起行政诉讼。《条例》是行政诉讼法的下位法，它本身不能突破行政诉讼法的限制，因而其对于政府信息公开诉讼原告资格的规定也依然受制于行政诉讼法的规定，即行政相对人提起行政诉讼的时候，需要证明其与政府信息公开行政行为存在法律上的利害关系。

行政诉讼原告资格标准本身具有不确定性，从而引发政府信息公开案件原告资格的复杂性。关于行政诉讼原告资格的法律规定，见诸我国行政诉讼法第 2 条有关起诉权的规定中，这是一个原则性条款，也是唯一同原告资格直接关联的法律规定；行政诉讼法第 25 条本质上是有关原告类型的内容；第 44 条、第 45 条及第 46 条是有关法院审查起诉、决定是否受理之条件的规定。以上有关原告原则性、类型性和不当性的三类条文构成了界定我国行政诉讼原告资格的法律框架[①]。此外，2018 年《行诉法解释》第 12 条规定，"有下列情形之一的，属于行政诉讼法第二十五条第一款规定的'与行政行为有利害关系'……"这是针对原告资格标准的司法解释，行政诉讼原告资格目前所采取的标准是"利害关系"标准。尽管不带有之前的"法律上"字眼，但仍属于"法律上的利害关系"该怎样理解的问题。对此学界历来存有不同的阐释，这也给司法实践中原告资格的认定带来了挑战。《条例》第 51 条将公民受损害的权利表述为"合法权益"，虽然不限于人身权和财产权，但由于合法权益的范围过于模糊，难免引起不同的理解。在行政诉讼领域，合法权益、利害关系等构成原告资格判定标准的核心要件，可归纳为起诉人是否存在诉之利益[②]。合法权益的内涵与外延之界定是政府信息公开申请人获得原告资格的第一道门槛，但政府信息公开诉讼的立法目的是维护公民知情权，如何理解知情权与合法权益的关联尚值得探究。

关于合法权益，《条例》第 51 条中"侵犯其合法权益"的权益到底属于自身合法权益，还是属于公共利益范畴之内的权益？如何区分自身合法权益与公共利益是一个疑难问题。况且，行政机关不公开某些政府信息的行为或许对申请人的"合法权益"尚未产生现实侵害，但若不公开在未来又很可能侵害其"合法权益"。此种情形下，以此作为原告资格的限制性规定将不利于申请人的权益保障。在"利害关系"作为不确定法律概念背景下，寻找一个

① 杨寅，吴偕林．中国行政诉讼制度研究［M］．北京：人民法院出版社，2003：154.

② 程琥．行政法上请求权与行政诉讼原告资格判定［J］．法律适用，2018（11）：18.

统一的、可操作的标准来界定政府信息公开诉讼的原告资格更是难上加难。

（二）例外信息的认定缺乏可操作性的标准

政府信息公开范围的例外，也可以称为政府信息公开豁免。例外信息虽是为妥善处理知情权与其他合法权益关系而不可或缺的选项，但因与信息公开的透明属性相反，其多少和具体认定直接关系到制度的整体效益。由于目前没有可操作性的标准认定例外信息，实践中有行政机关便以此为借口不公开本应公开的政府信息。此外，由于公开例外事项界定不清等原因造成法院在审理过程中的适用标准不统一，造成最后的判决结果也不一致，这无疑阻碍了公民获取政府信息的正当权利。司法实践中，存在法院对例外信息认定不明晰的情况。行政诉讼实践中，法院对于例外信息的认定和审理的界定均存在模糊之处。这些一时难以明晰的概念为行政机关任意行使权力开了方便之门，法院在未进行实质审查时难以对这些信息作出审查。政府信息中公开例外信息的体系非常庞大，具体可分为国家秘密、商业秘密、个人隐私、过程性信息、历史信息和其他法律法规规定的公开例外信息等诸多类型①。对于这些例外信息，人民法院难以依据相关法律法规作出准确的裁判，行政机关在推行信息公开制度时也难以识别准确的信息。值得注意的是，法院对国家秘密的认定尤为困难。国家秘密作为一种强制性、类别性与绝对性的例外，由《条例》第14条规定予以保护。“政府有时必须严格控制一定的信息，这些信息或赋予国家相较于敌人而言的重大优势，或防止敌人拥有将对国家造成重大损害的优势。”② 国家秘密对于国家利益与国家秩序至关重要，成为各国与各地区例外公开的明显事项。例如，由于保密法留有较大的“兜底性规定”，申请人在提起行政诉讼时，法院往往因涉及国家秘密等而难以顺畅实现行政诉讼的审查目标。可见，法院应怎样审查有关国家秘密的行政认定以及将之审查到何种地步，是此类案件的疑难问题之一。

过程性信息和商业秘密两类公开例外情形的司法识别也很关键。过程性信息是行政机关在决策之前的准备过程中所形成的，处于讨论、研究或审查过程中的信息。在政府信息公开行政案件中，已有越来越多因申请公开过程性信息而产生的纠纷。行政机关在决定是否公开涉及过程性信息的环境信息时有较大的自由权，目的是确保行政机关的决策者在决策制定过程中的交流

① 肖卫兵．论我国政府信息公开例外体系构建完善［J］．交大法学，2018（1）：128.

② WELLS C E. “National security” information and the freedom of information act［J］. Administrative law review，2004（4）：1195.

畅通。这就造成一般情况下申请人如要求行政机关公开政府信息，行政机关往往直接以“过程性信息”不属于公开的政府信息为由而拒绝公开，当然申请人如对此不服可提起诉讼。例如，现实中有申请人向行政机关申请公开其向上级主管部门提交的有关试点项目请示文件，被申请人作出政府信息公开答复书，告知该请示文件属于行政机关在履行行政管理职能过程中所形成的过程性信息，不予公开。另外，过程性信息有时会与内部信息相混淆。有行政机关在分不清是内部信息还是过程性信息时就采取模糊处理的方式，结果导致败诉①。关于内部信息，行政实践中出现了与之相关的各种称谓，如“内部过程性信息”“内部工作程序”等，增加了司法认定的难度。由于《条例》中对过程性信息的规定相对模糊，以及各地法院在审理过程中的司法理念不同，有时造成同案不同判的情况。

在界定商业秘密方面，行政机关往往以原告申请的政府信息涉及商业秘密第三人而回复不同意并拒绝公开。由于《条例》对商业秘密的概念界定不够具体，行政机关在实践中履行行政行为时的自由裁量权比较大，对申请人所申请的政府信息只要一涉及需要经第三方询问，就倾向于将其认定为商业秘密，以此为理由去回避政府信息公开，这实际上属于行政机关的行政不作为。对此，不少法院判决都以询问第三人证据不足而撤销被告对原告所作出的书面答复，有些法院则不仅要求行政机关有充分的证据证明原告所申请的信息属于商业秘密，而且要求第三方出示的证据也要达到合理说明的标准。当然，现实中法院在界定商业秘密的标准上存在不统一情形。实际上，应将商业秘密作为相对例外进行保护，适用损害衡量理念辩证审查。

（三）举证责任分配不科学

所谓举证责任，是指当事人为证明其诉讼主张所承担的提出证据的责任及所承担的说服责任。举证责任影响着案件事实的认定，也在很大程度上决定了法院最终的裁判结果。根据我国行政诉讼法关于证据的规定，举证责任一般由被告即行政机关承担。根据行政行为的作出规律，任何行政行为都应该在法律授权之下进行。行政机关掌握了更多证据，故理应由行政机关来举证。在政府信息公开案件当中，主要是由被告负担举证责任。具体表现为：一是原告对于行政机关的作为行为不需要负举证责任；二是在不作为案件审理中，原告只对提出申请的事实承担举证责任。不过，基于该类诉讼本身所具有的公益属性，在举证责任方面具有较大的特殊性。例如，针对国家秘密

① 参见：广东省梅州市中级人民法院（2014）梅中法行初字第23号行政裁定书。

的举证责任归属于行政机关。现实中存在的问题，主要涉及举证责任不明确，法院在审理政府信息存在与否时的举证责任分配不统一，有法院将举证责任分配到原告身上，要求原告承担举证责任不能时的败诉风险，也有法院按照行政诉讼法的规定将举证责任分配给被告，总之在不同案件中法院对被告的证明标准判定存有较大出入。在此因素影响下，司法机关的审查往往难以发挥作用。究其原因，宽松的定密条件以及国家秘密证明方式的不明确，给此类公民知情权的保障造成较大难度。

“政府信息不存在”遭遇证明困境。由于申请政府信息公开的公民处于信息不对称、法律地位不利的情境中，法院应当对行政机关所提出的事实和理由进行合法性审查。但政府信息不存在的认定专业性很强，在行政机关承担举证责任时，法院有时很难确定该证据的充分性与合法性，往往只能以行政机关的举证为主。在有的案例中，有关政府信息不存在的举证责任分配并不确定。尽管多数法院按照行政诉讼法规定，认定由被告承担举证责任。但有的原告证据只有原告身份证、单位政府信息公开申请表、答复书等，无法提供证据证明其已尽到了检索义务，此时法院往往即判决原告败诉，实际是将举证责任转移到了原告一方。可见，如何权衡行政机关的证明责任程度，似乎成了一个难解的问题。关于政府信息不存在的举证责任，信息公开申请人能够就向行政机关调取证据等事项向法院提出申请，但前提是申请人须向法院提供行政机关制作或保存该政府信息的证据。显然，法院在适用这一规定时，实际上是将举证责任转嫁到了行政诉讼中处于弱势的原告身上。

（四）规制滥用政府信息公开诉权的争议

由于权利的滥用是权利行使的伴生性问题。对于依申请公开政府信息而言，实践中出现了公民滥用申请行为获取政府信息的行为。滥用申请的行为，不仅极大浪费了行政资源，影响行政机关的正常工作秩序，而且往往导致诉权被滥用，也是对司法资源的一大浪费。不少法官很早就注意到公民滥用政府信息公开申请权的现象。例如，曾任最高人民法院行政审判庭法官的李广宇曾表示，“在我国，包括滥申请、滥复议和滥诉在内的信息滥用问题也开始使行政机关、行政复议机关以及人民法院感到茫然”①。在诸多滥用申请权案件中，以陆红霞诉南通市发展和改革委员会政府信息公开答复案最为典型。该案例被刊载于2015年第11期的《最高人民法院公报》中，对全国法院的相关审理工作有着指导意义。随后，多地法院参照该案例认定原告滥用申请

① 李广宇．政府信息公开司法解释读本［M］．北京：法律出版社，2011：91.

权及滥用诉权。尽管有观点认为，法院在这类案例中的部分做法欠妥，但规制此类现象的目标已成共识。

概括来说，理论界与实务界对滥用申请权的研究大致可以分为以下两类：一是从典型案例入手分析裁判文书的优缺点，归纳滥用申请权的构成要件及表现形式并提出应对建议；二是介绍域外实践经验，借他国先进经验以提供启示，把握域外实践与我国国情相适应的一面，从而推动对滥用申请权及诉权滥用行为的规制。

第四节　面向科技革命的政府信息公开诉讼之完善

大数据时代，政府信息公开面临着数字化转型，政府信息之汇总、加工、保存的数据化运行更为明显。政府信息公开的载体，从以传统平面纸质文件为主向电子数据转变。信息公开技术加剧了行政机关与公民之间享有信息的不对称性，同时因电子信息往往掌握在行政机关手中，由此所引发的行政纠纷呈现技术复杂化趋向。对此，应注重法律规范的价值，在司法制度上切实保障公民知情权，持续发挥该类诉讼在科技发展中的司法意义。

一、政府信息公开诉讼功能定位的客观化塑造

大数据时代强调政府信息的利用价值，任何个人和组织都可以通过大数据技术的应用去分析和挖掘政府信息的价值，大数据时代的到来降低了依申请公开的重要性，因而需要顺应主动公开型信息公开法律规范。客观诉讼和主观诉讼是大陆法系的划分方法，大体而言行政诉讼法所确立的是一种主观诉讼制度。所谓主观诉讼，是指以回应原告诉讼请求为主要意旨的诉讼类型，其在具体制度中体现为法院主要就原告的诉讼请求进行审查，附带审查被诉行政公权力行为的合法性；而客观诉讼是指以监督行政行为为主要目标的诉讼类型，其在具体制度中表现为法院重点审查行政行为的合法性，以切实保障行政法律秩序。如前所述，政府信息公开的方式分为依申请公开和主动公开两种，但主动公开存在范围不明确、标准不清晰，公开内容难以满足公众需求等问题。换言之，主动公开的方式尚未发挥其应有的功能。

笔者认为，在《条例》修改之后，应比较系统地解释“知情权”这一概念的特殊内涵结构与权利类型归属，充分发挥《条例》作为公法所具有的建构客观法秩序之功效。为克服政府主动公开政府信息中所存在的问题，不妨从客观诉讼的角度优化此项诉讼制度。有学者提出，知情权应成为独立的权

利保护客体，应当允许以客观诉讼的方式对政府主动公开政府信息的行为提起诉讼，以维护行政法律秩序与公众的整体利益①。为此，客观诉讼的规则体系应当得到提倡。大数据时代的政府信息公开应强化主动公开的主导作用，但由个人提起主观诉讼的难度不小。在未来，可考虑启动主动公开政府信息之诉：任何公民、法人或者其他组织认为行政机关没有履行主动公开义务的，都可以赋予其直接起诉的原告资格。在近期，则政府信息公开公益诉讼可成为可行的方式选择。当行政机关未履行主动公开义务时，应容许检察机关主动提起政府信息公开之诉，以体现政府信息公开的公益性。在知情权成为个人法定权利的今天，信息公开制度有服务于民主政治的公共职能，与之相应的行政诉讼也就具有了客观诉讼的属性。通过推进此类诉讼制度建设，这一特殊的行政诉讼将越来越多地承担起监督和推进行政机关依法行政的功能，而这正是客观化构建的理路所在。

二、当事人资格的合理认定

政府信息公开申请人和行政诉讼原告不是一个层次的概念。政府信息公开申请人是向政府机关申请公开政府信息的公民、法人或者其他组织；而政府信息公开诉讼的原告是向人民法院就有关政府信息公开行为提起诉讼的人，包括向法院提起诉讼的政府信息公开申请人。除此之外，政府信息公开诉讼的原告还包括对政府主动公开政府信息行为不服的公民、法人、其他组织以及对政府信息公开行为不服的第三方。对此，应改进法院对原告与被告的资格认定行为。

（一）原告资格的判断

应通过原告资格认定标准的完善，实现我国政府信息公开诉讼原告资格认定方面的完善。一般而言，能够取得原告资格的公民、法人或者其他组织主要包括向行政机关申请获取政府信息的申请人、向行政机关要求更正信息的申请人、政府信息公开行为的利害关系人等。对于原告资格的判断，也基本围绕以上类型展开。

在原告资格的具体判断中，先应准确界定利害关系，以明确“合法权益”的范围。在政府信息公开诉讼中，如果一个与政府信息公开有关的具体行政行为与公民没有利害关系，则法院就不应受理。但对于这种利害关系应达到什么程度，是否要达到直接利害关系的程度等则有不同认识。利害关系是政

① 孟鸿志，张运昊．大数据时代政府信息公开制度的变革与走向［J］．法学论坛，2021（4）：90.

府信息公开诉讼原告资格的核心内容，其判定标准包括以下几个方面。

1. 损害必须现实存在

只有当政府信息公开具体行政行为必须对行政相对人产生具体的、现实的损害时，相关行政相对人才有可能取得原告资格。这种具体的、现实的损害是指“已经发生或者发生的可能性极大”，而不是基于推测所可能发生的损害，也不是申诉人对于某一问题的关注、爱好、愿望。当然，就政府信息公开诉讼而言，这种现实存在的损害不仅包括因政府信息公开行为而造成确定的、“已经发生”的损害，而且包括“发生的可能性极大”的损害。后者比较突出地表现在反政府信息公开诉讼中，行政机关作出政府信息公开的决定之前，应书面通知第三方，第三方如果不加以阻止，就会损害其合法权益。在这种情况下，该第三方即与行政机关存在了一个司法性争端，其在实际损害发生之前也已经具有了行政诉讼原告资格。

2. 存在特定的利害关系

我国现行行政诉讼法只设立了保护公民、法人和其他组织合法权益的诉讼种类，即设置了保护当事人主观权利的主观诉讼制度，但没有专门设立保护国家和公共利益的客观诉讼制度。政府信息公开诉讼中，针对主动公开行为的起诉具有公益诉讼即客观诉讼的性质。对此笔者认为，即使这种具有客观诉讼性质的信息公开诉讼也只能在一定范围内拓展“利害关系”的内涵，而不可能完全突破行政诉讼法及其司法解释设定的标准——“法律上的利害关系”。在判断主动公开政府信息行政行为对相对人造成“特定损害”的问题时，笔者认为，应当突破对传统行政诉讼中原告资格的狭义理解，而采取更加宽泛的解释，即如果主动公开政府信息的行政行为对一定范围内的公民、法人或者其他组织的切身利益造成了损害，则该范围内的任何一个公民、法人或者其他组织即具有了行政诉讼原告资格，对此要结合案件的具体情况进行具体分析。相关公民、法人或者其他组织只要证明其与涉案主动公开政府信息行政行为之间存在利害关系，就取得了行政诉讼原告资格。

3. 损害与政府信息公开行为存在因果关系

公民、法人或者其他组织要取得政府信息公开诉讼的原告资格，不仅应当具备其在法律上的合法权益受到损害这一条件，而且要符合这种损害是由相关行政行为引起之要求。具体而言，在由依申请公开行政行为引起的行政诉讼和反政府信息公开诉讼中，该行政行为的行政相对人需要证明其遭受的现实的、特定的损害与政府信息公开行政行为之间具有因果关系。对于因政府信息主动公开行政行为而引发的行政诉讼，相关公民、法人或者其他组织必须证明主动公开政府信息行政行为引起了其自身利益的现实的、特定的损害（即二者之间存在因果关系），如此其方才具备行政诉讼原告资格。

应从宽界定政府信息公开诉讼的原告主体资格。行政诉讼是当起诉人在实体法上的人身、财产等方面权利受到损害时的法律保障，启动行政诉讼司法审查程序的前提之一是起诉人的人身权或者财产权的具体权益确实存在，并且在提起诉讼时这些权利确实受到了损害。依据诉讼是否直接关涉原告自身的利益，将行政诉讼区分为主观诉讼与客观诉讼。前者以保护相对人主观权利为目的，后者重在维护客观公法秩序。政府信息公开诉讼具有明显的“双益性”，这打破了主客观诉讼泾渭分明的界限，而更多地呈现为客观诉讼的特征。在原告主体资格问题上，不应仅局限于主观诉讼所要求的原告与行政行为之间“现实的直接的利害关系”“实际的影响”等因素，而应将行政相对人基于公共利益而提起的与自己无直接利害关系及实际影响的诉讼也纳入政府信息公开诉讼之中，从而将原告主体资格宽泛化，以实现政府信息公开的民主要义。具体而言，是指在政府信息公开诉讼中，公民向政府获取其知晓政府信息之权利的时候，不需要证明自己具备实体法上的权利，而是可以直接向人民法院提起诉讼，此时公民只需要保证自己提出的行政诉讼是合法正当的，是以维护社会公共利益为出发点的即可。

（二）被告资格的判断

我国行政诉讼法第 26 条第 1 款规定，公民、法人或者其他组织直接向人民法院提起诉讼的，作出行政行为的行政机关是被告。新条例实施后，作为政府信息公开主体一般具有成为政府信息公开行政诉讼被告的资格。对于信息公开案件中的被告，应该从行政诉讼法学的被告理论角度加以理解。事实上，被告理论是行政诉讼法学理论中非常关键的难点问题，某种意义上比原告理论更为复杂。法院是否受理案件，在立案登记阶段很重要的一项审查内容便是判断被诉机关是否具有行政主体资格。受行政主体理论影响，当前法定的政府信息公开义务主体主要是行政机关、法律法规授权的组织等。面对复杂的行政组织架构，想要精准判断某一被告是否具有行政主体资格，不要说普通公民难以做到，即便是法律专业人士也未必能够完全做到。可见，一旦公民知情权遭到侵犯，将哪个行政主体诉至法院也是一个疑难问题。

政府信息公开主体一般具有成为政府信息公开行政诉讼的被告资格。除此之外，应该从广义上来理解并确定被告。行政诉讼被告应当是行政主体，而不能局限于行政机关。在司法实践中，能够成为行政诉讼被告的不光是行政机关，还包括法律、法规、规章授权的组织。法律、法规、规章授权的组织虽然不属于行政机关，但当其依法被赋予一定的行政职权后，即具有与行政机关相同的法律地位，行政诉讼法也认可其有作为被告的资格①。同理，在政府信息公开活动中，掌握政府信息并应当主动公开或者根据申请而公开政府信息的主体不仅限于行政机关，其他根据法律法规授权的组织、享有一定行政权力的单位都可以成为政府信息公开司法审查中的被告。应该注意的是，在党和国家机构改革的背景下，被告资格的认定也出现了一定的难点和特殊情况。具体而言，可以从以下几方面认定被告资格。

第一，机构改革后，原机构的职能已经全部移转新机构的，此时申请人应当向新设立机构申请政府信息公开。新机构可否作为政府信息公开义务主体并成为被告，关键是该主体在政府信息管理活动中是否行使了行政管理职能。例如，2020 年修订的《上海市政府信息公开规定》规定，行政机关被撤销或行政管理职能发生变更的，由承继其职能的行政机关负责原行政机关或行政管理职能所涉及政府信息的公开工作。

第二，行政机关职权划入党的机关的，如果党的机关对外加挂行政机关牌子，相关政府信息公开事项以行政机关名义参照上述规定办理，申请人应当向加挂牌子的行政机关提出政府信息公开申请，申请人对该行政机关政府信息公开行为不服的，应当以该行政机关为适格被告而提起诉讼。

第三，受理政府信息公开复议申请的复议机关。根据我国行政诉讼法第 26 条第 2 款的规定，经复议的案件，复议机关决定维持原行政行为的，作出原行政行为的行政机关和复议机关是共同被告；复议机关改变原行政行为的，复议机关是被告。可见，经复议的案件，不论复议机关是否改变原行政行为都将成为被告。同时，根据现行《条例》第 51 条的规定，公民认为行政机关在政府信息公开工作中侵犯其合法权益的，可以依法申请行政复议或者提起行政诉讼。故而，当原告不服信息公开的行政行为而申请行政复议时，不论复议机关是否改变原行政行为，复议机关都将成为该类案件的被告。

三、例外信息的实质审查

（一）合法性审查与定密行为的衔接

应当对国家秘密提供一定的救济手段。一项政府信息究竟应当定密还是公开，是行政机关立足客观实际，对信息内容的重要性、敏感性，公开后对

---

① 章剑生．行政法与行政诉讼法［M］．北京：北京大学出版社，2014：392.

经济社会的影响，以及国际国内形势等多方面内容进行分析、把握、研判、平衡的结果①。针对行政机关对政府信息的界定，尤其是有的行政机关存在定密程序不规范、对未定密信息以涉密为由规避信息公开责任、为了不公开信息而事后定密等现象，司法审查过程中应该对此种定密行为作出合理审查。具体而言，法院应审查行政机关定密行为是否有明确的法律依据。定密应当具有确定的法律依据，此为行政机关确定、变更和解除国家秘密的直接标准。例如，应该结合国家保密局出台的《国家秘密定密管理暂行规定》等制度，有序展开司法审查活动，增强对行政机关定密范围的限制。根据国家秘密动态管理的要求，适时契合情势变化审查行政机关定密行为的证据，相应调整审理此类案件的思路。与此同时，对定密行为的合法性审查强度也可考虑予以加强。2014 年修改的行政诉讼法第 70 条将“明显不当”纳入合法性审查的范围，对审查形式与内容进行了扩展。面对现实中合法性审查之薄弱，呼吁对定密行为加强审查强度的呼声不少。有学者提出，“应当在现行法律框架内，加强形式审查力度”，“待时机成熟，再在行政诉讼法或者政府信息公开法中，作出进一步规定，强化实质审查”②。在未来，为有效监督行政机关的定密行为，不仅应该审查认定其外在形式的合法性，而且有必要审查认定行为的内在合理性，即定密是否科学合理等实质问题。在识别实质合理问题上，应重视例外信息的可分割性。司法审查过程中法院应注意判断信息能否分割的关键，即“能够作区分处理”。其中，“区分”是指该部分信息内容能够区别于其他部分的信息内容，“处理”是指在技术方面两种信息能够相互分离。区分处理的司法方法践行了利益衡量的理念，对定密行为发挥了很好的监督作用。此外，对于涉及国家秘密的疑难问题，应适时要求保密或定密行政机关出庭应诉，就该信息是否属于国家秘密进行论辩，以最大程度发挥司法救济功能。

（二）明确例外信息的审查标准

应该进一步明确例外信息的规定，保障行政诉讼的顺利进行。例如，过程性信息在《条例》中的规定不是很详细，目前可找到的法律依据是《条例》第 16 条之规定，即“行政机关在履行行政管理职能过程中形成的讨论记录、过程稿、磋商信函、请示报告等过程性信息以及行政执法案卷信息，可以不予公开”。然而，对于政府信息是否属于过程性信息的认定标准仍未在实

① 刘延东．《政府信息公开条例》对定密行为的调节作用［J］．中国行政管理，2020（2）：11.
② 张群．国家秘密司法审查研究［J］．法治研究，2014（6）：22.

践中得以统一。目前来说，“过程性信息”中的“过程”是指行政行为作出的过程还是信息本身的过程，在政府信息公开诉讼中尚没有统一的适用标准。对此，应尽快制定可普遍适用的审查标准。一是通过制定相应的司法文件来明确过程性信息的标准，明文规定过程性信息的概念，并可以最将常见的几种过程性信息的类型予以规定，明确规定其适用范围，避免法院因采用不同的适用标准而造成对公民信息知情权的侵害。二是法院在审理政府信息公开案件时可引入“利益衡量”原则，对信息公开诉讼中所涉及的各方利益进行各自评价，遵循利益最大化和牺牲最小化的衡量原则，切实维护最大利益。三是发布指导性案例或典型案例，强化对法院审判过程性信息的适用标准。针对政府信息公开中最常见的情形，最高院或者省高院可选取比较有代表性的案例作为典型案例，以实现同类案件同判的目标。此外，应严格把握过程性信息的基本特征，即非正式性、不准确性和未完成性。《条例》对过程性信息的规定是可以不予公开，而非像国家秘密、商业秘密那样不予或不得公开。对不影响行政机关决策的过程性信息及其纠纷处理，法院在裁判之后可向行政机关发出司法建议，提醒对方履行相应的公开职责。

四、审理方式的完善

（一）推动举证责任的完善

行政机关一般对拒绝公开政府信息的行为负有举证责任。这里的重点，明显是国家秘密与信息不存在时的举证责任。假设申请公开的政府信息涉及国家秘密，行政机关以涉密为由拒绝公开的，那么其需要承担举证责任。针对国家秘密的举证责任，法院应重点审查被告行政机关所提供的涉及国家秘密的理由是否充分，尤其是根据密级的不同规定认定秘密文件所依凭的法律依据。对此在必要情况下，不妨将涉案的信息交给专业的保密机构或鉴定机构予以识别，对“秘密”级别的认定标准作出规范界定。对于政府信息不存在的举证责任，应明确被告承担举证责任。现行法律法规对适用“政府信息不存在”的相关规定存在法律适用方面的冲突，对于行政机关提出的“政府信息不存在”的观点，可明确将证明责任交由行政机关来承担。鉴于行政机关常以信息不存在这一理由来拒绝申请人，那么“信息不存在”的证明责任应该根据具体情形而作进一步明确。如信息的确不存在，则行政机关应举证其不具有制作、获取或者保存该政府信息的职责。对此，除非被告行政机关明确证明该信息不应存在，且存在穷尽检索的信息不存在证据，否则应该认定原告有理由，并由被告承担败诉的风险。

（二）优化新型政府信息公开诉讼的合法性审查

“罗马不是一天建成的”，法院也是慢慢长大的①。对于社会转型期之新型政府信息公开诉讼，我们乐观其成。当然，在充分利用现有司法资源保障相对人知情权、促进政府信息公开工作的同时，也要防止因过度阐释法规而产生所谓浪漫主义色彩的“法院情结”，不切实际地拔高《条例》对包括原告资格在内的行政诉讼制度发展的价值。当前，在对政府信息公开诉讼工作的把握中，法院应因应时代变迁，在坚持行政诉讼制度基本原则和标准的基础上，加强对疫情防控、应急管理等新兴领域信息公开诉讼的司法审查。例如，突发公共事件信息公开存在公开广度和深度不够、形式和渠道相对陈旧、职责不够明确等问题，这类政府信息因公开机制不完备、公开披露不及时等问题容易诱发行政纠纷，合法性审查规则应有针对性地予以完善。尤其是对裁判理由、合法性标准、类型化快速审理、受案范围、审查对象等难点问题，应予以更多关注，从而保障相对人在信息公开上的诉权，并在慎重求证、循序渐进的基础上，稳步推进信息公开诉讼的纵深发展。

（三）对诉权滥用的司法规制

在政府信息公开行政案件中，少数当事人出于非理性动机而提起的行政诉讼，的确会在案件审理中干扰法庭秩序、挤压司法资源。对此类滥用诉权的行为，有必要在现行法律规定框架下，以诉讼理念为指引而采取合理方式予以规制。如此，才能防止政府信息公开制度的异化，引导公民正确行使权利。在立案登记方面，对于当事人主观上滥用诉权意图比较明显，客观上又有不当言行和对立情绪，且缺乏合理诉讼理由的，法院在立案环节应当慎重审查并释明。对此，通过释明工作能够在一定程度上减少当事人滥用诉权的可能性。需要注意的是，若想判定当事人是否属于滥用诉权，应先明确何谓诉权及其构成要件，即明确该类案件中当事人与政府信息公开行为之间存在利害关系，且为当事人提供司法保护是必要的。换言之，只有通过司法保护，当事人获取政府信息的合法正当权利才能实现。在滥用诉权的认定标准方面，有必要对认定标准加以统一和明确，以逐步减少司法实践的差异化，建立普遍适用的滥诉认定体系。具体而言，在原则上可以将诚实信用原则引入并作为规制诉权滥用行为的主要原则，之后根据实际案例作出调整。在立法缺失甚至存有漏洞的情况下，应鼓励法官通过个案裁判摸索相应的规则，待经验成熟后再以司法政策的方式予以固定。在规则设计上，应明确当事人是否在

① 孔祥俊．司法理念与裁判方法［M］．北京：法律出版社，2005：116.

主观上存在滥用信息公开诉权的恶意；客观上行为人是否实施了滥用诉权的行为，且该行为是否在事实上滋扰了行政秩序和司法秩序。此外，法院还可以从职权取证方面入手，对当事人提起诉讼的主观动因和案件背景进行充分调查，以争取有效阻却滥诉行为的负面影响。通过以上探索，可逐步形成解决滥用诉权问题的“中国道路”。

第七章　新时代社会治理与检察行政公益诉讼中的疑难问题

当前，检察行政公益诉讼已在全国范围内得到普遍适用。党的二十大报告提出，“加强检察机关法律监督工作，完善公益诉讼制度”。现实中，行政公益诉讼制度建设更加完善，检察机关的监督职能进一步拓展，依法行政的实践及法治政府的步伐不断向前迈进。随着行政公益诉讼制度建设向纵深推进，检察机关提起诉讼的工作已初见治理成效，成为新时代检察工作创新发展的重要方面①。检察公益诉讼工作发展迅速，案件规模逐年上升，办案效果充分显现，在助力依法行政、保护国家利益和社会公共利益、促进社会治理方面发挥了积极作用②。与此同时，这一类特别的行政诉讼也在实践中遇到了若干疑难问题，亟待认真研究总结。其中，行政公益诉讼的管辖、范围等多方面内容都有完善空间。本章选取了行政公益诉讼中身份定位、案件范围、预防性诉讼等几个方面进行论证。研究分析检察公益诉讼的疑难问题，有益于提升其在新时代社会治理体系中的积极功能。

第一节　检察机关提起行政公益诉讼的身份定位难题

党的十八届四中全会作出了探索建立检察机关提起公益诉讼制度的决定。2015 年 7 月，全国人大常委会特别授权最高人民检察院在 13 个省份开展公益诉讼的试点工作，最高检察院适时出台了《检察机关提起公益诉讼试点方案》（以下简称《试点方案》）。该方案对检察机关参与诉讼的案件范围、主体身份及程序等作出了较为明确的规定。其中，明确了检察机关参与公益诉讼的身份为“公益诉讼人”。自此，行政公益诉讼在我国正式从理论与实践的争议事项演变为司法制度的范畴，多地检察机关也纷纷展开试点。这表明，“行政

① 何海波．行政诉讼法［M］．北京：法律出版社，2022：215.

② 易小斌．检察公益诉讼参与国家治理的实践面向［J］．国家检察官学院学报，2020（6）：50.

公益诉讼的提起主体为检察机关”这一观点得到了立法及司法机关的认同。随后，行政诉讼法在两年试点的司法实践基础上，对该项热议已久的诉讼形式作出回应，并在2017年6月的第二次修法中新增了人民检察院有权在生态环境和资源保护、食品药品安全等领域向人民法院提起诉讼的规定，为检察机关正式在全国范围内提起行政公益诉讼作出了实定法上的确认。本次修法表明，行政公益诉讼从试点到全面、从授权到法律，并进而成为常态化制度的历史任务得以初步完成。

在传统意义上，检察机关参与诉讼活动的身份为法律监督者，如担任刑事案件的公诉人，并对一般的民事行政案件实行法律监督等。在当前的公益诉讼司法实践中，检察机关已改变了其在试点期间“公益诉讼人”的身份定位，正式以“公益诉讼起诉人”身份提起诉讼①。诚然，检察机关在刑事诉讼中实际上同样存在“法律监督者”和“公诉人”的双重身份。但是，检察机关在行政诉讼中以当事人身份直接参与诉讼，而非等同于普通行政诉讼中由公民、法人或者其他组织作为原告的制度设计，突破了传统上“民告官”的诉讼形式。一方面，实践中已对检察机关的公益诉讼起诉人身份和行政诉讼普通原告之区分作出了某些规定，如检察机关无须提供组织机构代码证、不交纳诉讼费用等②；另一方面，相关法律法规却未规定“法律监督者”和“公益诉讼起诉人”双重身份之间的协调机制。

在国家机构改革的大背景下，中央已探索在检察机关内部增设公益诉讼检察机构，为履行检察公益诉讼职权提供组织保障。2018年7月，习近平总书记主持召开了中央全面深化改革委员会第三次会议。会议提出，将在最高人民检察院内新设公益诉讼检察厅。目前，由最高人民检察院内设的第八检察厅承担检察公益诉讼职能，负责办理生态环境和资源保护、食品药品安全、国有财产保护、国有土地使用权出让等领域的行政公益诉讼案件。检察机关的身份决定了其在诉讼中处于何种地位、适用何种程序规则，而其中作为承办具体工作的内设机构则关乎各项检察职权的配置与运行，二者共同指向了检察机关在行政公益诉讼程序中的职权履行。随着行政公益诉讼制度在全国的推进，检察机关的身份地位与机构职权问题有待继续探讨。

① 2018年3月最高人民法院与最高人民检察院联合发布的《关于检察公益诉讼案件适用法律若干问题的解释》第4条规定，“人民检察院以公益诉讼起诉人身份提起公益诉讼”。

② 参见：最高人民检察院民事行政检察厅《检察机关行政公益诉讼案件办案指南（试行）》。

一、行政公益诉讼中检察机关身份问题的理论与实践

公益诉讼是发端于罗马时代的制度。但对于何谓公益诉讼，不同学者则有不同的界说，当前尚未完全达成共识。对此，笔者认同从目的角度对其含义加以明确的观点，即以私人资格所发生的诉讼，是将保障私人利益作为宗旨的，即私益诉讼；而将保障公共利益作为宗旨的，即为公益诉讼①。这就是说，公益诉讼制度以维护公共利益为价值取向，甚至以此推动社会治理方式的改革。所谓检察机关的身份，就是指其在参与诉讼时所应该享有的主体地位。在我国当前行政公益诉讼制度中，检察机关的诉讼身份是绕不开的一个话题。

公民、法人或者其他组织在行政诉讼中具备原告的身份后，决定了其能够在庭审活动中与行政机关实现两造对抗的格局；而检察机关作为行使法律监督职权的国家司法机关，其身份与一般的公民有何异同呢？对此，我国宪法和人民检察院组织法已将检察机关的身份界定为法律监督机关，这说明检察机关应对诉讼活动进行法律监督。从中亦不难发现，检察机关参与行政公益诉讼的首要身份为法律监督者。

涉及检察机关以何种身份提起公益诉讼更为合适的问题，先前理论界的争议还比较多。代表性的学说主要有诉讼代理人、法律监督者、原告人、公诉人等②。其中，典型的学说有以下几种：一是原告人说，即在国家利益与公共利益受到损害的情形下，检察机关将提起诉讼，这时它是作为国家代表的身份参与其中的，拥有普通原告的诉讼权利，同时承担与之对应的诉讼义务，故其应然的身份定位实为行政诉讼原告③。另外，有学者在论述检察机关参与民事公益诉讼的身份地位时，也提出将检察机关称为“原告”更具合理性④。二是法律监督者说，这种观点认为，检察机关提起行政诉讼是源于对行政行为的法律监督权，旨在保证行政权力的行使科学合理。不管检察机关采取何种身份参加诉讼，其只能处于法律监督者的地位。这里的法律监督者，就是我国宪法所规定的法律监督机关。三是公诉人说，即检察机关代表公共利益

① 周枏，吴文翰，谢邦宇．罗马法［M］．北京：群众出版社，1983：350.

② 孙谦．检察理论研究综述［M］．北京：中国检察出版社，1997：128.

③ 陈丽玲，诸葛旸．检察机关提起行政公益诉讼之探讨：从现实和法理的角度考察［J］．行政法学研究，2005（3）：89.

④ 李浩．论检察机关在民事公益诉讼中的地位［J］．法学，2017（11）：170.

提起诉讼，其身份应当是公诉人①。检察机关在公益诉讼中的身份与刑事案件中的身份相类似，是为了把侵害公共利益的案件纳入司法审查范围，因此要赋予检察机关某种行政公诉人的身份，以监督行政机关对行政权的行使。此外，还有学者提出双重身份说，即如果检察机关提起诉讼，则其获得了原告与法律监督者这两种身份②。

就原告人说而言，检察机关的法律属性决定了其在提起行政公益诉讼时是以法律守护者的身份而出现的，是为了公利而非基于私利。因为其不是法律层面上的利害关系人，不具备原告的属性，并且和公民、法人或者其他组织的诉讼地位也不完全对等，故将检察机关参与诉讼时的身份界定为原告并不恰当。就公诉人说而言，基于保护公共利益的目的而将检察机关界定为公诉人，即检察机关的身份与刑事公诉人相似，的确有“行政公诉人”之意蕴，这似乎澄清了“公诉只存在于刑事诉讼中”的理论误区，具有相对合理性。不过，如果这样就使检察机关实际上与行使审判权的法院处于平等法律地位，此时检察机关既要监督行政机关又要监督审判机关，可能会导致诉讼结构很难继续保持平衡。就法律监督者说而言，前面已有论述，即将检察机关界定为这一身份是具有法律根据的。但是在司法实践中，只将检察机关的身份界定为法律监督者是不够的，这难以符合司法实践的需求，因为在案件审理过程中，法院往往是通过对行政行为的合法性审查去监督行政机关是否依法履行职权的，若是检察机关仅以法律监督者的身份出现在法庭上，某种程度上可能会出现行政诉讼两造对抗规则下法律监督权与行政权皆无所适从的局面。综上可知，仅仅将检察机关界定为公诉人、法律监督者、原告人或者其他身份，或在理论上论证尚不充分，或是现实可行性不强。

在公益诉讼司法实践中，《试点方案》确定检察机关以公益诉讼人身份提起诉讼的提法，实际上已初步回应了学界涉及检察机关身份的争议。最高人民法院在2016年2月发布的《人民法院审理人民检察院提起公益诉讼案件试点工作实施办法》中规定，当检察院以公益诉讼人身份提起行政公益诉讼时，其所享有的权利义务以行政诉讼法中原告诉讼权利义务的规定为参考，这折射出检察机关身份定位依然不明的现实。相关公益诉讼调研也显示，就检察机关参与诉讼须履行何种程序义务的问题，检察院、法院之间

① 邓思清．论检察机关的民事公诉权［J］．法商研究，2004（5）：63.

② 章志远．行政公益诉讼中的两大认识误区［J］．法学研究，2006（6）：152.

存在很大分歧①。尽管在试点结束后，最高人民法院与最高人民检察院共同发布的《关于检察公益诉讼案件适用法律若干问题的解释》（以下简称《检察公益诉讼解释》）中“人民检察院以公益诉讼起诉人身份提起公益诉讼”之最新规定，表明了法检两院在实践磨合后对检察机关主体身份的最新态度，但是对于公益诉讼人与公益诉讼起诉人内涵及区别何在等问题，相关立法文件仍未作出规定。在《检察公益诉讼解释》已将检察机关的身份界定为公益诉讼起诉人的背景下，检察机关依然面临如何协调法律监督者和公益诉讼起诉人双重身份之难题。

二、行政公益诉讼中检察机关双重身份之剖析

既然检察机关参与行政公益诉讼会面临法律监督者与公益诉讼起诉人的双重身份，那么二者的关系到底是怎样的呢？显然，公益诉讼起诉人与法律监督者身份有所区别。否则，就没必要在《检察公益诉讼解释》中强调这一身份。

（一）双重身份的意涵

检察机关在行政公益诉讼中所能发挥的功用，同检察机关行使刑事公诉的职权类似，是基于维护法律秩序的立场，站在维护公共利益角度所提起的诉讼。检察机关的法律监督权与法律秩序的维护是一脉相通的。“由检察机关提起公益诉讼，与其说是打破了现行权力体系的平衡，不如说是在我国这样一个典型行政国家，增设了一种通过法律监督权和审判权协调配合来制衡过于强大行政权的机制。”② 行政公益诉讼旨在通过以监督行政权的方式保障公共利益，公共利益的内在属性又决定了此类诉讼由检察机关作为参与主体更为适宜。在此情形下，把检察机关在诉讼中的身份界定为公益诉讼起诉人，则是一种比较科学的价值衡量。

从法律层面而言，检察机关之所以在行政公益诉讼中具备双重身份的构造属性，是因为既不能否定宪法和法律所确立的其作为法律监督者的身份，又需要运用其公益诉讼起诉人的身份应对新形势下公益诉讼实践的创新发展，二者共同体现了检察机关的传统职权与最新走向。有学者认为，检察机关在行政公益诉讼中需要履行监督职责，其监督的具体对象不是法院而是行政机

---

① 孔祥稳，王玎，余积明．检察机关提起行政公益诉讼试点工作调研报告［J］．行政法学研究，2017（5）：90.

② 刘艺．检察公益诉讼的司法实践与理论探索［J］．国家检察官学院学报，2017（2）：10.

关；当其参与诉讼时，是运用检察监督方式对行政机关的违法行为或不作为作出纠正①。公益诉讼起诉人的身份是检察机关传统法律监督权在行政公益诉讼活动中的延伸，这为先前单一的监督形态注入了新的活力，是在其法律监督职权固有性质下所拓展出的一种“检察公益诉讼职权”。易言之，不能割裂公益诉讼起诉人和法律监督者之间的内在关系，其所具有的双重身份都是法律监督权的具体表现。当然，虽说该双重身份的内在属性存在高度契合，但在行政公益诉讼中的功能定位及特点却有所差异。

（二）双重身份的区别

通过分析可以发现，法律监督者与公益诉讼起诉人之间存在以下区别：作为法律监督者，检察机关所享有的是一种宪法与法律赋予的监督职权，理应对公益诉讼作出理性公正的监督，具有中立性、超然性的特征；作为公益诉讼起诉人，检察机关一旦起诉便会收集各种证据以证明其主张，具有目标性、倾向性的特点。将公益诉讼起诉人和法律监督者作出不同的身份界定，是基于检察机关的检察公益诉讼权与传统法律监督权具有某种不兼容性的考量。

上述双重身份意味着，检察机关在行政公益诉讼中既兼有相应的权力和权利，又处于双重的法律地位。一方面，检察机关是法律监督者，这一身份的目标就在于监督司法活动、维护法律秩序；另一方面，为实现维护公共利益的目的，法律监督者就在某种程度上衍化为公益诉讼起诉人，既拥有诉讼当事人的权利，又须履行相应的诉讼义务。当然，在对双重身份作出区别的基础上也需要对其加以有机糅合，这是司法规律与程序有序运行的客观要求，关系检察机关整体职权的有效发挥。

（三）双重身份的混同困境

检察机关是以维护公共利益为目标的公益诉讼起诉人，但现实中即使考虑再周全，也不能保证其法律监督权能得到完全、准确的行使。检察机关与行政机关在案件审理中有不同的诉讼请求，需要法院居中裁判，因而如果此时再赋予检察机关法律监督者的身份，恐怕就不太妥当。为此，检察机关在行政公益诉讼中的不同权力、权利与地位，决定了区分其法律监督者和公益诉讼起诉人双重身份的可行性，此举也可以避免那种不便让检察机关直接担任法律监督者的情况。

双重身份若无法做到泾渭分明，将使检察机关的诉讼地位出现交叉与混

① 朱孝清．国家监察体制改革后检察制度的巩固与发展［J］．法学研究，2018（4）：4.

同。以行政公益诉讼的立案阶段为例，当行政机关未按照检察机关的检察建议及时纠正违法行为或积极履职，而国家利益或者社会公共利益依然处于被侵害状态之时，检察机关就有权到法院申请立案。检察机关在这一阶段的申请立案行为，与公民、法人或其他组织并无差异。但是，作为法律监督者的检察机关，实际还具备对法院是否受理行政案件的监督职权。那么，此时检察机关的身份就出现了交叉和重叠。同样，双重身份混同的溢出效应将使审判工作面临各方质疑。例如，在理想状态下检察机关提起行政公益诉讼是为了维护公益，但这并不能保证检察机关所有的诉讼请求都能达到这一要求；检察机关存在以保护公益名义侵犯合法私益的可能性，故应当对此加以注意。在司法实践中，有的检察机关为了胜诉会行使公益诉讼人的身份，且运用法律监督者的职权干扰法院的审判活动①。上述论断值得重视。

三、双重身份视域下检察机关与行政机关、法院的关系

厘清了检察机关在行政公益诉讼中的双重身份之后，接下来的关键问题便是检察机关该如何处理与行政机关、法院之间关系的问题。一般而言，检察机关对行政诉讼活动实行全程监督，我国行政诉讼法第 11 条即体现了这一点。与检察机关在普通行政诉讼中的身份只是作为法律监督者不同，其在行政公益诉讼这一新型诉讼模式下还具有公益诉讼起诉人身份。检察机关之双重身份的客观现实，要求重新审视其与行政机关、法院之间关系的应然图景。

（一）检察机关和行政机关的关系

1. 作为法律监督者的检察机关与行政机关

检察机关与行政机关的关系，就是检察权与行政权的关系。我国宪法第 129 条有“检察院是法律监督机关”之规定，这构筑了检察机关对行政机关及其工作人员执行、遵守法律行为进行监督的规范基础，如检察机关对公安机关侦查权进行监督乃体现这一监督的典型方式。当然，在行政公益诉讼中，普通原告与检察机关所享有的权利不完全一致，比如检察机关单独拥有调查核实权、提出检察建议的权利②。在行政公益诉讼中，若检察机关发现行政机关的行政违法行为或者不作为将使公共利益受到侵害时，有权以检察建议的方式督促其依法履行职责，并向行政机关发出检察建议，这使检察机关

① 秦前红．检察机关参与行政公益诉讼理论与实践的若干问题探讨［J］．政治与法律，2016（11）：88.

② 湛中乐，尹婷．环境行政公益诉讼的发展路径［J］．国家检察官学院学报，2017（2）：57.

的法律监督者身份得到了体现。

2. 作为公益诉讼起诉人的检察机关与行政机关

当事人诉讼权利平等，是行政诉讼的原则。在法院立案进入庭审阶段时，检察机关是与行政机关相互对抗的诉讼参加人，彼此都享有相应的权利和义务。但是，“由于诉讼地位不同，享有的诉讼权利与承担的诉讼义务也不完全相同”①。例如，行政机关应该对行政行为的合法性承担举证责任，检察机关则须证明其起诉符合相应条件。在此阶段，如果检察机关以法律监督者身份行使职权，则会获得更加优势的地位，乃至可能打破二者的平衡地位，造成双方在庭审中的地位失衡，这从司法公正上来讲有违程序正义。因此，检察机关在此阶段要尽可能当事人化，凸显其公益诉讼起诉人的身份。

（二）检察机关和法院的关系

检察机关在严格遵循行政诉讼法、行政公益诉讼解释及相关办案指南等规范参与诉讼时，还应该注意与法院的关系。在检察机关与法院的传统关系中，检察机关主要有直接向法院提起公诉和支持公诉，对判决和裁定向上一级法院提出抗诉，并对法院审判活动是否符合法律规定作出监督这三种权力②。在行政公益诉讼中，检察机关与法院的关系主要体现为前者向后者提起诉讼，并对诉讼活动进行监督等方面。

1. 作为法律监督者的检察机关与法院

检察机关与法院都是由同级人民代表大会所产生，并相互“平行”的司法机关，二者在诉讼活动中既相互配合又相互监督。在行政诉讼中，检察机关所履行的重要职责之一，是基于中立者立场监督法院从立案到审判再到执行等各个阶段的司法活动。实践中检察机关对行政诉讼的法律监督形式，一般体现为上级检察机关以事后监督的方式对已经发生法律效力的行政判决和裁定提出抗诉。作为新类型的诉讼方式，行政公益诉讼也遵循同样的程序规则。检察机关在此类诉讼中的监督方式，与在普通行政诉讼中一致。此外，检察长还可以列席同级法院审判委员会会议，以发挥其诉讼监督职权。当然，检察机关也要避免干预法院独立的审判活动和公正的司法结果，即其应在合理的限度内监督、制约法院。

2. 作为公益诉讼起诉人的检察机关与法院

首先，作为公益诉讼起诉人的检察机关与法院是配合关系，这体现为二

① 柴发邦．民事诉讼法学新编［M］．北京：法律出版社，1992：149.

② 韩大元，于文豪．法院、检察院和公安机关的宪法关系［J］．法学研究，2011（3）：20.

者均负有监督行政机关依法行使职权、维护公共利益的职责。若检察机关将行政机关诉至法院，其就与法院构筑了司法合力，呈现有机配合的局面，在目标上皆为保障公益。其次，在以审判为中心的司法改革大背景下，行政公益诉讼案件的审理应以法院为中心。依法独立行使审判权为行政诉讼当然之准则，因此法院具备制约检察机关的权能。在检察机关提起行政公益诉讼后，对行政行为是否需要纠正应通过法院行使审判权来完成。行政庭法官处于庭审活动的中心，检察机关作为诉讼参与者在庭审中应该尊重法官的审判活动，而不能自恃参加诉讼是为了维护公益，就无视法院的庭审安排。在诉讼过程中，检察机关是以公共利益维护者的形象参与诉讼的，会收集各种证据以证明其主张，并期待法院作出支持其观点的判决。当检察机关对法院的一审未生效裁判有异议时，则面临是以上诉还是抗诉方式进入第二审程序的问题。针对此问题，先前最高人民检察院在公益诉讼试点阶段所规定的是抗诉方式①。

近年来，最高人民检察院的态度发生了转变，即规定以上诉方式进入二审程序②。笔者认为上诉方式更为妥当，其理由在于：在行政诉讼制度的大框架下，作为行政公益诉讼被告的行政机关是以上诉方式进入二审程序的。当检察机关以抗诉方式进行，而双方当事人都认为一审判决、裁定有错误时，检察机关势必会抑制行政机关的上诉，这可能会使法院的审判权威受到损害。因此，检察机关在这一阶段应适当隐去其法律监督者身份，对以审判为中心的诉讼结构予以认同。在案件审理阶段，检察机关应理性界定诉讼身份，充分发挥公益诉讼起诉人的职权，在庭审中秉持谦抑原则，切实从保障法律实施、维护司法权威角度去处理二者之间的关系。

四、检察机关内设机构改革引领双重身份的协调

检察机关的法律监督权贯穿行政诉讼发展始终，为诉讼全程中必不可少的主体。检察机关的双重身份，决定了其参与公益诉讼的具体程序与普通行政诉讼活动并非一致。双重身份之间如何协调，与普通行政诉讼的程序构造如何相融等问题，是迫切需要解决的难题。之前曾有学者提出，检察机关参与公益诉讼是既站在体制内又站在体制外，双重身份矛盾是其自身难以修复的缺陷③。近年来检察机关内设机构的改革，则有助于消解上述担忧。故审慎

① 最高检《试点实施办法》第 50 条规定："地方各级人民检察院认为同级人民法院未生效的第一审判决、裁定确有错误，应当向上一级人民法院提出抗诉。"

② 参见：最高人民检察院民事行政检察厅《检察机关行政公益诉讼案件办案指南（试行）》。

③ 敖双红．公益诉讼概念辨析［J］．武汉大学学报（哲学社会科学版），2007（2）：254.

探讨双重身份在检察机关内设机构中的配置及其未来走向，是目前亟待完成的重要任务。

（一）增设公益诉讼检察机构的改革实践及评析

《人民检察院提起公益诉讼试点工作实施办法》第30条规定，检察机关内部负责提起行政公益诉讼的机构是民事行政检察部门。在最高检察院设公益诉讼检察厅之前，部分省市已经探索设立公益诉讼机构。例如，江苏、广西两地在公益诉讼试点基础上，于检察机关内部设立公益诉讼局，加大对损害国家利益和社会公共利益各类案件的监督管理执法力度，促进公益诉讼专业化发展。上述举措表明，司法实务机关认为由检察机关的民事行政检察机构负责公益诉讼检察职权并不是很恰当。在传统的刑事、民事及行政诉讼中，民事行政检察机构能够在法律监督职权方面发挥更大的作用。

《人民检察院组织法》第20条“最高人民检察院根据需要，设立若干检察厅和其他业务机构。地方各级人民检察院可以分别设立相应的检察处、科和其他业务机构”的法律规定，为检察机关在内部新增公益诉讼检察机构奠定了法律基础。同时，公益诉讼局的探索设立具有现实经验及可借鉴范式，即其在一定程度上是以检察机关内设的公诉机构在刑事诉讼中提起公诉为参考的。“检察机关在行政公益诉讼中的定位可能更接近其在刑事诉讼中的地位，刑事诉讼的相关规则也更具有可借鉴性。”[①] 随着行政公益诉讼案件数量的不断增长，以及诉讼专业化的客观要求，实践中也已蕴含了增设公益诉讼检察机构的必要性与可能性。

此种制度框架，能够恰到好处地化解先前检察机关双重身份下职权交叉、混同等问题，运用内设机构各司其职的方式协调双重身份关系。具体而言，就是新设的公益诉讼检察机构专门负责提起行政公益诉讼活动，而使民事行政检察机构回归其本来的职权。在最高检察院内设机构改革的引领下，不难预见全国各地的检察机关将全面设立公益诉讼检察机构。针对此种改革，有必要强调双重身份在民事行政检察机构与公益诉讼检察机构之间的分配。易言之，检察机关增设公益诉讼检察机构后，民事行政检察机构并非完全退出公益诉讼，其依然需要在诉讼活动中履行职权。

（二）双重身份在检察机关内设机构之间的分配

“检察机关内设机构的设置与法律监督职能的配置、细分紧密相连，关系

① 胡卫列，田凯．检察机关提起行政公益诉讼试点情况研究［J］．行政法学研究，2017（2）：30.

检察权的再分配、执法办案模式的构建。”① 检察机关在行政公益诉讼中职权的分配，需要遵循内设机构的基本职能与诉讼的运行规律。双重身份在民事行政检察机构与公益诉讼检察机构之间的划分，实质上就是以诉讼程序的不同时间节点去分配检察公益诉讼职权。具体来说，在行政公益诉讼案件发展进程的诉前、诉中及诉后等具体诉讼阶段区分这两种身份，根据情况适时隐去法律监督者之身份，必要时令公益诉讼起诉人身份“出场”发挥作用，需要时又可以使法律监督者身份“重现”，从而将两种身份巧妙地结合在一起。

在方法上，对实体法和程序法的初步划分，或许可作为分配双重身份的基本架构。以行政公益诉讼一审程序诉前、诉中及诉后三个阶段为基础，可以将一审程序中的诉后阶段进一步分为二审程序、审判监督程序及执行监督程序三个环节。一方面，在检察机关正式提起公益诉讼之前以及案件审理完毕之后的阶段，检察机关侧重实体法上的法律监督，故由民事行政检察机构负责监督。另一方面，在提起公益诉讼以及后续一审和二审案件庭审的阶段，检察机关扮演的角色则侧重程序法上的诉讼当事人，故由公益诉讼检察机构负责这一阶段的活动。也就是说，公益诉讼检察机构以公益诉讼起诉人的身份参与诉讼，只是从案件起诉到案件审理完毕这个阶段。其他阶段职权的履行，则应明确民事行政检察机构的法律监督者身份。

上述两个机构履行职权的模式大体如下：①在诉前程序中，民事行政检察机构应先向行政机关发出检察建议，督促其及时改正违法行政行为，在此阶段检察机关的身份为法律监督者。②倘若行政机关在一定期限内依旧不作为或者不予答复，且公共利益依然处于被侵害的状态，则由公益诉讼检察机构向法院提起诉讼。该机构负责将行政公益诉讼起诉书、被告行为造成公共利益受损的证明材料、检察机关已发出证明材料等文件提交至法院的立案登记部门，随后由公益诉讼检察机构参与案件庭审，在此阶段检察机关的身份为公益诉讼起诉人。③行政公益诉讼在经过一审和二审程序后，假如进入审判监督程序，其职权由民事行政检察机构负责，在此阶段检察机关的身份又回到了法律监督者。由此，先前行政公益诉讼试点工作中诉前程序与诉讼程序对接不完善的问题，或许可以通过双重身份在这两个机构之间的明确分配得到初步化解。

（三）双重身份的走向——“监督的归监督，起诉的归起诉”

增设公益诉讼检察机构的制度设计，为专业化参与行政公益诉讼提供了

① 何江波，付文亮．基层检察机关内设机构研究［J］．中国刑事法杂志，2011（12）：108.

组织保障。行政公益诉讼作为保障公共利益的重要制度，可以预见其在将来所发挥的作用会更大，这也成为检察机关职权上的增量。设立检察机关提起公益诉讼的司法制度，既能成为检察业务新的增长点，也有助于推进检察院职能的转型①。部分地方检察机关探索在内部设立公益诉讼局，这一机构的级别和规格明显高于传统的民事行政检察科（处），而由检察机关领导（副检察长）兼任公益诉讼局负责人的人事安排，亦表明公益诉讼在检察机关内部的分量之重。

检察机关提起行政公益诉讼，实际上是检察机关采取诉讼手段，运用检察权启动审判的大门，并将检察权与审判权有机协调，从而释放政策导向，起到强制威慑的功效，进而发挥司法权对行政权的制约作用②。检察权是以法律监督权为主要特征的整体性职权。研究者对国家监察体制改革之前检察机关职权的梳理或许是妥当的，即检察机关的职权应当归纳为职务犯罪侦查权、批准或决定逮捕权、公诉权、对三大诉讼活动的监督权以及法律赋予的其他职权五个方面③，在具体的职权分配上，则可以将检察权分为侦查权、公诉权、诉讼监督权等，并将其赋予对应的内设机构。这些内设机构在业务范围内分工合作、相互配合、各负其责，履行属于本机构的职权。民事行政监察机构与公益诉讼检察机构的分工，为法律监督者与公益诉讼起诉人双重身份的实际落地提供了组织保障。但是，由于检察机关固有职权的惯性，如何将本属于民事行政检察机构的职权分一部分给公益诉讼检察机构，则需要检察机关进一步探索其内设机构改革与职权分配。就这一点而言，我公安机关之分别负责刑事侦查和行政管理任务的内设机构安排，或许可以为此提供有益的借鉴。

此外，也不能因为对公共利益保障的正当性，而否定公益诉讼起诉人身份下公益诉讼检察机构的职权需要得到一定规制，这是为了防止此种身份在行政公益诉讼中的过度扩张。防范方式之一，是使法律监督者身份继续由民事行政检察机构担任，公益诉讼起诉人则由公益诉讼检察机构承接。该双重身份的未来走向，就是使二者承载的职权在“监督的归监督、起诉的归起诉”这一理念上获得相对平衡，从而构建法律监督者与公益诉讼起诉人之间不分主次、并行不悖、各有侧重的双重身份结构，进而促进检察机关与行政诉讼

① 程雪阳．行政公益诉讼与人民检察院的转型［N］．南方周末，2017-06-29（7）．

② 王姝亚．行政公益诉讼制度完善之策［J］．人民论坛，2011（7）：128．

③ 孙谦．中国检察制度论纲［M］．北京：人民出版社，2004年：129．

程序有机协调，以实现检察公益诉讼职权的合理彰显。

综上，为规范行政权的运行和保障社会公共利益，赋予检察机关提起行政公益诉讼的职权是审慎合理的制度安排。就构建并优化行政公益诉讼制度这一主题，目前已有不少域外经验可供借鉴，学界也有了较为充分的研究，司法实践中也进行了较多有益探索，但检察机关的身份地位问题依然值得深入关注。将行政公益诉讼中检察机关的身份地位界定为法律监督者与公益诉讼起诉人这两种类型后，以检察机关内设机构改革为契机，将法律监督者的职权划归民事行政检察机构，而将公益诉讼起诉人的职权分配给公益诉讼检察机构，并在此基础上区分二者职权，或许不失为一种优化检察公益诉讼职权设置的可行策略。这也彰显了检察机关提起公益诉讼的目的，即不是为了保障自身权益，也并非纯粹只为从事法律监督，而是在适应行政诉讼程序构造的基础上更好地保障国家利益和社会公共利益。

第二节　行政公益诉讼受案范围的拓展

受案范围是行政公益诉讼的基础性范畴，发挥着划定法律监督权、行政权和审判权之间分权制衡“界线”的作用，其关涉哪些侵害公共利益的违法行政行为或不作为将被纳入司法审查渠道。受案范围确定了行政公益诉权的行使范围，对检察机关在履行法律监督职责中所发现的社会治理问题之解决非常关键。根据我国行政诉讼法第25条第4款的规定，检察机关提起行政公益诉讼的案件范围主要集中于生态环境和资源保护、食品药品安全、国有财产保护及国有土地使用权出让四种类型。换句话说，针对行政公益诉讼的受案范围，行政诉讼法采用了“四列举+等”的立法技术。这一条款中的“等”字，是属于“等内”还是“等外”呢？笔者认为，将“等”字解释为“等外”更为适宜，即受案范围不应拘泥于前述例示的几个领域，“随着行政公益诉讼制度的发展与完善，受案范围中的‘等’字将日益显示其应有的意义”①。2019年10月，党的十九届四中全会召开，会上明确提出要“拓展公益诉讼案件范围”，从宏观上强调了公益拓展的紧迫性。2021年，《中共中央关于加强新时代检察机关法律监督工作的意见》进一步要求拓展行政公益诉讼案件的范围。行政公益诉讼是富有实践价值的司法制度，行政法要面向新的实践而不断自我更新。下面将梳理行政公益诉讼受案范围的发展脉络，对

① 黄学贤．行政公益诉讼回顾与展望［J］．苏州大学学报（哲学社会科学版），2018（2）：41.

公益拓展作出理论阐释，并提出拓展受案范围的基本构想。

一、行政公益诉讼受案范围的演进态势

在分析拓展议题之前，有必要对受案范围的发展状况作出概括。立足规范、实践及学说的三重视角，可探析受案范围的变迁规律。对此笔者的基本观点是，当前受案范围的法律依据有限，实践中的公益拓展行为有碎片化倾向，相关学说的观点共识还有待达成。并且，从上述三个方面对受案范围的探索，于整体上共同呈现宽于现行法律明确列举类型的态势。

（一）受案范围的规范指引

1989 年版行政诉讼法及其之前的法律规范都没有设定行政公益诉讼制度，受案范围自然难觅踪迹。其后，伴随对行政诉讼法的修改动议，行政公益诉讼成为理论界与实务界尤为关注的焦点问题之一。2005 年 12 月，《国务院关于落实科学发展观加强环境保护的决定》旗帜鲜明地倡导“研究建立环境民事和行政公诉制度”以“推动环境公益诉讼”。随后，有部分地方结合本地特色对此进行了初步探究。2010 年 3 月实施的《贵阳市促进生态文明建设条例》第 23 条规定，检察机关可以依照法律对涉及环境资源的具体行政行为和行政不作为提起诉讼。尽管该地方性法规将此类案件纳入行政诉讼的做法还有待上位法授权，但该举措对保护生态环境的积极意义不言而喻。然而，受案范围虽在个别地方有所发展，在全国范围内却依然面临规范依据不足的窘境。2014 年 11 月行政诉讼法修法时，依然未对此作出任何规定。诚如有学者所述，之所以如此，主要是因为我国对行政诉讼的功能定位一直有“抑客扬主”的倾向，注重向主观诉讼维度拓展而忽视了客观诉讼维度①。行政公益诉讼属于客观诉讼的范畴，立法者对此种机制的推进较为谨慎。简单来说，2014 年之前的受案范围仅在少数规范性文件中得到零星体现。

党的十八届四中全会强调探索建立公益诉讼制度以来，2015 年 7 月全国人大常委会通过了公益诉讼试点决定，授权最高人民检察院在 13 个省份的生态环境和资源保护、国有资产保护、国有土地使用权出让、食品药品安全等领域开展工作。紧接着，经《检察机关提起公益诉讼改革试点方案》《人民检察院提起公益诉讼试点工作实施办法》等司法文件的授权，地方省市检察机关逐级分层试点的受案范围集中于生态环境和资源保护、国有资产保护、国有土地使用权出让这三个领域。但是，食品药品安全案件却没有被明确地规

① 刘艺．构建行政公益诉讼的客观诉讼机制［J］．法学研究，2018（3）：40.

定为行政公益诉讼受案范围，而是只将之列举到民事公益诉讼中。与此相对应，2016 年 2 月最高人民法院通过的《人民法院审理人民检察院提起公益诉讼案件试点工作实施办法》，亦将上述三类案件作为行政裁判的重点。两年的公益诉讼试点工作到期之际，2017 年 6 月底全国人大常委会再次对行政诉讼法作出修改，规定检察机关在生态环境和资源保护、食品药品安全、国有财产保护及国有土地使用权出让四个领域提起行政公益诉讼，即确立了本节开篇所提及的“四列举+等”之立法技术。值得注意的是，与试点期间的受案范围相比，2017 年修法时的新设条款中又增加了食品药品安全的类型。此次修法中对该领域的制度安排，说明仅通过民事公益诉讼渠道一时难以充分维护公共利益，因而对食品药品安全监管部门的不作为、乱作为等问题也要予以解决。综观上述四个领域的特征可知，这些都与政府的“稳定与发展”有关，属于社会性监管的领域①。至此，行政公益诉讼受案范围的法律框架基本得到确立。2018 年 3 月，最高人民法院、最高人民检察院联合发布的公益诉讼司法解释重申了这四种类型的受案范围。同年 4 月，全国人大常委会表决通过了英雄烈士保护法，其中第 25 条正式将侵害英烈的姓名、肖像、名誉、荣誉等行为纳入行政公益诉讼受案范围，该领域亦成为法律明确列举的第五种类型。

除此之外，党政机关及有关部门正逐步部署、支持行政公益诉讼制度，其中大多涉及受案范围的规定。2016 年 12 月的《中共中央、国务院关于推进安全生产领域改革发展的意见》提出，研究建立安全生产行政公益诉讼制度。在此基础上，2017 年 2 月国务院安全生产委员会发布的《2017 年安全生产工作要点》进一步提出，大力强化安全监管法治建设，研究建立安全生产行政公益诉讼制度。2017 年 9 月，国务院发布的《关于完善进出口商品质量安全风险预警和快速反应监管体系 切实保护消费者权益的意见》规定，加强重点领域的质量安全公益诉讼工作。2017 年 12 月，最高人民检察院下发的《关于充分发挥职能作用 营造保护企业家合法权益的法治环境 支持企业家创新创业的通知》规定，对履行职责中发现的市场监管部门违法行使职权或者不作为的，检察机关应积极探索提起公益诉讼工作。该通知虽未明确市场监管部门在何种领域的违法行政行为，但综观通知全文可知，检察机关的监督范围并不局限于食品药品安全领域。2019 年 6 月，最高人民法院发布《关于为设立科创板并试点注册制改革提供司法保障的若干意见》，提出“研究探索建立证

① 罗文燕．行政公益诉讼的范围、要件与程序［J］．法治现代化研究，2018（11）：46.

券民事、行政公益诉讼制度”。截至2019年10月底，除党的十九届四中全会关于拓宽案件范围的规定外，全国已经有26个省区市党委、政府发文支持、促进公益诉讼检察工作。其中，河北、内蒙古等省级人大常委会所作出的专项决定中大多强调探索公益诉讼的新领域。例如，2019年9月底通过的《河北省人民代表大会常务委员会关于加强检察公益诉讼工作的决定》第3条提出，由检察机关办理安全生产、防灾减灾、文物和文化遗产保护、大数据安全等领域的公益诉讼案件。此类具有地方立法性质的决定，是为当地检察机关在受案范围“等外”领域的监督行为授权。2020年1月，最高人民检察院与全国妇联联合下发《关于建立共同推进保护妇女儿童权益工作合作机制的通知》，明确了针对国家机关、事业单位招聘过程中存在的性别歧视问题，检察机关可以发出检察建议或者提起公益诉讼。

在中央及国家有关部门自上而下的稳步推进下，受案范围经历了从无到有、逐步确立的过程。根据我国行政诉讼法及其司法解释、英雄烈士保护法等的规定，当前被法律明确规定的受案范围初步形成了“4+1”的格局，可见类型上尚比较有限。与此同时，有关规范性文件对安全生产、文物保护等领域的探索规定，却都突破了法律明确列举的五种类型。当前所面临的挑战在于，此种公益拓展行为的法律依据亟待补强。例如，关于建立安全生产行政公益诉讼的提议固然值得考虑，但不能忽略安全生产法这部专门法律的立法目的及条款依据。那么，安全生产保护作为“等外”类型，如何加以解释方能符合立法原意？又如，倘若检察机关自身在招聘过程中存在性别歧视，那么怎样对其提起公益诉讼才有程序法依据？此外，我国行政诉讼法第25条第4款中“等”字的解释权当归属哪个主体？亦是值得探讨并明确的课题。一言以蔽之，当前契合行政公益诉讼特点和规律的法律规范体系尚待进一步完备。

（二）受案范围的实践进展

行政公益诉讼试点及制度全面落地以来，与前述五类受案范围有关的工作都取得了积极成效。其中，多数案件并未进入实质性审理程序，检察机关更为注重通过诉前程序发挥作用，行政机关整改的积极性、主动性也较高。行政公益诉讼在生态环境和资源保护领域所发挥的作用尤为明显，有资料表明，环境行政公益诉讼的主要特点，是违法行政行为的性质基本是行政不作为①。在食品药品领域，行政公益诉讼的制度优势正在显现。如在长春“长生

① 刘超．环境行政公益诉讼受案范围之实践考察与体系展开［J］．政法论丛，2017（4）：50.

疫苗事件”发生后，多地检察机关相继开展了公益诉讼专项监督工作，有效保障和改善了民生。与此同时，司法机关和其他行政机关就受案范围等议题形成了较为密切的协调工作机制①。

当前在受案范围方面所取得的进展，与先前实践中的有益探索密不可分。20多年来，各类受案范围已经陆续得到试验，如2000年严正学诉椒江区文体局拒不履行法定职责案、2001年沈某诉浙江省桐乡市国税局行政不作为案、2001年施建辉与顾大松诉南京市规划局行政许可违法案、2002年陈法庆诉杭州市余杭区环保局行政不作为案、2009年中华环保联合会诉贵州省清镇市国土局不依法履行职责案等都是其中的典型案例。当然，在司法实践中法院不时会用受案范围规则、主体规则等理由将此类案件拒之门外。上述这些尝试大多以未进入实质性审理而告终，法院大多以裁定方式驳回起诉，其中很重要的理由是认为其欠缺法律依据。总体而言，该时期行政诉讼中的受案范围较为宽泛，涉及文体、国税、规划、环保等多个领域。

2017年，我国行政诉讼法确立行政公益诉讼制度后，受案范围条款中的“等”字已经逐渐释放功效。多地检察机关开始在受案范围的“等外”领域进行探索。例如，青海省格尔木市检察院就走访调查中发现的道路交通隐患向本市公安局发出检察建议书，后者高度重视并及时对路段装置进行改进，使影响该地多年的交通安全问题得以妥善解决。再以北京市为例，通州区有明代石桥年久失修，并深埋于垃圾堆中，为此该区检察机关向区文化委员会制发了检察建议，要求尽快划定涉案文物的保护范围与建设控制地带，并切实保护好以大运河为核心的历史文化资源。本案中，检察机关一定程度上借用了“生态环境与资源保护”之范围。虽然此举对文物保护无疑具有积极意义，但也不乏质疑之声，即认为文物保护不属于受案范围。此外，针对宁波市广告骚扰电话十分猖獗的问题，宁波市海曙区人民检察院经过层报，最终由最高人民检察院批准，妥当办理了整治骚扰电话公益诉讼案，督促通信管理部门有效整治了骚扰电话乱象。2019年10月，最高人民检察院发布了26件公益诉讼典型案例，其中浙江省诸暨市房地产、装修行业侵犯消费者个人信息公益诉讼案以及贵州省榕江县人民检察院诉栽麻镇人民政府不依法履职案，都并非在五类受案范围之列，而是检察机关就信息安全、传统文化保护等类

---

① 例如，2019年9月通过的《吉林省人民代表大会常务委员会关于加强检察机关公益诉讼工作的决定》指出，对于公益司法保护新领域，检察机关可以依法在与有关部门沟通协调的基础上，结合实际逐步开展公益诉讼探索实践；鼓励检察机关探索建立跨行政区域公益保护协作机制。

型的案件所进行的摸索。在公共安全领域，河南省检察院郑州铁检分院针对郑西高铁三门峡段高铁高架桥下设堤筑坝等重大安全隐患立案，会同当地政府积极督促整改工作，旨在保障高铁安全，也为拓展受案范围提供了范例。

概言之，早期受案范围的试验为此后正式法律制度的设定积累了经验，当前案件的司法探索又预示着未来的发展趋向。各地检察机关能动地探索多类受案范围，其公益拓展行为形成多点开花的局面，且不同层级检察机关都存在突破五个领域的实例。只要是地方检察机关认为属于公共利益的事项，并得到上级机关首肯后，其"个案突破"行为所受到的限制并不多。"等外"范围可以延伸到哪些领域，目前并无统一规定，有待相关部门通过规范予以明确。值得注意的是，检察机关拓宽的案件范围未免过大，此种公益拓展权限有过于强大和泛化之虞，并在某种程度上呈现碎片化、临时性等问题。对此笔者认为，受案范围的拓展还需要具备正当性支撑，其中的职权、限度以及司法统一问题也都有待解决。

（三）受案范围的学说聚焦

自我国行政诉讼法、英雄烈士保护法等确立了受案范围的立法技术及明确类型以来，针对此类议题的理论争鸣并没有因此停歇。笔者以现行五类明确的受案范围为分析基础，整理学界这些年来所提出的代表性学说，并将现有理论观点概括为以下三种。

1. 对法律明确列举之五类受案范围的细化

针对部分地方政府在应对雾霾问题中出现的"保护不足"或"过度侵害"现象，有观点建议人民检察院提起雾霾应急行政公益诉讼。这就是在生态环境和资源保护领域的精耕细作。对此也有观点认为，为维护公共利益而作出的国家行为、政府行为以及为保护环境而采用的部分合理措施，不应该作为环境公益诉讼的案件范围。这是对生态环境和资源保护领域范围作出一定限缩的构想。还有论者建议，应通过立法或司法解释的方式，明确规定预防性行政公益诉讼的受案范围包括行政公益诉讼的所有事项范围。该观点立足受案范围的现实基础，构建了一种补充性的救济类型。

2. 围绕行政行为标准确定受案范围的论述

有学者具体列举了五类可以提起行政公益诉讼的行为，包括抽象行政行为、行政不作为、公益性行政行为、授益性行政行为和积极行政行为①。对此

① 王彦．论公益行政诉讼制度的构建［J］．法学论坛，2002（6）：98.

不乏观点认为，可以列举方式将损害公共利益无特定受害主体的行政不作为、损害公共利益无特定受害主体的行政作为行为、损害公共利益的规章以下抽象行政行为等三类行政行为中的突出类型，规定为行政公益诉讼案件范围①。在上述理论观点的基层上，有学者提出应考虑将抽象行政行为纳入行政诉讼范围；亦有理论主张，可诉抽象行政行为的范围可与行政复议法的规定一致起来。反对意见则提出质疑，认为行政公益诉讼之诉前检察建议不宜直接对抽象行政行为开展监督，这样超出了检察权范畴且没有程序法依据②。因检察建议是检察机关提起行政公益诉讼的附属性权利，该观点显然不赞同将此行为规定为受案范围。还有建议认为，应当明确将有利于相对人的违法授益性行政行为、其他法律规定可以提起诉讼的案件等纳入其中。以上几种学说都着眼于某类行政行为的可诉性，基于公共利益目的去抽象、动态地确定受案范围。

3. 对有关领域应列入受案范围的论证

有检察官提出，检察机关提起诉讼的行政案件，主要应当包括需要代表国家提起的案件，引起社会严重公害的案件，以及有利于保护弱势群体、维护社会正义的案件等③。有观点提出，营商环境保护承载着政府公信力、区域性社会信用声誉、交易安全等公共利益内容，理应被纳入行政公益诉讼案件的范围。此外有学者建议，为确保安全生产监管效能、降低安全事故风险，有必要在安全生产领域引入行政公益诉讼机制④。还有不少观点提出，应将规划与公共建设领域、弱势群体权益保护、经济垄断、不当设置与维护公共设施造成公共利益受损、政府不当公共政策等事项规定为受案范围⑤。凡此种种，不一而足。在这些理论研究中，倡导针对具体领域设定公益诉讼制度的论述不胜枚举。

以上三种研究进路显示，学界关于受案范围的探讨及构想可谓意见纷呈，其中多数观点都侧重论证某类受案范围的必要性。目前形成的主流意见是，不应机械地固定受案范围，而应当进一步扩大其覆盖面。但是，就哪些范围应该拓展、可遵循何种标准等关键性议题，各方尚未达成共识。

---

① 黄学贤，王太高．行政公益诉讼研究［M］．北京：中国政法大学出版社，2008：235.

② 郝润栋．行政公益诉讼诉前检察建议监督范围［J］．中国检察官，2019（11）：56.

③ 孙谦．设置行政公诉的价值目标与制度构想［J］．中国社会科学，2011（11）：151.

④ 林鸿潮，赵艺绚．论安全生产行政公益诉讼：从“3·21”响水爆炸事故暴露的监管短板说起［J］．西南民族大学学报（人文社科版），2020（1）：44.

⑤ 孔祥稳，王玎，余积明．检察机关提起行政公益诉讼试点工作调研报告［J］．行政法学研究，2017（5）：87.

二、拓展行政公益诉讼受案范围的理论依据

除中央政策对公益拓展提出的方向指引外，还有必要从公共利益范围、条款“等”字解释的法理依据、公益诉讼检察职能三个维度去作出理论阐释。这样的研究，既能够增强公益拓展的理论正当性，也有助于明确受案范围在未来发展的方位。

（一）公共利益范围的动态性与普遍性

行政公益诉讼制度的核心意涵，自然是为了国家利益和社会利益这两类公共利益。其中，庞德将社会利益分为公共安全、社会制度安全、公共道德、社会资源保护以及公共发展等方面①。无论是在公法领域或是私法领域，公共利益向来是法学领域最重要的概念之一，其内涵的广泛性预示着受案范围的可拓展性。保护公共利益之目标是行政公益诉讼的归属，受案范围大小都必须围绕这个要点而展开②。公共利益的内涵之所以很抽象，是因为其“利益内容”和“受益对象”存在不确定性。尽管“公益之概念只能被描述而无法定义”③，但如果从其适用时应该把握的基本要素入手，则有助于描绘出受案范围的基本轮廓。

一方面，与公共利益不确定相伴随的是流动性要素，此种属性能够诠释受案范围拓展的动态性。公共利益内容存在一定弹性，应该随着社会长远发展以及具体法律宗旨去探究其涵盖范围。换句话说，公共利益的保障范围并非一成不变。在现行法律列举的五种类型中，生态环境和资源保护关涉自然资源公共利益，食品药品领域涉及公众生命健康的公共利益，国有土地使用权领域、国有资产领域保护的是公共财产利益。立法如此设定，主要是为了明确亟待检察机关介入的典型领域。当然，此种立法技术仍然是对可受理事项的选择式限定，这对侵害公共利益的救济或者公共利益纠纷的化解来讲，会带来诉讼片面化、无序化等弊害④。同时，党的十九届四中全会也对公共利益作出了不少阐释，如“重视发挥第三次分配作用，发展慈善等社会公益事业”。可见，公共利益关涉大多数人所期待的利益，需要根据社会生活发展的需要及基础条件的成熟而逐步扩容。公共利益的流动性，则要求行政公益诉讼受案范围紧跟社会发展步伐。尤其是在当代社会，随着网络和信息科技的

---

① 庞德．法理学：第三卷［M］．廖德宇，译．北京：法律出版社，2007：218.

② 王春业，王娟．行政公益诉讼范围的“等外”解读［J］．浙江学刊，2019（6）：97.

③ 蔡志方．行政救济与行政法学：三［M］．台北：学林文化事业有限公司，1998：526.

④ 关保英．行政公益诉讼中的公益拓展研究［J］．政治与法律，2019（8）：125.

发展突飞猛进，不断在现实生活中衍生新的问题。鉴于现有法律手段对个人信息保护乏力，为弥补刑法规制的局限性，全面有效地保护个人信息，必须建立信息公益诉讼。

另一方面，公共利益保障范围具有普遍性，涉及类型繁多。美国学者安德森认为，确定公共利益的方法之一就是“寻找普遍而又连续不断地为人们共同分享的利益”①。此外，我们还可以从行政机关侵害公共利益的潜在普遍性角度来理解。行政机关是公共利益的代表者，但行政权行使不当又会损害公共利益。公共利益限定了行政机关的行为，行政权力只有在满足公共利益时方可使用②。法律赋予了行政机关与其监管范围相称的职权，行政监管的缺位将严重损害公共利益。前述五个受案范围所涉及的行政权，实际上只占目前行政机关所有职权中的一小部分。根据我国地方各级人民代表大会和地方各级人民政府组织法第 59 条第 5 项的规定可知，县级以上地方各级人民政府所行使的职权涉及经济、教育、文化、卫生、环境和资源保护、城乡建设事业和财政等多个领域。同时，行政诉讼法第 25 条第 4 款所特别关注的食品药品、环保等几个领域，与以上法律中的文化、规划、社会福利等领域并没有特别不同，都带有强烈的公共属性，都是行政机关的管理事项以及法律的保护对象。可见，上述法律中的公共利益范围理应与其管理范围形成一个相互衔接的闭环系统。并且，文化、社会福利等领域所涉及的利害主体往往是不特定的，而由公民个人提起行政私益诉讼（一般的行政诉讼）很可能无法通过利害关系的审查。因此，当单个公民无法寻求救济时，与之没有利害关系的检察机关的介入将有助于克服公共利益保障之不足。对此，域外法上有一些可供反思的案例，印度的“食物权”案便是一例。2001 年印度全国遭受大面积旱灾，危急时刻有些政府部门却没有适当履行其救灾职责，随后政府的失职行为被诉至法院。此案中，印度联邦最高法院正式确认了食物权的公共利益属性，并要求印度中央政府与各邦政府采取行动扭转局势③。这类针对政府行为的行政公益诉讼，无疑阻止了行政机关对公共利益的侵害。总体而言，行政权所涉及的领域和范围比较普遍，这决定了多数领域的公共利益都存在被违法行政行为侵害的可能性，故仅将公共利益局限于寥寥数个行政领域，在理论上是说不通的。

① 安德森．公共决策［M］．唐亮，译．北京：华夏出版社，1990：224.

② 科雷亚．行政法原理［M］．冯文庄，译．北京：法律出版社，2017：125.

③ 林莉红．亚洲六国公益诉讼考察报告［M］．北京：中国社会科学出版社，2010：235.

（二）条款“等”字释义的开放性

“等”字在我国的法律文本中十分常见，但该字在汉语中包含两种截然不同的含义，有时也会带来理解上的分歧[①]。如前所述，在法律条款的解释中，“等”字存在“等内”与“等外”的两种解释路径。因此，对我国行政诉讼法第25条第4款中“等”字的规定，有必要作出清晰的解释。现实中，我国英雄烈士保护法第25条已经彰显了“等外”的取向。从立法惯例来看，倘若是穷尽式列举，往往很少出现“等”的字样。因而，还可以运用法律解释方法去进一步作出论证，以增强此种解释的合理性。

在文义解释层面，虽一时难以推导出“等外”的内涵，但现有司法文件能够弥合一定的分歧。2004年5月最高人民法院出台《关于审理行政案件适用法律规范问题的座谈会纪要》，其中对“等”字作出了明确厘定。该纪要规定，法律规范在列举其适用的典型事项后，又以“等”“其他”等词语进行表述的，属于不完全列举的例示性规定。据此类推，行政诉讼法第25条第4款中的“等”，是一种概括性的例示规定，即此处的“等”字释义具有开放性。

从体系解释和目的解释着手，亦有探寻“等”字释义的空间。就体系解释而言，我国行政诉讼法总则第1条立法目的中的“监督行政机关依法行使职权”，能够囊括该法第25条第4款中“行政机关不依法履行职责的，人民检察院依法向人民法院提起诉讼”之规定。显然，行政诉讼活动中对行政行为的监督范围比较广泛。本质上而言，行政公益诉讼受案范围乃是行政诉讼受案范围的有机构成。在我国，行政公益诉讼案件作为法院受理的一种特殊案件，其在立法模式上的范围应与行政诉讼法第12条关于受案范围的立法技术保持一致。行政诉讼法第12条在整体结构上是以列举的方式设定受案范围，但也可以直接从该条款中寻找概括主义的受案范围之根据[②]。其中，第12条第1款第12项的表述是“其他人身权、财产权等合法权益”。实践中，教育行政诉讼、政府信息公开诉讼等案件都属于人身权、财产权之“等外”范围。由此可见，该法第12条中的“等”字已经被解释为“等外”。从目的解释来看，立法机关及相关部门的解释能够最大程度接近法律条款的原意。2017年6月全国人大常委会办公厅举行新闻发布会，邀请了最高人民检

① 刘小冰，张思循：地方立法权规定中“等”字的法律规范解读［J］. 江苏行政学院学报，2018（2）：129.

② 朱芒. 概括主义的行政诉讼“受案范围”：一种法解释路径的备忘录［J］. 华东政法大学学报，2015（6）：60.

察院公益诉讼检察工作负责人回答与修改行政诉讼法决定有关的问题，现场观点认为，对行政诉讼法第25条第4款应该作“等外”理解。也就是说，检察机关在何种情况下对哪些行为提起公益诉讼，取决于公益损害的程度，以及相关社会条件的成熟程度。据此，从文义、体系及目的解释切入，将行政诉讼法第25条第4款中的“等”字理解为“等外”更为妥当，故公益拓展行为存在一定的法律依据。

（三）公益诉讼检察职能的广泛性

我国检察机关的传统职能是刑事公诉和法律监督，近年来提起公益诉讼已经成为其新的重要职能。以权力对象为标准对检察权作出分类，最高人民检察院确定了刑事、民事、行政和公益诉讼“四大检察”法律监督总体布局①。我国行政诉讼法第25条第4款关于“人民检察院在履行职责中发现”的表述，表明检察机关院在提起行政公益诉讼中的关键地位。此种立法措辞，暗含了检察权对于提起案件范围的某种主动性。我国宪法将检察机关界定为专门性法律监督机关，表明其监督权在理论上应该是全面覆盖的，而不应局限于某些特定领域。此外，从我国人民检察院组织法第2条也可以推导出检察机关广泛的法律监督权。检察机关提起行政公益诉讼，亦是法律监督权在公益诉讼领域的延伸，故行政公益诉讼受案范围有扩展至更多领域的制度空间，进而推进检察监督体系和监督能力的现代化。

通过开展行政公益诉讼等新型业务，检察机关面临转型的关键节点。近年来，检察机关开启了内设机构改革，逐步实现了组织体系的合理配置。2018年7月，习近平总书记主持召开中央全面深化改革委员会第三次会议，审议通过《关于设立最高人民检察院公益诉讼检察厅的方案》。随后，最高人民检察院成立第八检察厅，专门履行公益诉讼检察职责。与此同时，地方各级检察机关也根据公益诉讼需要，结合内设机构改革同步落实。有资料显示，截至2019年9月，全国已有25个省级检察院单设了公益诉讼检察机构，众多市、县两级检察院组建了专门机构或专门办案组②。内设机构改革之后，检察机关配备大量的公益诉讼人才，满足了检察业务专业化发展的需要，为广泛的公益诉讼检察职能之行使奠定了组织基础。由此，检察机关有能力介入多数的公益领域，进而致力于解决更多、更疑难的案件。

---

① 苗生明．新时代检察权的定位、特征与发展趋向［J］．中国法学，2019（6）：224．

② 张军．最高人民检察院关于开展公益诉讼检察工作情况的报告（摘要）：2019年10月23日在第十三届全国人民代表大会常务委员会第十四次会议上［N］．检察日报，2019-10-25（2）．

三、拓展行政公益诉讼受案范围的基本设想

（一）拓展受案范围的基本理念

拓展行政公益诉讼受案范围是一项系统工程，对此应作出细致全面的论证。未来拓展受案范围的活动，应当遵循以下基本理念，以在整体上有一个恰当的定位。

1. 利益衡量理念

利益衡量理念于受案范围拓展中的运用，要求重视利益之间的对比与权衡。对此应该先进行的是公共利益与私人利益之间的衡量。有学者将利益分为“当事人具体利益”、“群体利益”、“法律制度利益”和“社会公共利益”等层次结构①。拓展受案范围同样要考虑利益的层次性。基于我国行政诉讼的主观诉讼色彩，对私人利益的保障尤为关键，而公益优先保护的准则并不能完全适用。如何从主观诉讼中适当抽取行政公益诉讼的客观诉讼维度，还有待反复斟酌。通常来说，一般行政诉讼受案范围就能够解决的纠纷，则没有必要在行政公益诉讼受案范围中加以拓展。不过，正如有学者所言，私益诉讼与公益诉讼之界限有时是不清楚的，它需要通过法律解释方法才能确定某种诉讼利益是私人利益还是公共利益②。因此，对“私人性”与“公共性”应予以明确辨析。考察德国、日本的案件可知，其在传统上被认定为公共利益（反射性利益）的案件，有一部分通过判例转变为法律予以保护的私人利益。例如，核电站设施周围居民的生命、身体等健康利益，就被视为特定地域内的个别性利益③。域外司法判例显示，私人利益与公共利益之间的界限并非“铁板一块”。因此，对行政公益诉讼受案范围与一般行政诉讼受案范围之划分应予以恰当衡量，以避免二者之间的冲突。此外，也应当重视对公共利益与政策导向的衡量。受案范围是一个政策性很强的问题，充分反映了立法及司法的价值倾向。因此，在拓展受案范围之时，要留意政策倾向的价值维度，以实现其与公益拓展行为的统合。对此，应当以审慎、积极的态度对待政策的价值指引，避免在公共利益问题上的盲目行动或消极被动。本质上而言，影响受案范围的要素是公共利益的内在逻辑，为此政策应当发挥宏观的政治引导作用。简言之，对“等外”案件的司法探索，应秉持稳妥慎重的

① 梁上上．利益衡量论［M］．北京：法律出版社，2013：79.

② 章剑生．行政诉讼原告资格中“利害关系”的判断结构［J］．中国法学，2019（4）：244.

③ 朱芒．行政诉讼中的保护规范说：日本最高法院判例的状况［J］．法律适用，2019（16）：109.

理念。

2. 法定主义理念

行政公益诉讼涉及一般行政诉讼受案范围，已经突破了只有法律特别规定才能受理的约束，涉及公民人身权、财产权等多个方面领域的行政案件都可能被纳入受案范围。行政公益诉讼作为客观诉讼，其受案范围的标准难以被精确分析，而纯粹为法律拟制的结果①。如何界定行政公益诉讼中的公共利益，是拓展受案范围的关键。基于公共利益的不确定性，受案范围之拓展应当遵循法定主义理念，将法律依据作为前提，而不能任由检察机关自行决定。换言之，应该用法律规范去控制公共利益之泛化可能，以具体描述其形态，继而实现公益拓展的法治化。现实中，不少西方国家的公益诉讼案件范围都呈现扩大趋势，但其做法总体来看还是比较谨慎的，一般只在法律有明文规定的时候才可提起②。例如，在日本，为了保护公共利益而利用行政诉讼程序的做法作为一项立法政策不仅不被禁止，而且自明治宪法时代起就由个别法所规定③。在法律规范中明确可诉的案件范围，契合了我国成文法的传统，有助于统一地方各级司法机关之间的裁量尺度，且增强了行政机关对违法行政行为被诉范围的预期。当然，对法定主义中的“法”应作何种设定，将是今后立法模式所要解决的论题。

3. 司法统一理念

统一性包含两个维度：一是检察机关系统内部的统一。现实中各地检察机关对“等外”受案范围的监督举措，固然彰显了司法机关的担当与作为，但各地检察机关自行探索的行为难免在司法上有不统一之虞。对此，各地检察机关对法律明确列举领域之外的突破，必须先层报省级人民检察院批准。这里的统一，并非完全要求受案范围“全国一盘棋”。实践中部分区域可根据相关法律程序，因地制宜地拓展特殊领域。二是检察机关与审判机关的统一协调。审判机关在行政公益诉讼活动中处于中心地位，有权判定案件是否属于应予受理的范围。假如检察机关与审判机关对受案范围的拓展不一致，纵使前者提起了诉讼，后者也很可能会以不符合受案范围为由而裁定不予受理，无形中浪费了司法资源。当前，检察机关的公益拓展行为主要集中在诉前程序，很少有“等外”案件真正进入诉讼程序，这在某种意义上表明了审判机

① 梁君瑜．论行政纠纷可诉性［J］．北方法学，2019（6）：80.

② 颜运秋．公益诉讼理念与实践研究［M］．北京：中国政法大学出版社，2019：334.

③ 盐野宏．行政救济法［M］．杨建顺，译．北京：中国政法大学出版社，2008：180.

关对受案范围的谨慎态度。因而，在法律规定的框架下，应由最高人民检察院联合最高人民法院出台指导性的司法文件，以此作为统合法检两家意见的做法，逐步推动公益拓展的规范化。

（二）亟待行政公益诉讼介入的典型领域

当前，检察机关可参与监督的潜在领域颇为广泛，其中，安全生产、文物保护等领域较为典型，应尽快纳入受案范围。在安全生产领域，现有安全监管体制不健全、企业安全意识薄弱的现象较为严峻。例如，2015 年 8 月发生的天津滨海新区爆炸事故，暴露出地方政府监管不严、形式化乃至监管意愿缺失的突出弊端。又如，2019 年 3 月江苏省响水县天嘉宜化工有限公司发生特大爆炸，导致 78 人死亡。人们在关注事故救援的同时不禁质疑，天嘉宜公司的安全生产许可证早就过期，为何能躲过有关政府部门的多次审查？事故调查报告确认，应急管理部门履行安全生产监管职责不到位，其他生态环境部门、规划部门等也不同程度存在违规行为①。类似事件不一而足，屡禁不止。安全生产重大事故的惨痛教训表明，应当在该领域引入行政公益诉讼机制。一方面，安全生产直接影响公众生命财产安全，关系国家经济社会良性发展的公共利益。检察机关的诉前程序，能够督促安全监管部门对生产企业的违法违规行为作出审查，以最大程度实现安全生产风险防控，释放“事前预防优于事后诉讼”之公益诉讼功效。另一方面，安全生产所涉及的往往是不特定公众，并容易造成复杂的侵害后果。单个公民、法人或其他组织，其实很难与安全监管部门的违法行政行为形成利害关系，故行政私益救济的渠道比较有限。由检察机关代表公众起诉，则无须经过利益关系检验，且符合诉讼经济要求。同时，该机制能够增强督促行政机关依法履职的效能，是以司法手段实现政府监管资源的聚焦②。当然，在普遍推广安全生产行政公益诉讼的同时，有关部门应对其中的法律依据、起诉标准、具体类型等作出合理解释。

与此同时，行政公益诉讼应当成为文物保护的标配。针对前面述及的北京通州明代石桥的保护一案，笔者认为，严格来说文物保护似乎还不完全是我国现行法律所明确列举的受案范围，将其纳入生态环境和资源保护领域的做法有待商榷，给人的感觉是“环保法成了文物保护的护身符”。“既然提起的是环保公益诉讼，检察机关为什么不把检察建议直接发给环保主管机关，

① 佚名．响水“3·21”特别重大爆炸事故调查报告公布［N］．中国环境报，2019-11-18（1）．

② 卢超．从司法过程到组织激励：行政公益诉讼的中国试验［J］．法商研究，2018（5）：25．

毕竟这样才更显得名正言顺。"① 将文物保护列入环保领域的做法，难免引发文物保护监管与环保监督之间的冲突，故宜将二者界定为两个不同的领域。在现代社会的快速发展进程中，我国的文物保护工作面临严峻挑战，保护不力、历史遗迹受损的现象屡见不鲜。各类珍贵的文物具有不可分性、共享性等特征，承载着国人的认同感与自豪感，是中华民族悠久历史及文明血脉的象征，当然属于公共利益的范畴。当前文物保护以行政保护模式为主，因而构建专门的文物保护行政公益诉讼制度，将充分发挥检察机关的监督职能，有效遏制文物监管部门的违法履职行为。文物保护所涵盖的内容非常丰富，还应将其扩展至非物质文化遗产领域。正如党的十九大报告所指出的，要"加强文物保护利用和文化遗产保护传承"。例如，民族地区、特殊地区的非物质文化遗产丰富，当地检察机关可探索提起该领域的公益诉讼。加强文化遗产保护是增强国家软实力的核心要素，民族地区的"非遗"保护在很大程度上与公共利益密不可分，可从理论上对其可行性进行探讨。另外，涉及民生保障、市场秩序维护等的社会性事项，也都存在构建行政公益诉讼制度的可能性，对此也有待更多具针对性的类型化阐释。

（三）拓展受案范围的具体设想

未来拓展行政公益诉讼受案范围，应当在具体制度架构上处理好立法模式、设定标准、起诉主体等内容。

1. 立法模式

针对受案范围的立法模式，目前主要存在三种方式：一是明确列举；二是概括规定；三是"概括+列举"。今后受案范围的立法模式，不妨明确采用第三种模式。除现行法律规定的五种类型之外，还可以通过立法的形式再列举几种典型领域，以强调其他类型案件的重要性，尽可能避免立法疏漏。笔者比较支持运用单行法律来逐步释放"等"字的意涵，概括规定方面，为避免立法技术不够周延的争议，将来需要对行政诉讼法第 25 条第 4 款中"等"字的立法措辞作出调整，即在该条款中新增"其他法律规定可以提起行政公益诉讼的情形"之表述。这样既可以防止受案范围中"等"字的虚化，又可以防止案件范围的无序扩张。简而言之，应将拓展受案范围的列举规定权交给行政诉讼法及其他相关法律。在这一方面，我国台湾地区的做法可资借鉴，其"行政诉讼法"第 9 条规定："人民为维护公益，就无关自己权利及法律上

① 李响. 公众参与文化遗产保护的公益诉讼进路研究［J］. 中国高校社会科学，2019（6）：80-83.

利益事项，对于行政机关之违法行为得提起行政诉讼。但以法律有特别规定者为限。”此外，域外不少国家对于可诉行政行为也以单行法律明文规定为限。例如，日本《行政事件诉讼法》第42条所规定的民众诉讼，与我国讨论的公益诉讼有类似之处。日本的民众诉讼，由《地方自治法》上的居民诉讼、《公职选举法》上的选举诉讼等构成。

我国行政诉讼法和各部单行法律的个别设定，有助于稳步拓展受案范围的列举式规定，并解决检察机关公益拓展行为的碎片化问题。当然，对于哪些领域需要行政公益诉讼介入其中，离不开前期的实践经验。为克服立法周期过长、程序烦琐的困难，短期内不排除由最高人民检察院联合最高人民法院制定司法解释的必要性，适时规定范围扩大的基本准则、程序、标准及条件，以此鼓励地方检察机关先行探索，待条件成熟之后再由法律另行规定。除前述五类例示性类型之外，针对文物保护、安全生产保护及其他社会福利等领域，与之相关的立法都可以作出相应调整。例如，为将文物保护列入行政公益诉讼受案范围，文物保护法在后续修改时可适时新增行政公益诉讼的规定。又如，将来可以通过对安全生产法的修改，将探索成熟的安全生产保护事项新增为受案范围。至于否定式列举，在坚持行政诉讼法第2条概括规定的受案范围应当为“行政行为”基础上，可参照一般行政诉讼受案范围的排除规定，并结合公益诉讼本身的特点加以细化。

此外，还应进行专门的立法尝试。近期，多地人大及其常委会出台了本地区的公益诉讼地方性立法，为当地受案范围的拓展提供了直接法律依据。但是，各地的做法较为分散、不尽一致。可见，在地方立法主体扩容的情况下，地方性法规之间的统一问题亟待得到明确。着眼未来，可考虑整合各个单行立法中有关受案范围的条款，制定专门性的法律法规。基于行政公益诉讼与民事公益诉讼案件的发展状况，适时制定一部体系完备的公益诉讼法，就诉讼程序、受案范围等作出全面规定，并清理和废除一些地方和部门出台的“土政策”“土规范”，以解决法律依据不彰的问题。

2. 受案标准

拓展受案范围面临的一个关键性论题，是应该遵循何种标准将适宜通过行政公益诉讼渠道解决的案件纳入其中。对此笔者建议，不妨从行为、对象、后果、必要性四个方面标准确定范围。

第一，行为标准。我国行政诉讼法第25条第4款明确规定了行政机关违法行使职权与不作为这两种违法行政行为的属性，契合了该法第6条确立的合法性审查原则。需要注意的是，将这两种行为列为标准后，其还应当适应

“实质合法”标准，结合法律法规对行政机关职权的立法目的加以考虑，而不能仅停留在“形式合法”的层面。至于抽象行政行为是否应列入受案范围，笔者认为当前应仅限于规章以下规范性文件的附带审查为宜，与行政诉讼法第53条的规则保持一致。

第二，对象标准。公共利益主体是不特定的多数人或全体，其对象具有非排他性。一般而言，违法行政行为不会影响特定公民的权利或义务，检察机关可以提起公益诉讼的范围仅限于公共利益受到或者即将受到违法行政行为的侵害且没有特定受害人而引起的行政争议。公共利益的核心内容具有公共性，应该将明显具有私益性的内容排除出公益诉讼的范围，即行政机关的违法行政行为损害公共利益，且没有特定主体的权益受到侵害或者有特定利害人提起诉讼但不足以弥补其损失。此处试举一例，在毕节市七星关区人民检察院诉毕节市七星关区环境保护局不履行行政职权一案中，法院认为，本案中没有其他公民、法人和其他组织适宜提起公益诉讼的情况，检察机关以公益诉讼人的身份提起行政诉讼。该行政诉讼指向的被告是生态环境和资源保护领域违法行使职权或者不作为的行政机关①。

第三，后果标准。在我国行政诉讼法所确立的“国家利益或者社会公共利益受到侵害”这一损害结果的基础上，应厘清公共利益受侵害的具体表现形式。对此先要辨析的问题是，“公共利益受到侵害”属于客观现实损害还是包括了潜在损害？笔者认为，为拓展受案范围的现实需要，应该对此作宽泛理解。申言之，“公共利益受到侵害”既包括实际的物理形态上的损害，也包括潜在的、很可能发生损害结果的危险情形。接下来，可从对于维护公共利益效益良好、案件损害重大、经常性发生、影响权利的性质等具体标准去确定范围。例如，损害重大标准存在普遍的外部效应，可结合受害人数众多、影响地域广泛、民众反映强烈、社会影响恶劣等方面加以把握。那些严重影响不特定多数人的人身、财产安全，以及涉及社会共同体及其成员生存与发展之基本利益的，都属于后果标准。当案件涉及多数不确定利益主体的现实利益及可预期利益时，就应尝试将此规定为受案范围。

第四，必要性标准。特定领域事项是否列举为受案范围，须检视诉讼救济的必要性，此为利益衡量的结果。在整个行政诉讼的司法审查体系中，特定领域的违法行政行为属于检察机关提起诉讼的案件范围，因此应考虑诉讼的经济性与实效性。倘若通过传统诉讼等其他更适宜的渠道即能够解决此

① 参见：仁怀市人民法院（2016）黔0382行初3号行政判决书。

领域难题，则没有启动公益诉讼的必要。受案范围的诉讼客体，应该契合行政诉讼的可争议性、可裁判性和可执行性等要素。不属于法律层面的公共利益以及没有必要在诉讼中化解的类型，不宜作为受案范围拓展的对象。必要性标准的适用，应置于法院的立案登记阶段之后，即行政公益诉讼案件被初步受理之后再审查其救济的必要性。因法院对每起案件之决定受理与否要看该案件是否符合要求，司法实践中法院的审查主要以起诉要件为标准。不过，我国行政诉讼法第49条、第51条关于立案登记制的规定，凸显了起诉要件高阶化的现状，即将部分诉讼要件及本案要件掺杂其中①。对此，应将必要性标准设定为诉讼要件事项，在案件受理后由法院依据职权展开进一步审查。

3. 公益诉讼起诉人资格

在拓展受案范围问题上，不可忽视提起诉讼的主体这一变量因素。当前法律规范中提起行政公益诉讼的主体只有检察机关，这体现了我国公益诉讼国家化的政策考虑与制度安排。这关系公益诉权的分配，目前公益诉讼起诉人具有一元性，对于受案范围的拓展来说可能并不算非常理想，在涉及案件范围的拓展中，检察机关可能无法有效应付部分复杂的案件。对此有学者不无担忧地提出，某些检察机关在办理案件时“挑肥拣瘦”，选择相对容易、不会惹起行政机关较大反应的案件来提起公益诉讼②。因而，多元主体享有公益诉讼启动职权就成为讨论的必要，将来可尝试赋予社会组织享有提起行政公益诉讼的主体资格，以弥补检察机关不愿提起敏感类案件之不足。

其实，先前司法实践中已经有相关社会组织、公益性团体尝试提起行政公益诉讼。例如，原告北京市朝阳区自然之友环境研究所诉被告怒江州环境保护局不服环境保护行政处罚一案，系国内首例由环保组织提起的行政作为类环境行政公益诉讼案件③。虽然法院以环保组织不具备主体资格为由裁定驳

① 行政诉讼的过程可分为起诉、诉讼审理和本案裁判三个环节，故存在起诉要件、诉讼要件及本案要件的划分。起诉要件是当事人的起诉行为符合立案登记的基本要求；诉讼要件是案件被法院受理之后，对此案实体问题展开审查并决定裁判的范畴；本案要件，是指当事人的诉讼请求在实体法上所获得的保护救济。王贵松．论行政诉讼的权利保护必要性［J］．法制与社会发展，2018（1）：130-148.

② 沈岿．检察机关在行政公益诉讼中的请求权和政治责任［J］．中国法律评论，2017（5）：75.

③ 该案中，被告怒江州环境保护局对一个公司投资建设的项目作出行政处罚，原告北京市朝阳区自然之友环境研究所认为，被告的行政处罚行为明显违反我国环境保护法第61条规定，遂诉至人民法院。参见：云南省泸水市人民法院（2017）云3321行初1号行政裁定书。

回了起诉，但法院对环保组织提起的行政公益诉讼能够受理本身就是进步。10多年前，我国出现了首例环境行政公益诉讼案——中华环保联合会诉清镇市国土资源管理局行政不作为一案。该案件对于督促环境监管部门正确履职发挥了积极作用①。社会组织是享有共同利益的人聚集而形成的共同体，其本身的专业知识和公益代表性都存在优势，也有自身发展需要之内在动力。欧盟各国目前已存在扩大环境行政公益诉讼原告资格的趋势，即以《奥胡斯公约》及欧盟指令为轴心，通过判例或立法措施，扩大原告适格，发挥司法保障对环境政策的促进作用②。通过建立多元化的公益诉讼起诉人资格体系，促使受案范围有机拓展成为可能，如此能够为检察机关分担诉累。社会组织较少受到利益关系的牵扯，可克服不适宜由检察机关承担的情形，并发挥其在现代社会发展中的治理作用。

（四）拓展受案范围的必要限度

在对公共利益保障的过程中，也不能忽视公益拓展的过度扩张。行政公益诉讼属于客观诉讼，是我国行政诉讼中主观诉讼的补充，盲目扩大其范围可能导致行政诉讼功能定位发生偏离，致使受案范围张弛无度。公益诉讼并非一项普适性的司法救济机制，检察机关所代表的公共利益存在边界，这就要求合理运用审视公益有限原理。所谓公益有限，是指公共利益在客观上都存在归属主体、目的指向、内容范围等方面的界限，通过公益诉讼方式所应和所能维护的公共利益也是有限的③。这里所说的限度，会在立法模式中的否定式列举中得到体现，本书更多是对其加以宏观上的审视。

具体而言，受案范围并非纯粹是一个关乎权利救济的司法逻辑事项。行政诉讼范围取决于立法者制定的法律，客观上受到立法机关、行政机关和司法机关三方关系的制约和平衡。其中的关键，首先是法律监督权或公益诉讼检察权的界限。例如，受案范围不能超过各级人大及其常委会所制定法律规章中涉及的受保障之公共利益。国家监察体制改革后，人大制度下设置的监

① 2009年7月8日，中华环保联合会向贵州省清镇市国土资源局发出律师函，建议该局在收到律师函10日内收回李万先在百花湖风景区内享有的800平方米土地使用权及地上建筑或其他附属物，并消除该建筑对环境造成的潜在危害。同年7月27日，因该局仍未履行职责，中华环保联合会以该局不履行收回土地使用权法定职责为由，向法院提起行政公益诉讼。庭审中，原告以被告已作出收回第三人土地使用权决定为由提出撤诉申请，法院经审查裁定准许撤回起诉。佚名．中华环保联合会提起我国首例环境公益行政诉讼［N］．中国青年报，2009-08-03（6）．

② 大久保规子．环境公益诉讼与行政诉讼的原告适格：欧盟各国的发展情况［J］．汝思思，译．交大法学，2015（4）：15.

③ 高家伟．检察行政公益诉讼的理论基础［J］．国家检察官学院学报，2017（2）：19.

察委员会对检察机关的职能产生较大影响，因此不可忽略公益诉讼检察权与监察权的分工与衔接。其次，司法权与行政权的边界有待厘清。行政公益诉讼实质上是司法权对行政权的监督。行政机关在行政管理活动中正常履行职责便是公共利益的体现，其存在较大程度的自主性，受案范围的拓展应该避免对此种自主性产生不当干预。行政机关享有首次判断权，现实中几乎每一个行政管理领域也都提出了与之相关的技术性要求，有些具有高度专业性、紧急性的案件能够被列入案件范围的可能性与可行性很小。至于在受案范围明确列举之外的违法行政行为是否应受到司法审查，则既要充分保障可能被损害的公共利益，限制行政行为的恣意和滥用，也要顾及行政效率的维护与司法权的谦抑性。正如耶林所言，立法者和法官的任务都在于调和个人利益和公共利益，法官还需要多关注法律文本背后的社会目标①。此外，部分领域有待政治决断，有些事项还涉及保密要求，贸然将此类事项规定为受案范围反而会影响行政管理活动的开展。简而言之，受案范围拓展到何处，是由社会状况、历史传统、成本效益、经济发展水平、防止滥诉等因素共同决定的。尤其值得注意的是，司法权化解纠纷的能力是有限的，应该考虑司法人员配置、案件特性、司法权威等综合性因素。

行政公益诉讼作为一项新型司法制度，是以法治思维与法治方式推动国家治理体系和治理能力现代化的战略性安排，有助于监督行政机关依法正确履职，保障国家利益和社会公共利益，与时俱进加强和创新社会治理。因此，适当拓展行政公益诉讼受案范围，是司法制度创新发展的题中应有之义。在行政诉讼法及其司法解释、英雄烈士保护法等法律规范的规定下，我国的行政诉讼受案范围初步实现了立法化。行政诉讼法第 25 条第 4 款中“等”字的开放式立法技术，蕴含了公益拓展的巨大潜能。在证立拓展受案范围的理论自洽性后，后续的公益拓展行为还有赖于立法、司法、行政等机关的协调推动并为之创造良好条件。拓展受案范围应该做到稳步推进，既要防止公益拓展行为泛化而不切实际，也应避免因保守而限缩于少数领域。展望未来，须审慎确定“公共利益”的概念内涵，紧密结合行政公益诉讼的特殊性，尽可能推动受案范围的精细化与体系化。在行政公益诉讼制度的发展进程中，还应妥善把握公益有限原理，并协同推进其他监管方式等多元化的体制机制建设。

---

① 凯利．西方法律思想简史［M］．王笑红，译．北京：法律出版社，2002：318.

第三节　预防性行政公益诉讼：以野生动物保护领域为例

预防性行政公益诉讼是指为了避免国家及社会公共利益遭到难以弥补的损害，当检察机关综合判断具有危险发生的高度盖然性时，允许其在行政行为作出之前，或在损害结果实际发生之前，向法院提起的阻止行政机关作为或者确认行政机关有相应作为义务的诉讼。预防性行政公益诉讼突破了传统的"无损害无救济"理念，有效增强了风险防范意识，是对传统行政公益诉讼的补充①。普遍认为，行政公益诉讼在预防性功能的发挥中可被寄予厚望，其预防功能应成为治理效能的重要指标。目前在生态环境、食药品安全等传统领域，存在着很多可预知的风险隐患。有鉴于此，应将行政公益诉讼的关口前移，重点构建预防性行政公益诉讼制度。在这项制度体系中，野生动物保护领域的实践提供了生动例证。

一、预防性行政公益诉讼体系下的野生动物保护

近年来，我国生态文明建设取得了长足进展，同时也面临新的挑战。其中，生态文明建设中的野生动物保护主题有待继续探讨。2020 年初暴发了新冠肺炎疫情，诸多科学研究表明该传染病的病毒源头或中间宿主极有可能来自野生动物。并且，当下野生动物保护的形势非常严峻②。2020 年 1 月，最高人民检察院下发《关于认真贯彻落实中央疫情防控部署 坚决做好检察机关疫情防控工作的通知》，要求检察机关结合公益诉讼检察职能开展源头防控，积极稳妥探索拓展野生动物保护领域的公益诉讼。野生动物保护公益诉讼的制度安排，可谓司法领域推进生态文明建设的重要保障机制。事实上，野生动物保护不仅是生态环境保护的组成要素，而且关涉公众健康安全。假如违法者将野生动物杀害并把制品带入食品药品市场，其中的危害亦会延伸至关联性的公共安全之中。

在环境行政公益诉讼发展过程中，一般存在两种应对环境问题的模式：一是损害后果发生后及时采取措施，这属于事后控制范畴；二是通过严格的

① 张百灵．预防性环境行政公益诉讼的理论基础与制度展开［J］．行政法学研究，2021（6）：56.

② 有数据表明，我国近九成的野生动物种群因栖息地缩减、割裂、质量下降、人为活动干扰、环境污染等原因，生存空间不断受挤压。参见：李凌云．从损害控制到风险预防：野生动物保护公益诉讼的优化进路［J］．中国环境管理，2020（5）：130-137.

制度设计使其难以产生负面影响，即通常说的风险预防①。笔者认为，野生动物保护公益诉讼亦可作出类似划分，即包括损害控制型与风险预防型这两类司法模式。所谓司法模式，就是运用公益诉讼机制介入野生动物保护领域，随后诉讼方式在实施过程中呈现的显著特性。当前野生动物保护公益诉讼主要体现为损害控制模式，起诉主体倾向于以既成公益损害为程序的启动要件，并在嗣后尽可能促使损害结果得到控制乃至修复。风险预防模式的基本意涵，就是从源头上运用公益诉讼机制对那些即将发生或可能发生的公益损害风险进行防范。接下来，笔者拟运用风险预防原则的阐释框架，对当前野生动物保护公益诉讼的司法模式进行分析，进而倡导构建风险预防模式，并以此作为诉讼制度的优化策略。

二、损害控制：当前野生动物保护公益诉讼的主要司法模式

（一）法律制度设计中凸显事后损害特性

目前在我国，野生动物保护公益诉讼具有环境保护法、民事诉讼法、行政诉讼法等现行法律依据，其中主要有民事公益诉讼与行政公益诉讼两种类型。虽然我国民事诉讼法第 55 条第 2 款、行政诉讼法第 25 条第 4 款并没有明确例示野生动物保护的案件范围，但事实上在生态环境与资源保护、国有财产保护中都涉及野生动物保护。例如，按照环境公共信托理论，行政监管部门须承担环境与资源保护的职责②，当行政机关履职不力时，应受到环境行政公益诉讼的监督。同时，多数野生动物是珍稀的自然资源，根据我国野生动物保护法第 3 条“野生动物资源属于国家所有”的规定，野生动物也可扩大解释为国有财产的范畴。并且，当前公益诉讼受案范围存在相应的解释空间。如前所述，我国行政诉讼法第 25 条第 4 款采用了“四列举+等”的立法技术，检察机关提起公益诉讼的案件范围集中于生态环境等四个领域，与此同时，用条款中的“等”字涵盖其他范围。此前笔者曾提出，将“等”字解释为“等外”更为适宜，即受案范围不应拘泥于前述所例示的领域，随着行政公益诉讼制度的发展与完善，受案范围中的“等”字将日益体现其应有的含义。针对需要检察机关参与的领域，公益诉讼以法律拟制方式确立范围，但不排斥依法进行的公益拓展行为。2019 年 11 月，中共中央发布《关于坚持和完善

---

① 吕忠梅．从后果控制到风险预防：中国环境法的重要转型［J］．中国生态文明，2019（1）：10-14.

② 冯嘉，薄晓波．论《野生动物保护法》修改中的公益诉讼问题［J］．环境保护，2020（6）：26-30.

中国特色社会主义制度 推进国家治理体系和治理能力现代化若干重大问题的决定》，强调要拓展公益诉讼案件范围。总体而言，检察机关及相关起诉主体提起野生动物保护公益诉讼存在明确的规范依据。

此处先考察野生动物保护的行政公益诉讼类型，其中的损害控制模式须置于行政诉讼制度大框架内加以理解。我国行政诉讼法第 2 条规定，公民认为行政机关的行政行为侵犯其合法权益时，有权提起诉讼。这一总则性的规定，可推断为“已经侵害了”相对人合法权益的行政行为。若行政行为尚未侵害到相对人的合法权益，则一般难以提起行政公益诉讼。可以说，整个行政诉讼体系在整体上进行了事后救济的制度设计。依照我国行政诉讼法第 25 条第 4 款的文义解释，“致使国家利益或者社会公共利益受到侵害”依然是提起行政公益诉讼的重要条件。显然，这一条款的意旨是以发生公益损害事实为必要条件。在诉讼活动中，一般是由检察机关先发出诉前检察建议，当行政机关不依法履行职责且公共利益处于被侵害状态时，才会进一步提起公益诉讼。其中隐含的逻辑就是，提起诉讼是为了控制现实的损害结果。除此之外，相关司法解释亦能够印证损害控制模式。2018 年最高人民法院、最高人民检察院联合发布的关于检察公益诉讼案件适用法律若干问题的解释第 22 条规定，检察机关提起行政公益诉讼时应当提交被告行为已经损害公共利益的证明材料。可见，倘若没有发生实际的公益损害，则不会有“已经损害公共利益的证明材料”之说。

接下来，再看野生动物保护的民事公益诉讼制度。我国民事诉讼法第 55 条规定了环境公益诉讼的起诉标准，即“对污染环境等损害社会公共利益的行为”可以提起公益诉讼。这一条款的表述形式，同样体现了损害控制模式的印记。2015 年 1 月，最高人民法院关于适用《中华人民共和国民事诉讼法》的解释第 284 条规定，有权机关提起民事公益诉讼的起诉条件之一是“有社会公共利益受到损害的初步证据”。不过，同时期《最高人民法院关于审理环境民事公益诉讼案件适用法律若干问题的解释》第 1 条规定，“对已经损害社会公共利益，或者具有损害社会公共利益重大风险的污染环境、破坏生态的行为提起诉讼”①。该司法解释实际上扩展了环境民事公益诉讼的范围，即明确了四种典型情形：污染环境导致环境公益损害、破坏生态导致环境公益损

① 在环境法理论中，“重大风险”有其特定内涵，专指具有科学不确定性的不可逆重大危险。从该司法解释后面条款采取的“消除危险”这一责任形式来看，最高人民法院于此处使用“重大风险”应当属于概念上的不严谨，并非意在使法院介入风险评估和管理活动。王明远．论我国环境公益诉讼的发展方向：基于行政权与司法权关系理论的分析［J］．中国法学，2016（1）：49.

害、污染环境导致环境公益损害重大风险和破坏生态导致环境公益损害重大风险①。换言之，这一规定存在损害控制模式、风险预防模式两种类型。2017年4月《最高人民法院关于审理环境公益诉讼案件的工作规范（试行）》第6条，就社会组织提交被告具有损害生态环境重大风险的初步证据材料作出规定。该司法文件进一步体现了民事公益诉讼中的风险预防模式。令人遗憾的是，此种模式的其他配套机制却付之阙如，其“重大性”内涵与判定依据都较为笼统，实践中能否得到有效适用还有待检验。随后，2018年最高人民法院、最高人民检察院联合发布的关于检察公益诉讼案件适用法律若干问题的解释第20条关于刑事附带民事公益诉讼的明文规定，也对野生动物保护民事公益诉讼发挥了指引作用。在我国刑事法律规范中，侵害野生动物保护的罪名有“非法猎捕、杀害珍贵、濒危野生动物罪”等。刑法中规定的涉嫌犯罪行为体现了较为明显的事后控制特征，那么与之伴随的民事公益诉讼之前提自然也是发生了既成公益损害，违法者应当承担刑事责任及损害生态环境的民事责任。

综上，当前野生动物保护公益诉讼呈现两序列三机制的格局：由民事公益诉讼与行政公益诉讼这两个序列并行推进，其中检察机关与有资质的社会组织是起诉主体，单纯的民事公益诉讼由社会组织和检察机关按起诉顺位提起，刑事附带民事公益诉讼由检察机关提起，检察机关可以针对侵害野生动物的行政违法行为或不作为提起行政公益诉讼。在诉讼特性方面，野生动物保护行政公益诉讼较为明显地体现了损害控制模式的特点；民事公益诉讼机制中则既有损害控制模式，也在应然层面体现了风险预防模式的特点。

（二）典型案例揭示的损害控制型司法图景

公益诉讼从局部试点到全面推开以来，在野生动物保护领域已经积累了不少案例。尤其是新冠肺炎疫情暴发之后，各级检察机关及相关组织积极推进该领域的公益诉讼。自2020年2月起，最高人民检察院先后发布了多批野生动物保护典型案例。其中，在同年2月19日发布第二批妨害新冠肺炎疫情防控犯罪典型案例中，涉及破坏野生动物资源的犯罪案件1起，由福建武夷山市检察院对陈某某涉嫌非法猎捕、杀害珍贵野生动物提起刑事附带民事公益诉讼。2月28日，最高人民检察院发布了6起检察机关野生动物保护公益诉讼典型案例，其中3起涉及非法猎捕、杀害、收购、出售珍贵、濒

① 程多威，王灿发．论生态环境损害赔偿制度与环境公益诉讼的衔接［J］．环境保护，2016（2）：39.

危野生动物刑事附带民事公益诉讼案，另外 3 件分别是四川绵阳市涪城区检察院督促规范快递收寄验视行政公益诉讼案、江西鹰潭市检察院督促整治野生动物非法收购和运输行政公益诉讼案、江苏扬中市检察院督促整治野生动物非法交易行政公益诉讼案。在此期间，其他地方各级检察机关也相应进行了探索。例如，山东检察机关把助力疫情防控作为突出的公益保护任务，通报了多起野生动物保护领域的公益诉讼典型案例①。在这些案件中，多数违法者因猎捕或猎杀野生斑鸠、白头鹎等珍稀野生动物而被提起刑事附带民事公益诉讼。从 2020 年检察机关在新冠肺炎疫情期间发布和办理的野生动物保护公益诉讼案件来看，全国办理的案件范围较为狭窄，多数是针对非法猎捕、杀害珍贵、濒危野生动物以及“三有”野生动物案件②。应该说，这些案件主要以刑事附带民事公益诉讼为常规渠道。笔者通过初步检索发现，其中单纯的民事公益诉讼和行政公益诉讼都比较少③。由此可见，当前野生动物保护公益诉讼的典型案件同样体现了损害控制模式的特征，风险预防模式则鲜获适用。

通过对上述典型案例的初步梳理，可将损害控制模式的特征概括为以下两个方面。

一方面，救济对象是事后的既成公益损害，此为诉讼的关键要素。野生动物保护公益诉讼案件的最大特点，就是其损害结果的确定性。此种救济对象可以进行量化而非主观臆测，大多数案件均提及野生动物资源和生态环境受到损害的状况。例如，在“放生大鵟跟踪器停止不动 牵出下毒饵非法狩猎人”一案中，违法者袁某通过设鸟网、套子和投放玉米、黄豆制成的毒饵，非法猎捕了红隼、雉鸡等大量野生动物。当地检察机关以非法狩猎罪对其依法提起刑事附带民事公益诉讼④。诸如此类案件中的违法行为往

---

① 周雁凌，董若义．山东通报六起野生动物资源保护公益诉讼案例［N］．中国环境报，2020-03-26（8）．

② 颜运秋，陈忠．拓展野生动物保护检察公益诉讼案件范围［N］．检察日报，2020-03-10（3）．

③ 在本书写作过程中，笔者同时以“野生动物保护”“公益诉讼”为关键词，在中国裁判文书网上进行检索，涉及野生动物的一审公益诉讼案件 500 多件，其中多数为刑事附带民事公益诉讼案件，单纯的民事公益诉讼案件和行政公益诉讼案件都只有 20 多件。以上数据截至 2022 年 7 月 15 日。

④ 该案中，沈阳市猛禽救助中心放飞一只大鵟，为实时跟踪其身体情况和野外生存能力，工作人员给它安装了 GPS 定位。但后来发现跟踪器停止不动，才知该动物已死亡多日。经检查，认定其死因是吃了被毒死的野鸡。警方断定，事发地附近有人进行非法猎捕野生动物的犯罪活动。最后，警方将涉嫌违法者锁定为村民袁某。袁某到案后交代，他猎捕了大量野生动物并进行买卖交易。刘键，卢金友．放生大鵟跟踪器停止不动 牵出下毒饵非法狩猎人［N］．检察日报，2020-03-25（4）．

往给公共利益造成了现实损害，起诉主体是在发生损害结果甚至完结后才参与其中的。

另一方面，在救济方式上往往运用损害赔偿、修复或专项整治等做法。其中，损害赔偿的方式主要体现于民事公益诉讼部分。虽然《最高人民法院关于审理环境民事公益诉讼案件适用法律若干问题的解释》第 18 条规定了 6 种环境损害的责任承担方式，其中的消除危险责任的确属于风险预防。但是，实践中野生动物保护公益诉讼案件主要采取赔偿损失的方式，即要求违法者赔偿生态环境修复费用。例如，在 2018 年江苏省首例涉珍贵濒危野生动物犯罪刑事附带民事公益诉讼案件中，检察机关要求判令 21 名被告人连带承担非法收购、出售 11 只穿山甲所造成的生态资源受损费用合计 88 万元，被告人对民事公益诉讼的主要事实和证据无异议，自愿缴纳资源补偿费①。这种方式的鲜明特点，是由违法者承担生态环境损害的结果性责任，以控制、修复被损害的公益事项。生态环境无法修复的，则实施货币赔偿机制，同时探索替代性修复的方式；违法行为情节严重的，还会强化适用惩罚性赔偿。此种损害性赔偿的做法，吸纳了侵权责任法的矫正理念。在行政公益诉讼部分，检察机关侧重开展野生动物保护的专项检察监督活动，及时发现行政监管漏洞或缺陷，并督促行政机关履职。检察机关介入后，行政机关随即采取事后整治方式，纠正自身违法行为或不作为，并开展行政执法专项整治活动。例如，浙江省龙泉市检察院依法向行政主管部门发出涉“野味”公益诉讼诉前检察建议，要求相关部门严格查处违法行为，并对全市范围内餐饮业违法“店招”进行整顿，彻底革除食用野生动物的陋习。该市行政机关表示，将依法严格整治野味产业②。这就说明，行政机关有责任对辖区内违法行为进行巡查，并及时查办、处罚违法行为。同时在此环节中，行政公益诉讼依旧发挥了事后控制的功能。

（三）野生动物保护公益诉讼侧重损害控制的理据

损害控制模式较为符合公益诉讼的内在逻辑，其中的理论依据体现为以下几方面。

1. 诉讼方式的谦抑性

有观点提出，公益诉讼之所以以发生损害事实为提起条件，一方面是由

---

① 佚名．检察机关野生动物保护公益诉讼典型案例［N］．检察日报，2020-02-29（2）．

② 范跃红，邱哲．餐馆“店招”仍提供野味 浙江丽水：部署开展保护野生动物公益诉讼专项监督［N］．检察日报，2020-02-28（2）．

于其司法手段本身属传统的事后救济措施，另一方面则是为了防止滥诉问题的出现①。就野生动物保护公益诉讼而言，诉讼方式的谦抑性能够解释此种模式的合理性。行政公益诉讼的逻辑展开，与行政行为成熟性理论密不可分。因为在普通行政诉讼中，唯有成熟的行政行为才能被诉至法院。其中的原理还缘于司法权与行政权的不同分工，而在司法权的应用中发挥作用的是事后救济原则。也就是说，只有当一项行政行为是最后的行政决定之时，才适宜由司法机关审查，以避免司法权过早介入行政权的决定空间。行政公益诉讼本质上还是行政诉讼，同样要遵循此种理念。因而，在野生动物保护行政公益诉讼中，只有当公共利益受到损害而行政机关的违法行为或不作为与之相关时，对其提起诉讼才更为妥当。在民事公益诉讼中，也只有当违法者的行为被确定之后，检察机关或社会组织才能够更充分地收集证据并行使诉权。这些与传统的诉讼手段一样，都体现了事后谦抑性。

2. 因果关系推定规则

损害控制模式的根基，是现实生活发生了一定的损害结果，此种结果是由先前侵害行为所引起的。没有侵害行为就没有损害结果，其中的因果关系应存在可验证性。2015 年最高人民法院发布的关于审理环境侵权责任纠纷案件适用法律若干问题的解释明确了环境侵权司法领域的举证责任，其中第 6 条和第 7 条涉及环境侵权举证责任，即要求原告提交的证据材料中出具证明对方行为与结果存在因果关系的可能性标准。由此可知，此种因果关系的经验法则在野生动物保护公益诉讼中亦有适用余地。针对业已出现的损害结果，公益诉讼作用的发挥更依赖于确定性科学证据，以此作为采取司法救济活动的凭据。

3. 案件线索发现机制的事后性

“及时有效发现公益诉讼案件线索，是办理公益诉讼案件的第一道关口。”② 没有案件线索就没有后续的各项公益诉讼程序，此为检察机关和社会组织能够参与野生动物保护公益诉讼的关键。司法实践中，公益诉讼线索摸排难度大，事后线索被发现的难度则相对要小。如前所述，损害控制模式主要以刑事附带民事公益诉讼为主。以此为例，其中的线索往往需要刑事检察与公益诉讼协作找寻。这两种职能相互衔接，有助于节约司法资源，提高司

① 王春业．论检察机关提起“预防性”行政公益诉讼制度［J］．浙江社会科学，2018（11）：51-58.

② 胡宜振，张娟．公益诉讼案件线索发现机制完善：以长江流域安徽段生态环境资源保护公益诉讼案件为样本［J］．中国检察官，2019（16）：36-39.

法效率。野生动物保护公益诉讼的案件线索的发现渠道，多数是检察机关在履行刑事检察、诉讼监督、公益监督等职责过程中获取或提炼的。检察机关在办理侵害野生动物的刑事案件时，根据相关线索方能开展公益诉讼调查，而公益诉讼的线索机制对外存在一定的依赖性，故其发现渠道存在事后性特点。此种线索发现机制的特性，很大程度上影响着损害控制模式的生成与运行。

三、损害控制模式的省思：以风险预防原则为视角

诚然，损害修复模式这种事后治理方式在保护生物多样性、维护生态平衡等方面能够发挥积极作用。可是，在公共利益保障过程中不可忽略事前治理模式。为此，有必要引入环境领域的风险预防原则，对此模式作出检视。

（一）风险预防原则视角下损害控制模式的短板

当前社会在发展变迁的同时，环境风险系数也在增长，科学在面对新的环境问题时无法完全给出确定的答案。正如贝克所言，每个人都可能由于冲突的转变而生活在风险社会之中①。环境保护领域不仅存在着确定性“危险”，而且存在着不可预知的“风险”。由此，环境法上的风险预防原则应运而生。该原则的核心内涵是指即使在欠缺科学确定性证据表明会造成环境损害时，亦可基于合理怀疑的立场而采取措施去预防潜在风险。风险预防原则源于德国，于1976年德国的《空气污染防治法》中得到正式确立，随后该原则逐步适用于几乎所有的环境保护领域。1982年该风险预防原则被《世界自然宪章》采纳，这也是此原则首次出现在国际性条约之中。继《里约环境与发展宣言》《联合国气候变化框架公约》之后，国际上多数环境法律文件几乎都将此原则作为立法的基本原则之一②。其中，《里约环境与发展宣言》第15条对“风险预防”作出了权威性表达，即“国家应依据其能力广泛地采用风险预防办法以保护环境，遇有严重或不可逆转的损害威胁时，不得以缺乏完全的科学确定性为理由推迟采取符合成本效益且能防止环境恶化的措施”。我国最高人民法院对“预防原则”的司法解释是这样的，“预防原则是指对开发和利用环境行为所产生的环境质量下降或者环境破坏等应当事前采取预测、分析和防范措施”③。在这一大背景下，我国实体性的环境法律规范中已蕴含风险预防的理念。2014年修订的环境保护法首次确立了环境与健康风险评估制

① 贝克．风险社会［M］．何博闻，译．南京：译林出版社，2004：17.

② 伯根索尔，墨菲．国际公法［M］．黎作恒，译．北京：法律出版社，2005：211.

③ 最高人民法院环境资源审判庭．最高人民法院关于环境民事公益诉讼司法解释理解与适用［M］．北京：人民法院出版社，2015：2.

度，2018 年颁布的土壤污染防治法则对土壤污染的风险管理和控制作出了专章规定，这些都是风险预防原则在环境法治中的初步体现。

那么，作为环境法领域重要原则的风险预防原则可否直接移植到野生动物保护公益诉讼之中，并作为价值评判或现状分析的理论工具呢？这就需要再次界定野生动物保护与生态环境之间的关系。从自然属性而言，野生动物生长于现实环境之中，栖息地主要分为陆生与水生两类。野生动物的价值等次，可分为重点保护与一般保护两种，但二者皆具生态价值。野生动物是大自然的产物，属于生态环境系统的有机构成，故野生动物保护制度内嵌于生态文明体制建设之中。从政策导向来看，野生动物保护的法益与生态环境的法益高度契合。2020 年 2 月，全国人大常委会表决通过了《关于全面禁止非法野生动物交易、革除滥食野生动物陋习、切实保障人民群众生命健康安全的决定》（以下简称“2020 年《决定》”）。2020 年《决定》提到了“加强生态文明建设，促进人与自然和谐共生”的发展目标，该宗旨所凸显的价值导向与生态环境保护的公益追求高度契合。从实体法律可知，野生动物保护可纳入生态环境法律体系的范围。2020 年 2 月，最高人民检察院副检察长张雪樵在野生动物保护公益诉讼典型案件发布现场答记者问时表示，野生动物保护属于“生态环境和资源保护”的领域。我国野生动物保护法第 1 条申明了“推进生态文明建设”的立法理念。鉴于以上理由，认为野生动物保护大体属于生态环境领域的范畴是合理的，因二者的目标存在一致性。

风险预防原则在野生动物保护领域的运用，是对公益损害行为进行事前防范的理论分析工具。环境问题的关键，乃是因果关系的不确定、发展过程的不确定、危害结果的不确定①。在环境问题的突发性与科技发展的迅猛性对比之下，野生动物保护风险的不确定性加剧。野生动物保护作为生态环境保护法律制度的一部分，理应贯彻风险预防原则。进一步而言，野生动物保护公益诉讼同样无法回避风险社会的影响。并且，在实体性法律依据贯彻风险预防原则之后，公益诉讼的程序性规则也应当与实体法规范相配合，这是面向未来决策机制对程序法的客观要求。一味强调环境实体法的预防原则而忽视环境公益诉讼程序立法中预防原则的制定和落实，将导致环境预防性保护请求很难进入诉讼中②。《最高人民法院关于全面加强环境资源审判工作 为推

① 唐瑭．风险社会下环境公益诉讼的价值阐释及实现路径：基于预防性司法救济的视角［J］．上海交通大学学报（哲学社会科学版），2019（3）：29.

② 张旭东．预防性环境民事公益诉讼程序规则思考［J］．法律科学，2017（4）：164.

进生态文明建设提供有力司法保障的意见》将“促进完善最严格的源头保护制度”作为环境资源审判工作的指导思想，将“坚持注重预防”确立为环境资源审判工作的基本原则。因此，风险预防原则可以作为审视野生动物保护制度效果的理论框架，并且能够作为检验野生动物保护公益诉讼的理论准则之一。在该原则视角的审视之下，损害控制模式存在以下两个方面的不足。

1. 无法控制不可逆转的公益损害风险

风险预防原则的核心目的是化解损害结果的不可逆转性。很多生态环境公共利益难以被控制或弥补，一旦被损害就难以被救济。根据生态环境的自然属性，环境受到破坏之后想要恢复到事先状态是非常困难的，且受损后需要耗费大量的治理成本。如部分珍稀濒危的野生动物，一旦被违法行为人非法猎杀就难以再生，即使运用公益诉讼机制，也面临无法恢复原貌的窘境。并且，这种损害控制模式无法完整监控野生动物保护的全过程并进行分析，现实中此种“亡羊补牢”式的救济模式在面对实际损害时常常显得无力应对。在传统意义上，野生动物保护公共利益主要集中在生态环境利益方面，生物多样性是对于公共利益的重要考量。然而，由于野生动物保护中所可能遭遇的不仅仅是事后损害，而是在其全过程都可能受到影响。其中，滥食野生动物、非法动物表演等都是潜在的公益损害风险。各种不确定风险一旦出现将产生难以挽回的后果，而损害控制模式的事后性功能，未能对公益损害实现“防患于未然”。

2. 无法有效预防公众健康安全风险

生态破坏行为既可能单纯地引起环境生态价值受损，也可能引发其他多种公共利益受到损害。公益诉讼的司法保护直接指向公众，而野生动物保护并不单单是生态环境问题，实际上生态环境损害与公众健康安全问题的发生是交互性的，故前者的风险还会外溢至人体健康。损害野生动物不光是对生态环境的严重破坏，公民对野生动物的捕获、人工繁育、品种改良等行为，也可能使野生动物体内存在的有害生物或物质通过此途径传染给人类，并引起传染病暴发，继而对公众健康安全产生威胁，这显示了生态破坏的间接性特征。2020 年 2 月，习近平总书记在中央政治局常委会会议研究应对新冠肺炎疫情工作时发表重要讲话，明确指出食用野生动物风险很大。当然，目前我国的“野味产业”依然规模庞大，对公共卫生安全等关联性公共利益构成了重大隐患。同月，全国人大常委会表决通过了《关于全面禁止非法野生动物交易、革除滥食野生动物陋习、切实保障人民群众生命健康安全的决定》（即前述 2020 年《决定》），提出要有效防范重大公共卫生风险。由是观之，野生动物保护案件中受损法益存在多元复杂性，公益诉讼的救济客体不应局限于生态损害，即环境要素或生态资源价值的减损。同时，公众健康安全的风险预防等关联性客体也应被纳入其中。应当看到，新冠肺炎疫情所造成的实际危害，揭示了损害控制模式的某些盲区，该模式有时无法有效预防潜在的公共卫生致害风险。倘若不从风险预防原则的角度对公益诉讼作出改进，则无疑会对公众健康安全造成严重威胁。

（二）从损害控制到风险预防：事前司法模式之提倡

损害控制模式之不足的根源，是其背后的事后救济原则无法契合突发的风险性事项。在风险预防原则之下，公益诉讼的预防方法应得到提倡。这种预防方法的运用就是司法模式的改进。对此笔者建议，在野生动物保护公益诉讼中提倡一种避免事后性窠臼的司法模式，即继续推广风险预防模式。该模式是对发生公益损害的预测性“担心”，在一定危险性产生之前就预先去防止其对环境与人类生物之危害性的发生①。这种事前防控模式的意涵，与风险预防原则相契合。尽管现行法律制度设计中已经初步指向了此种模式，但司法实践中却很少进行适用，因而有必要对此加以调适，以增强其现实适用性。风险预防模式是立足源头环节，在明确的因果关系与损害结果出现之前采取的诉讼行动，其救济对象是潜在的公益损害风险，目的是实现野生动物保护公益诉讼的前瞻性功能。环境公益诉讼所指向的公益损害，并不一定是已经出现的损害结果②。简言之，风险预防模式的着力点，是在现实损害发生之前对风险进行识别，以最大限度地消除不确定性损害。

其实，公益诉讼实践中已经零星出现了风险预防模式的现实案例。如前所述，2017年民间组织自然之友向法院提起了全国首例濒危野生动物保护预防性民事公益诉讼。自然之友向法院提出，请求判令“新平公司和中国电建集团昆明勘测设计研究院有限公司共同消除云南省红河（元江）干流戛洒江水电站建设对绿孔雀、苏铁等珍稀濒危野生动植物以及热带季雨林和热带雨林侵害的危险，应立即停止建设项目”。法院经审理认为，项目建设开发活动将很可能会对绿孔雀的生存造成严重损害，因此判决被告立即停止基于现有环境影响评价下的建设项目。从这起案件来看，原告诉求是消除虽未发生但盖然性极高的环境风险。不过，这类实践中的做法还只是尝试性的个例，其

---

① 陈慈阳．环境法总论［M］．北京：中国政法大学出版社，2003：170.

② 唐瑭．风险社会下环境公益诉讼的价值阐释及实现路径：基于预防性司法救济的视角［J］．上海交通大学学报（哲学社会科学版），2019（3）：29-37.

中的程序与规则都亟待完善。

之所以在公益诉讼中提倡这种风险预防模式，并非否定损害控制模式的价值，而是认为单一的事后模式无法全面应对公益损害问题。通过风险预防模式的引进与推广，可以填补损害控制模式之不足。通过在野生动物保护公益诉讼中嵌入此种事前治理方式，允许起诉主体突破既成损害事实的限制，有助于克服损害无法被控制或公益修复成本过于高昂的窘境。只有从源头抓起，以风险预防原则为价值取向，方可起到发挥野生动物保护公益诉讼的最大功效，并通过事前与事后的有机衔接，构建一个有效且无漏洞的野生动物保护公益诉讼救济体系。

四、风险预防模式下野生动物保护公益诉讼的优化

在提倡风险预防模式之后，有必要基于司法权与行政权的关系定位，将视角转移至行政公益诉讼领域，对行政机关在野生动物保护事务上的主导权进行监督。通过全方位构建相应的规则体系，优化野生动物保护公益诉讼的司法模式，从而助益司法实践的具体运用。

（一）风险预防模式与预防性行政公益诉讼的引入

风险预防与损害控制这两种司法模式的关系，应当界定为二元并存、相辅相成，后者居于主要地位，前者发挥重要补强效果，二者共同构建一种以事后损害控制为主、以事前风险预防为补充的模式体系。鉴于实践中已存在野生动物保护预防性民事公益诉讼，且因行政机关的违法行为或不作为而引发的野生动物损害现象为数不少，笔者认为，风险预防模式的重心与抓手应放在预防性行政公益诉讼上。所谓预防性行政公益诉讼，是指为预防公共利益遭到可能的损害，当检察机关综合判定行政机关的行为存在风险发生的高度盖然性时，于行政行为作成之前或损坏结果实际出现之前向法院提起公益诉讼。检察机关提起行政公益诉讼，是目前我国行政诉讼中最典型的客观诉讼类型，其主要目的是寻求对公共利益的保障与对客观法秩序的维护①。在野生动物保护领域引入预防性行政公益诉讼，实际上就是风险预防治理观的有机嵌入。在二元并存的司法模式下，应强化野生动物保护预防性行政公益诉讼的运行方式，加强对违法行政机关的监督力度。

上述判断的逻辑起点，源自行政机关作为公共利益维护者的角色定位，

---

① 李凌云．行政诉讼中投诉人与举报人的原告资格之区分［J］．辽宁大学学报（哲学社会科学版），2020（1）：108-117.

行政权具有履行环境风险预防任务的客观义务，即“在行政领域，对威胁生命、健康、财产的因素予以排除或者减少是政府的基本任务”①。行政权存在保障公共利益的内在义务，保护野生动物是行政机关的一项基本职责，其应具备风险预防的预判能力及抵御职责，这也是风险预防国家义务对行政权的客观要求。并且，按照行政机关及其管辖事务和相应权力的性质及作用，行使行政权最适于防治危险。为有效应对野生动物保护过程中的复杂事项，行政权之运行有必要基于“福利国家”的积极干预主义立场。即使存在风险的不确定性，行政机关也负有保障生态环境和公众健康的职责。公共利益限定了行政机关的行为，行政权在满足公共利益时方可使用②。法律赋予了行政机关与其监管范围相关的职权，行政机关则应当承担采取适当、必要措施以预防风险的义务。根据我国地方各级人民代表大会和地方各级人民政府组织法第59条第5项的规定可知，县级以上地方各级政府行使的职权涉及食品安全、环境和资源保护等多元领域；在野生动物保护法中，行政机关的角色被设定为决策者与执行者。行政权因为其自身的主动性、综合性特征，能够以动态性决策来预防环境风险，达成法益保护的目标③。并且，部分行政机关的野生动物保护预防性责任不到位，已成为制约野生动物保护法律实施的障碍。实践中发生过地方林业部门滥发人工繁育许可证，明显存在监管失职问题，甚至存在为非法交易“洗白”开方便之门的问题。行政权在贯彻落实野生动物保护风险预防任务上具有专业主导优势，可由传统的消极防卫转化为积极预防，比较契合预防为主、防治结合的目标，其自身角色在很大程度上不可替代。

与此同时，基于行政权对风险预防的主导作用，司法权介入其中更具正当性。检察机关的职权存在主动性，能够更为有效地参与包括事前、事中环节在内的环境治理全过程④。构建预防性行政公益诉讼，借助诉前程序中的检察建议机制，对可能造成公益损害风险的行政行为提出检察建议，既能高效督促行政机关履行职责，也有助于节约司法资源。为此，由检察机关提起野生动物保护的预防性行政公益诉讼，可加强对引发公益损害风险的行政行为

---

① 王明远，金峰．科学不确定性背景下的环境正义：基于转基因生物安全问题的讨论［J］．中国社会科学，2017（1）：125.

② 科雷亚．行政法原理［M］．冯文庄，译．北京：法律出版社，2017：125.

③ 陈海嵩．环境风险预防的国家任务及其司法控制［J］．暨南学报（哲学社会科学版），2018，40（3）：15-25.

④ 图侯斯基，宋京霖．美国流域治理与公益诉讼司法实践及其启示［J］．国家检察官学院学报，2020（1）：162-176.

的监督，并尝试作为风险预防模式的常规渠道，建立监管“监管者”的法律机制。根据监督的对象是违法行政行为与消极不作为两类，检察机关可相应提起预防性不作为之诉与预防性确认之诉。对于将来极有可能作成之行政行为，如有侵害人民权利之虞，为确保人民有效之权利救济，理论界及实务界均承认起诉主体可提起预防性不作为诉讼，即在行政决定作出之前审查不作为的违法性，并依法及时督促相关部门全面履职。总之，损害控制模式主要由野生动物保护民事公益诉讼承接，风险预防模式则主要交由预防性行政公益诉讼机制承担。

（二）风险预防模式的规则构建

针对此种司法模式，有必要全方位构建规则体系。检察机关对现有公益诉讼事项进行全面监督，找出野生动物保护的监管空白或不力的地带，进而提起预防性行政公益诉讼。

1. 风险阈值的界定

风险预防原则的适用，需要通过风险阈值调整等机制实现限度考量①。风险阈值主要解决的问题是：当公益损害风险达到何种程度时，检察机关提起预防性行政公益诉讼才是合理的。只有当风险达到一定阈值，检察机关才能根据情形采取防范措施，这既是检察机关介入野生动物保护行政领域的时机，也是发挥公益诉讼职能作用的临界线。从国内外立法看，风险预防原则一般适用于对人体健康和环境可能造成严重或不可逆转的损害或威胁之领域②。在野生动物保护的预防性行政公益诉讼中，风险阈值的界定可区分为可能造成严重损害与不可逆转的损害风险两类，此亦为诉讼的启动条件。所谓不可逆转的损害风险，是行政行为作成并执行后存在难以挽回之虞。至于这两类风险的判定标准，则应将认定权交予检察机关，由其根据所获取的科学数据对风险程度进行量化评估，并对公益损害的内容等要素进行综合衡量。

2. 合作型线索发现机制

应当拓宽线索发现渠道，将公益投诉举报的潜在风险纳入案件线索发现机制。同时建立举报鼓励机制，多方位获取信息来源。明确接受公民投诉举报的具体标准，完善投诉向案件线索转化的机制，纳入案件线索来源渠道。

---

① 通过调整风险阈值可影响和控制风险预防的严格程度：对于风险较大的行为实行更加严格的风险预防措施，对于风险较低的行为则往往实行较为宽松的风险预防措施。参见：于文轩．生态文明语境下风险预防原则的变迁与适用［J］．吉林大学社会科学学报，2019（5）：104-111.

② 李艳芳，金铭．风险预防原则在我国环境法领域的有限适用研究［J］．河北法学，2015（1）：43-52.

此外，有效构建合作发现线索机制，加强行政公益诉讼线索平台建设，畅通其他线索发现渠道。增强从新闻媒体、社会舆论中获取行政机关预防性不作为或违法行为线索的能力，从而构建合理的风险预防评估平台。

3. 救济范围的深化

当前损害控制模式的案件范围，主要聚焦于制止野生动物的非法猎捕、猎杀。接下来应当将救济范围进行拓展，从更全面的风险预防视角进行观察。风险预防模式的运行时机也值得推敲，以拓宽预防性案件范围的深度。针对行政行为的范围，检察机关可以对延迟的行政行为、可能发生妨害作用的行政行为、导致既成事实的行政行为提起行政公益诉讼①。具体而言，风险预防模式下的案件范围，根据行政行为决策前、中、后三阶段进行，其中尤其要关注前、中两个环节。在行政行为决策之前，对于行政机关的不作为提起预防性行政公益诉讼。针对滥食野生动物的行为以及在禁猎区使用禁用工具、方法进行狩猎的行为，相关行政机关怠于履行法定职责时，预防性公益诉讼机制应适时介入，从源头上防范和控制公共卫生安全风险。在程序运行环节，可针对行政机关不履行监管职责而提起预防性不作为之诉。在决策之后但尚未执行环节，同样可以提起预防性行政公益诉讼。例如，行政机关对未达标的造纸厂发放排污许可证，污水将侵害附近的野生动物栖息地，针对此种情况应当提起预防性行政公益诉讼。此外，针对野生动物饲养、繁育、猎捕、交易、运输、展演、食用等各个环节，为加强重点领域的行政监管和行政执法，行政公益诉讼都有介入的必要。就行政机关作出的野生动物方面的行政许可或行政决定而言，如果其违法颁发行政许可所引发的损害是可预见的，就存在预防性救济的必要。例如，针对行政机关批准环境影响评价的行政决策，检察机关可根据环境影响评价法对违法批准规划环境影响评价与建设项目环境影响评价的行为提起诉讼②。一旦调查核实环境评价报告内容有重大风险或者严重失实的情况，要依法依职权督促审批机关及时纠正。针对合法但存在风险的野生动物养殖行政许可事项，检察机关可发出检察建议，建议行政机关撤回并注销相关繁殖许可证。

4. 诉前程序的科学塑造

创设行政公益诉讼之后，诉前程序是一个必经程序。在实践中，诉前程序的作用甚至超过诉讼程序，发挥了公益保护的主导功能。风险预防模式下，

① 解志勇．预防性行政诉讼［J］．法学研究，2010（4）：172.

② 吴凯杰．论预防性环境公益诉讼［J］．理论与改革，2017（3）：148.

对于即将发生的侵害，检察机关应以科学判断作为检察建议的内容，督促行政机关及时进行纠正，建议行政机关暂停作出或停止作出行政行为。当行政机关及时采取有效措施后，检察机关可以不再提起公益诉讼。诉前程序的运用，有助于督促行政机关自我纠偏。当前问题的关键在于，野生动物保护的风险需要得到评估。实行公益诉讼试点以来，相关试点的制度都规定了检察机关可以采取询问当事人与证人、收集证据、咨询专业人员意见等方法对案情进行调查取证及核实。不过，当前检察机关的调查取证权还欠缺明确的法律依据，加之野生动物保护案件多发、专业、疑难复杂；同时，检察机关在该领域还欠缺专业知识和人才，因而需要增强检察机关的调查取证权，并进行专业化的生态环境与公共安全风险评估。

5. 举证责任的合理分配

举证责任之规则关系案件事实的精准认定。预防性环境公益诉讼具有较强的风险防范属性，这使其本身包含着缺乏充足的科学证据的特点①。检察机关提起预防性行政公益诉讼之时，针对检察机关与行政机关之间就不确定风险之诉讼对抗，可尝试采取举证责任倒置规则。这种举证责任不同于普通行政诉讼与民事诉讼的举证责任。在举证责任倒置规则中，检察机关承担更少的举证责任，它提出初步的证明对案件进行推进后，紧接着举证责任转换至行政机关一方，由其证明行政行为不会造成严重损害风险或不可逆转的损害、行为处于合理承载范围之内等证据。

6. 救济模式的必要限度

一起案件能否被纳入公益诉讼，是经过对各类利益进行衡量而得出的判断。既要重视对公共利益保障的正当性，也不能忽视公益拓展的过度扩张②。野生动物保护预防性行政公益诉讼的范围，应当保持必要限度。例如，部分民族地区的原住民会根据传统习惯进行一定的野生动物利用，对此类情形应当区别对待。

（三）优化与风险预防模式相适应的机制

一方面，要明确野生动物保护主管部门权限。野生动物保护的行政主管部门主要有林业草原、农业、海洋、市场监管、卫生健康、公安、检验检疫、自然保护区管理机构等。其中的监管职责存在交叉乃至冲突，其中明显存在

① 朱炳成．环境健康风险预防原则的理论建构与制度展开［J］．暨南学报（哲学社会科学版），2019（11）：51-62.

② 李凌云．行政公益诉讼中检察机关的双重身份及协调：兼论检察机关的公益诉讼机构改革［J］．科学经济社会，2019（2）：76.

俗话所说“铁路警察、各管一段”的特征。野生动物保护权益不可逆、不可回转，预防性行政公益诉讼制度正是为了更好保护此类权益而制定的，对此类行政监管权限的科学划定，则是野生动物保护预防性行政公益诉讼顺利开展的基础性条件。为此，应当进一步细化和明确各行政主管部门的权限。下一步，亟待有效整合林业、环境、农业、工商、检疫等各方行政机关力量，设置专门的野生动物保护机构。通过科学划定监督职责，实现检察机关与相关行政机关联合部署风险预防。

另一方面，应当完善全流程式的公益诉讼监督机制。以保护公共利益为宗旨的公益诉讼，应当立足对野生动物的全方位保护。相关行政机关应尽快更新野生动物保护名录，确立捕猎、生产、经营、消费的全链条管理制度，其监管应覆盖“野味产业”全链条，而这也是检察机关明确案件范围的重要前提之一。例如，全面禁止食用野生动物，就要坚决斩断非法野生动物交易的利益链条，对违法猎捕、交易、运输野生动物的行为进行严厉打击①。食用野生动物必然带动一个庞大的捕、运、售、加工产业链，对社会乃至自然界的伤害难以估量。因而，对于滥食野生动物违法行为而提起的公益诉讼值得继续深入探讨。此外，有必要完善野生动物保护检察公益诉讼案件指导制度，以推动司法统一，实现野生动物保护的科学性与规范化。

可见，风险预防模式并非要否定主流的损害控制模式，而是一种诉讼技术上的补强，以克服事后司法的局限性。这两种司法模式应相互配合、和谐融通，进而构建严密的救济体系。基于行政权的风险预防义务，风险预防模式更适合被运用到野生动物保护行政公益诉讼之中，尝试构建预防性行政公益诉讼，于事前将具有风险之野生动物保护问题消弭于无形。明确损害控制模式与风险预防模式的二元协作及其主辅地位，理顺行政权与司法权的关系，将有助于同时实现野生动物保护公益诉讼的事后修复功能和事前防控功能。当然，野生动物保护是一项庞大工程，行政公益诉讼机制只是其中的一个选项。未来应当立足公共利益这一基本点，持续推动法律法规完善，如在修改野生动物保护法、传染病防治法等相关法律时新增公益诉讼条款的规定，弥补现行监督机制之不足。总之，通过行政公益诉讼与其他监督措施的协同治理，可以有效维护生态环境资源，提高风险规制能力，及时预防公共健康安全风险，推进生态文明系统与社会安全系统的良善运行。

---

① 王晨．依法全面禁止食用野生动物 保障人民群众生命健康安全［N］．人民日报，2020-03-19（6）．

第八章　民法典时代与行政协议诉讼中的疑难问题

我国行政诉讼法第 12 条第 1 款第 11 项规定，公民、法人或者其他组织认为“行政机关不依法履行、未按照约定履行或者违法变更、解除政府特许经营协议、土地房屋征收补偿协议等协议”而提起的诉讼，由人民法院受理。这是我国首次对行政协议诉讼作出明确规定。行政协议诉讼同其他类型行政诉讼的差异在于，其不仅涉及行政机关履行行政职权的行为是否合法与合理，而且涉及行政机关在行政协议缔结、履行、变更、解除过程中的其他行为以及行政相对人行为的合法性与合理性等问题。2020 年 1 月起施行的《最高人民法院关于审理行政协议案件若干问题的规定》（以下简称《行政协议规定》），再次将行政法学界和民法学界激烈的理论争议推向深入。2020 年以来民法典的颁布实施是中国法治进程中的重要里程碑，必将以法典的体系化效应对整个部门法建设产生深远影响。随着民法典时代的深入发展，行政协议研究既要重视其本身独特理论之构建，还应重视行政诉讼司法审查导向的规范分析。我国民法典总则编、合同编等各编内容中有 160 多个条款涉及行政法问题，与之相关的行政协议论题面临新的发展契机[①]。总之，在民法典时代，行政协议诉讼所遇到的疑难问题亟待化解。

第一节　民法典时代行政协议的行政性与契约性

行政协议是现代行政管理活动的新方式，是经济社会快速发展后满足公众社会治理参与权与公共资源分享权的必然结果。行政协议有多种称谓，如行政契约或行政合同等，是指行政机关与行政协议相对人双方在意思一致基

① 章志远．行政法治视野中的民法典［J］．行政法学研究，2021（1）：42.

础上所缔结的发生行政法上法律关系的合同①。我国行政诉讼法及 2015 年《适用解释》中新增了“行政协议”之规定，行政协议纠纷遂成为行政诉讼的受案范围。尽管 2018 年《行诉法解释》的内容很丰富，但其中并未涉及行政协议的详细规则。该司法解释施行后，最高人民法院于 2000 年和 2015 年所发布的两个行政诉讼法司法解释同时废止。随后，有司法界资深人士撰文提出，针对 2015 年《适用解释》关于行政协议的部分，最高人民法院将制定专项司法解释。在行政协议司法解释出台之前，法院审理行政协议案件可参照先前司法解释中有关行政协议的内容②。在探讨行政协议司法审查规则之前，适时对行政协议纠纷的法律属性作出分析并非多余。

一、行政协议的行政属性

作为行政管理法律关系客体的行政行为，承载着行政法上权利义务所指向的对象，是行政机关及其工作人员在履行职权过程中对行政相对人作出的法律行为。在一般行政行为中，行政机关具有依法实施行政行为的权力，行政相对人则负有遵循的义务，此乃行政行为的基本属性。作为新型的行政行为及由此引起的纠纷，行政协议同样具备行政性特征。

首先，在主体方面，行政协议的其中一方应为行政机关，并对协议内容享有行政管理权。有学者对行政协议的内涵作出界定，即至少协议一方当事人为行政机关，且协议内容包含了具有公法或私法上的性质在内。行政机关通过创新行政管理方式，与公民、法人或其他组织协商订立具有行政法上权利义务内容的协议。这里的“行政机关”，既包括以自身名义从事行政管理活动并独立承担责任的行政机关，也包括法律法规及规章授权的组织。行政机关对协议约定的内容享有行政管理权，并受职权法定原则的拘束。以政府特许经营协议为例，基于行政委托的理论，该行政机关可委托其他行政机关或法律、法规、规章授权的组织参与订立，除非法律、法规、规章有禁止性规定或必须由该行政机关订立。

其次，行政机关享有行政优益权，在协议订立时具有适度的主导地位。此种优益权的正当性，既来源于公共利益或者行政管理目标的指引，也缘于行政协议相对人的自觉认可与接受。行政优益权乃行政协议的本质内涵，集

---

① 需要说明的是，在本书相关内容中，“行政协议”与“行政合同”和“行政契约”作同义使用（笔者注）。参见：陈新民．中国行政法学原理［M］．北京：中国政法大学出版社，2002：175.

② 江必新．论行政诉讼法司法解释对行政诉讼制度的发展和创新［J］．法律适用，2017（7）：3.

中表现了协议双方在管理与被管理逻辑上的不对等地位。当然，签订协议所能够带来的经济利益会促使公民、法人或者其他组织接受此种“不对等”。

最后，在目标层面，行政机关之所以会与公民、法人或者其他组织签订行政协议，旨在实现公共利益或者行政管理目标等公法目的，而常见的行政机关与公民签订民事合同只是为了实现双方的私法目标。

二、行政协议的契约属性

行政协议的行政属性，并不会排斥其契约特征。有国内民法学者曾否认行政协议的存在，提出行政协议只是一种特殊的民事合同，同样受到民事法律规范的调整，并在起草合同法时拒绝将行政合同纳入其中，即“即使法律规定强制签约，即使一方当事人为行政机关，只要本质属于市场交易的行为仍可归于民事合同，国家授权行政机关适度调整或干预某些市场交易行为，不可能从本质上改变交易关系，成为所谓行政合同”①。反观行政法领域，主流学者则认可行政协议的存在，如认为“行政管理方以实施行政管理为目的与被管理方意思表示一致而签订的协议是行政协议”②。上述观点之所以看上去存在一定分歧，实则反映了公私法学界对合同之内涵存在学科语境上的背景差异。2014 年修改的行政诉讼法新增了关于行政协议的条款，确立了行政协议的独立地位，从而使上述形式上的争议告一段落。需要指出的是，行政协议并不只是语义上的“行政”+“协议”。行政性为公法上的要素，协议性又蕴含了私法上的因子。行政协议的契约属性，便为此种新型行政行为注入了私法属性。

契约属性是行政协议发挥制度优势的创新根基，因而行政诉讼应凸显契约权重并注意分类处理③。行政协议与民事合同都具备一般合同的特征，而公共利益上的分野又使二者不尽一致。合同性是行政协议的创新所在，使之区别于一般的行政行为。行政协议的签订，是以行政机关与公民、法人或其他组织双方合意、协商并具有共同意思表示为前提，以设立、履行、变更和消灭行政法上的权利义务关系，这遵循了民事合同要约与承诺的规则，促使行政行为的行政性得到一定缓和。例如，在部分行政协议的签订或解除上，行政协议相对人并不只有服从的义务，而是存在自由选择的空间，彰显了合同

---

① 梁慧星．民法学说判例与立法研究：二［M］．北京：国家行政学院出版社，1999：191.

② 应松年．行政法学新论［M］．北京：中国方正出版社，2004：241.

③ 金诚轩．行政协议纠纷的契约属性：兼对王利明教授《论行政协议的范围》一文的回应［J］．行政法学研究，2021（6）：135-145.

自由的精神。涉及行政协议的具体内容，行政机关与行政协议相对人可以像民事主体签订合同那样“讨价还价”，当然行政机关只能在遵守公共利益的框架内作出合理让步。

概括来说，行政协议兼具“行政性”与“契约性”的双重要件。行政协议成立的重要前提，是行政机关与作为行政协议相对人的公民、法人或其他组织经过协商达成一致。行政协议与单方行政行为的最大区别，是其作为双方行政行为所蕴含的双重属性：一是作为行政管理方式，乃行政机关实施的行政行为，具有行政性的特点；二是基于公私双方意思自治，签订协议必须得到行政相对人的同意，体现了合意性的特质。在普通行政诉讼中，法院司法审查的视角主要在于行政机关单方作出的被诉行政行为是否合法。在民事诉讼领域，法院对民事合同的审查侧重违约审查，即判断双方行为是否遵守合同约定。行政协议作为一种新型的行政管理方式，体现了高权行政向平权行政的渐次变革。司法实践中，最高人民法院认为行政协议既是行政行为，具备行政行为的一般属性；又是一种合同，体现合同制度的一般特征①。换言之，行政协议在具备行政性特征的同时，也蕴含了合同的协商、自愿及合约等因子。在民法典时代，行政协议诉讼须妥善处理行政性与契约性的内在关联。

第二节　双重属性下行政协议合法性审查的局限

在我国，法院对行政机关作出的行政行为进行合法性审查，具备行政诉讼法第 6 条“人民法院审理行政案件，对行政行为是否合法进行审查”的规范依据。这一条款的规定，明确了行政行为合法性是行政诉讼的审查对象，某个行政行为是否严格依照法律规定的方式、内容、程序或职权行事皆应受到司法权的约束。合法性审查表明了司法权与行政权的关系，即行使司法权的目的是监督行政机关依法行使公权力。“合法性审查原则是行政诉讼法最具特色的基本原则。可以说，行政诉讼的所有程序和基本制度就是围绕这个核心原则建立起来的。”② 除撤销诉讼之外，法院在审查其他类型的行政诉讼时也不受原告诉讼请求的限制，合约性审查能够对涉诉行政行为作出全面、彻

① 参见：最高人民法院（2017）最高法行申 2289 号行政裁定书。

② 江必新．中华人民共和国行政诉讼法理解适用与实务指南［M］．北京：中国法制出版社，2015：22.

底的审查。行政协议实质上引入了私主体参与国家行政管理，运用柔性的制度安排去配置双方的权利义务，其合意属性集中体现了约定职责下契约理念在行政法领域的繁荣，并表现为民事规则对行政管理行为的嵌入或渗透。笔者通过分析发现，合法性审查在应对行政协议纠纷时的“射程”有限，这集中表现为行政协议的合意属性挑战了合法性审查的运行规则。

一、行政协议不契合单方行政行为的审查逻辑

单方行政行为的生成原理，往往是源于法律的规定，所谓“法无授权不可为”，比如行政处罚、行政强制等行为所表现的单方特性，即行政行为需要在法律明示下作出，否则会有违法之虞。那么，合法性审查到底审查的是哪些内容呢？司法实践中，最高人民法院主要从两个方面来审查行政行为的合法性。一方面，在程序要件上，审查行政机关是否具备法定职权，其作出的行政行为是否遵照法定步骤；另一方面，在实体要件上，审查行政行为所依据的事实是否清楚、内容是否合法适当、证据充分与否等①。笔者认为，从行政行为合法要件反推审查内容亦是可行的。行政行为的合法要件大体包括职权合法、证据确凿、适用法律正确、内容合法、程序合法以及无明显不当六个要素，这与我国行政诉讼法第 70 条法院判决撤销行政行为的六项条件相对应。当行政行为满足上述要素时，则表明是合法的；若其中某个要素未能达标，那么该行政行为则谈不上合法。

行政协议作为一种行政行为，也理应成为法院的审查对象。例如，《市政公用事业特许经营管理办法》第 4 条确定了建设主管部门在特许经营活动中的指导、监督权，行政机关行使监督、指挥等行政优益权时并不需要经过相对方的同意。此时，行政机关在地位上高于行政协议相对人，具有单方行政行为的特征，而单方行政行为一定程度上可视为行政权的延伸，故同样适用合法性审查。然而，行政协议乃双方当时的真实意思表示，系双方的行政行为，有时谈不上是否合法。当行政机关基于主观原因无法或不愿意兑现承诺，致使行政协议相对人的权益受到损害时，其并未运用行政权力。“行政协议的契约性决定了其所谓的‘行政’是契约行政、协商行政，有别于传统的行政行为，因而不能完全照搬照抄有关行政行为的规定。”② 行政协议所呈现的内在构造，与单方行政行为的原理不完全相同，此时合法性审查可能会失灵。

---

① 参见：最高人民法院（2016）最高法行申 2066 号行政裁定书。

② 麻锦亮．纠缠在行政性与协议性之间的行政协议［J］．中国法律评论，2017（1）：56-60.

二、难以应对行政协议的关系之诉

在法国，专门的行政法院在审理行政协议案件时享有普遍的司法管辖权，合法性审查之诉由于侧重行政行为的合法性而被视为“行为之诉”，其他所有因行政协议缔结和履行而引发的诉讼则被称作“关系之诉”①。行政机关与行政相对人围绕行政行为，衍生了行政法上的法律关系。合法性审查，应对的是行政违法行为或行政不作为。行政相对人起诉行政机关，法院据此审查行政行为合法性的过程实乃行为之诉。行政协议的法律关系并不是单一的，既存在行政机关与行政协议相对人之间基于行政管理需要而产生的不对等行政管理关系，也具有建基于意思自治所生成、变更或消灭的平等契约关系。

行政机关因在行政协议中行使优益权而作出的单方行政行为，应为不对等的行政管理关系。行政协议相对人起诉后，法院围绕这一关系所作出的审查也确属行为之诉的范畴。然而，当相对人起诉行政机关不履行约定时，实际是对平等契约关系发起了司法挑战，这时传统的行为之诉难以涵盖行政协议所包含的全部法律关系。这就是说，法院在行政诉讼中除了需要对行政权进行监督之外，还涉及在何种限度上尊让协议双方当事人的意思自治与契约自由。若局限于合法性审查原则，只强调对行政协议中行政机关的监督，双方当事人的意思自治将失去存在的空间。行政协议诉讼需要审理的是双重法律关系，法院还需要围绕当事人的请求去确定行政协议是否成立、对方是否履约等问题，此为行政协议双方平等契约所衍生的关系之诉，与行为之诉的逻辑并不相同。

三、无法完全涵盖行政协议纠纷

普通行政诉讼的司法审查模式是基于对公法秩序的维护，它以合法性审查原则为核心，对行政机关的行政行为及其违法责任加以监督。在行政协议中，既存在行政机关违约的情况，也存在行政协议相对人违约的情形。除了因为公共利益而享有的行政优益权，行政机关并不享有法外特权，行政机关违约要承担违约责任②。根据合同对等性原理，行政协议相对人违约同样要承担责任。

诚然，相对人违反协议约定时，行政机关可根据行政优益权采取制裁措

① 张莉．谈法国行政协议纠纷解决［J］．人民司法，2017（31）：30.

② 刘莘．行政合同刍议［J］．中国法学，1995（11）：6.

施。但是，在合法性司法审查的语境下，行政协议相对人违约的情形似乎难以被纳入其中。即使相对人不履行协议，行政机关也因不属于行政诉讼的适格原告而无法起诉行政相对人。此外，在行政协议中，行政机关违约可能并不构成违法；行政协议相对人是否先行违约，将在很大程度上决定行政机关的违约形态。也就是说，行政协议双方在履行协议义务时存在关联与对抗，相对人不履行义务甚至会导致行政机关难以继续履行其主给付义务。实际上，确定行政协议双方是否违约都需要来自司法上的判断，然而面对此类情形合法性审查却无法发挥作用，即我国行政诉讼法第 6 条无法涵盖这一情况。可见，作为主要审查行政机关一方责任的合法性审查，由于无法应对行政协议双方违约的情形，因而在全面有效划定“官”“民”违约过错的范围时存在局限。

合法性审查存在上述局限的根源，是因为行政协议的行政性与合意性需要不同的审查原则去承载。仅将合法性审查作为对行政协议唯一的司法审查原则，实际已很难满足司法实践的需求，而在目前的实定法上也尚未发现其他比较妥当可行的审查原则。不论是行政机关或是行政协议相对人，其在法律规定范围内的约定行为是否得到遵守，都需要接受审查。对此，合约性审查能够合理界定行政协议双方的责任，这便是其价值所在。在现行法律规定的基础上，未来应适时将这一审查方式在法律层面上予以确立。具体的构建路径，可以行政诉讼法及其司法解释为载体并以下一次修法为契机，在相关法律条文中明确规定合约性审查，以作为对合法性审查的调适和补充。下面，笔者将从理论与实践两个层面论证合约性审查的可行性。

第三节　行政协议合约性审查的证成与适用

曾有观点提出，行政协议的双重属性决定了法院在审理行政协议案件时需要运用合法性与合约性相结合的双重审查原则①。考察我国现行行政诉讼法涉及行政协议之第 12 条和第 78 条可知，这些法律条款中已新增了行政机关是否“按照约定履行”的表述，故法院有权以此审查行政协议双方的履约行为。笔者认为，法院依据“按照约定履行”条款进行司法审查的性质，实际上就是一种合约性审查原则，且是与合法性审查相提并论的模式。合约性审查，意味着行政协议双方在法律规定范围内的约定行为应当接受司法审查，这说明行政诉讼制度已演化出异于合法性审查的原则。行政协议的约定内容

① 信春鹰．中华人民共和国行政诉讼法释义［M］．北京：法律出版社，2014：205.

体现了双方各自的权利义务，“契约必须遵守”乃不言而喻的法则，任何一方未全面、正确、及时履行协议义务便可能构成违约。接下来笔者将结合大量经典的裁判文书，首先讨论合法性审查在应对行政协议时的局限性，其次从理论与实践两个维度证成“合约性审查”这一概念及其背后的逻辑，最后总结该审查原则之定位、适用范围、法律依据及责任划分等方面的内容。

之所以需要证成合约性审查，首要原因是立法中并未明文规定这一司法审查原则。综观我国行政诉讼法及其司法解释，有关法律条文仅有“按照约定履行”等表述。合约性审查的因子，主要散见于裁判文书及相关理论观点之中。当前，合约性审查的客观现实固然存在，但确实尚未从实定法上找到“合约性审查”这一明确概念。合约性审查的宗旨，是秉持行政协议双方的约定，厘定双方各自的责任。在证成合约性审查之可行路径的问题上，除前述已指出的合法性审查在应对行政协议时存在局限这一点外，还应从理论与实践两方面对合约性审查加以必要阐释。

一、合约性审查的证成

（一）合约性审查的理论证成

1. 合约理论的意涵及其在行政协议诉讼中的运用

笔者以为，以民事领域的合约理论为切入点，尝试在行政协议合法性审查的基础上证成行政协议诉讼的合约性审查，不失为走出上述困境的有效之策。所谓合约，从字面上解读就是双方的行为需要遵守合同或协议的约定。“合约”一词的拉丁文为“contractus”，“con”由“cum”转化而来，有“共”字意义；“tractus”有“交易”意义，合译之，即共相交易①。有学者对合约的概念进行了界定，即“一般意义上的合约是指市场交易过程中，交易双方交易主体自愿、平等达成的某种协定”②，从中能够发现合约具有合意性、平等性等特征。上述合约理论一般来源于私法领域，是契约主义理论在民事交往领域的实践产物。在私法领域，合约理论适用于公民之间的交往关系，如公民之间所签订的民事合同。在传统行政法领域，合约理论则不多见。基于行政机关的单方命令-服从模式，行政机关与公民、法人或其他组织的关系偏向于强制性，单个公民与行政机关之间自由合意的余地不大，原本谈不上与行政机关合约的问题。

---

① 黄右昌．罗马法与现代［M］．北京：中国方正出版社，2006：268.

② 傅静坤．契约冲突论［M］．北京：法律出版社，1999：29.

除了私法领域，在经济学领域同样能够发现合约理论的存在，如美国经济学家诺斯从制度角度对合约进行了剖析，并提出制度也是合约的观点，他认为制度是委托人与代理人之间和委托人之间为实现作为专业化结果的交换利益，使其财富最大化而作出的合约安排①。概言之，合约理论作为一种社会关系领域的理论工具与交往范式，有助于帮助了解平等主体双方的关系及其行为规范。“合约的角度，是比较直接地将人带到什么可以做、什么不可以做的那些方面去。”② 那么，合约理论是否可以作为公民与作为公共利益代表的行政机关之间的交往范式呢?

具体而言，合约理论在行政协议诉讼中具有充分的解释力。如前所述，合约理论原本在私法领域运用较多，而将其引入行政协议诉讼则似乎是将该理论扩展至公共领域加以讨论。对此，不妨先从行政协议的本质出发，探讨合约理论引入行政协议诉讼的可能性。有学者认为，合同在本质上仅仅是人际交往关系的一种形式③。虽然行政协议本质上可以被视为行政协议相对人与行政机关之间的交往范式，但是在行政管理方式创新背景下的行政协议是异于传统行政法的产物。行政协议的契约性特征，已经为其注入了某种私法领域的因素，这便是“私法遁入公法”的体现。据此，行政协议已经表现出私法理论向公法领域渗透的趋势，为合约理论在行政领域崭露头角奠定了基础。笔者认为，合约理论能够被引入行政协议，并作为阐释行政协议相对人与行政机关之间交往范式的理论工具。

将合约理论引入行政协议诉讼，是为了更好地解释行政机关与行政协议相对人双方之行为，为双方的履约行为提供参考点，用以规制和应对行政协议违约。换言之，行政协议双方需要遵循合约理论。这里的合约，是指行政协议双方对书面协议所作出的承诺和对各自职责的约束行为。当行政机关与行政协议相对人约定义务而该约定义务又不是法定义务时，行政机关遵循此类义务的行为才属于合约。其中的“约定”概念，就是指双方当事人自由约定的事项。双方需要遵守合约理论的重要前提，是基于诚实信用原则的拘束。同时，合约也是合法的重要补充。在行政协议行为不违法而只是违约的情况下，合约理论的重要补充性就充分体现出来了。

所谓在行政协议诉讼引入合约理论，是以此为依据要求行政协议双方自

① 诺斯．交易成本、制度和经济史［J］．杜润平，译；凌熙华，校．经济译文，1994（2）：24.

② 张五常．制度的选择［M］．北京：中信出版社，2014：15.

③ 于立深．行政协议司法判断的核心标准：公权力的作用［J］．行政法学研究，2017（2）：36.

愿实施协议内容。如果不实施，则可能构成违约。行政协议的违约具有相对性，即违约只能在特定相对人之间发生。行政机关与行政协议相对人之间基于合意而签订行政协议，是双方对公共利益与私人利益进行综合考量的结果。用合约理论规制行政协议的履约行为，在合理实现公共利益或行政管理目的的同时也能保障个体利益，从而促成双方利益的平衡。至于具体的引入方式，行政法上的合法行政理论可以提供借鉴，该原则贯穿了行政机关管理活动的始终。总之，在行政协议中，除了行政机关需要遵守合法理论之外，行政机关与行政相对人双方还需要遵守合约理论。当行政机关未能遵守合约时，法院也需要对此加以审查。合约理论更多是作为观念形态深嵌于行政协议双方的行为之中。

2. 合约性审查形成的理路

合约理论的工具价值，是用以论证合约性审查在行政诉讼中的可行性。除运用公法原理对行政协议作出合法性审查之外，还需要运用私法理论对协议双方的履约等协议之债作出合约性审查，作为诠释协议双方合意属性的合约理论便出现在这一场景中。该司法审查原则的宗旨，是从行政协议双方的约定出发，厘定行政机关与行政协议相对人双方的各自责任。可以我国行政诉讼法及其司法解释为载体并以下一次修法为契机，在相关法律条文中明确规定合约性审查，作为对合法性审查原则的调适。当前，仅行政协议案件适用合约性审查原则，其他行政案件还是以合法性审查为主。要证成合约性审查之于行政协议中的必要性这一问题，除合法性审查在应对行政协议时存在局限性这一点外，还有必要从以下两方面加以阐释。

一方面，合约性审查能促进纠纷解决机制的完备。2014 年我国行政诉讼法修改时在第 1 条立法目的条款中新增了“解决行政争议”的规定。“该条修改不仅仅具有宣示意义，还起到了对行政诉讼总体架构的整备和对具体制度的完善的统领作用。”[①] 行政协议诉讼乃新型行政案件，对其司法审查还需要在实践中不断探索，而不能简单地将适用单方行政行为的规则适用于此类案件之中。行政协议的出现，不可避免会在行政机关与行政协议相对人之间发生争议，既包括合法性争议，也包括合约性分歧。其中，行政协议的履约问题可谓行政协议之肯綮。完全履行、遵照行政协议可称之为合约，由此引出了合约性审查问题。运用此种审查原则，可对行政协议双方的履约行为加以监督，进而从合约角度解决纠纷。

① 李广宇．新行政诉讼法逐条注释：上［M］．北京：法律出版社，2015：12.

另一方面，立法未禁止合法性审查之外的原则。应注意的是，合法性审查并非行政诉讼中唯一的司法审查原则。在现代福利国家的发展过程中，行政机关所享有的执法权力越来越灵活，传统行政诉讼中仅对行政机关的形式合法性加以有限审查，似乎难以有效应对自由裁量权的滥用，故引发了合理性审查原则的讨论。对此有学者认为，合理性审查可列为合法性审查的范畴，立法语言并不妨碍在表述上继续使用“合理性审查”这一概念；但若提到二者的关系，那合理性审查就不再是合法性审查之外的事物，即明显不当也是违法①。同时，有司法界资深人士同意合理性审查的成立，“法院以合法性审查为原则并不意味着其在制度设计上的严丝合缝，没有一种制度是绝对主义的。事实上，行政诉讼有关法律所规定的对明显不当、滥用职权等行政行为的审查就包括了适度的合理性审查”②。其言下之意是，合法性审查在规制行政机关自由裁量权的运用上也存在盲区，行政诉讼内部已存在合理性审查的空间。当然，也有学者认为，应针对行政协议的特征，建立由合法性、合理性、合约性三方面构成的审查原则体系③。综合上述观点，笔者倾向于同意合理性审查的现实。实际上，我国行政诉讼法第 70 条对“滥用职权”和“明显不当”审查标准的规定，已经承认并初步确立了合理性审查在行政诉讼领域的适用。据此，在现行行政诉讼制度下，证成合法性审查之外的原则并不会遇到阻碍。司法改革中也能够以此印证行政诉讼制度的开放性，即行政诉讼中的某些规则并非“铁板一块”，相关诉讼原理正在不断发展。

（二）合约性审查的实践验证

司法实践中，已经有部分行政协议案件突破了合法性审查原则，并展现了合约性审查的新形态。

1. 举证责任中体现了合约性审查

基于合法性审查，普通行政诉讼实际所适用的是举证责任倒置原理。换言之，行政机关需要对被诉行政行为的合法性加以举证，其举证责任不会因原告所提供证据之不成立而得到免除。然而，在李明芬诉北京市东城区政府房屋征收办公室行政补偿纠纷一案中，却已经衍生了民事诉讼的举证规则。该案一审判决认为：双方所签订的《征补协议》生效日期是否应推定为另一份结算清单（签订日期处空白）所签订日期的待证事实，已涉及行政协议的

① 何海波．论行政行为“明显不当”［J］．法学研究，2016（3）：70-88.

② 江必新．中华人民共和国行政诉讼法理解适用与实务指南［M］．北京：中国法制出版社，2015：24.

③ 杨解君．中国行政合同的理论与实践探索［M］．北京：法律出版社，2009：174.

合约性，应依据民事“谁主张谁举证”的举证规则来确定证明责任[①]。同样，在翟振军诉天津市东丽区政府新立街道办事处、第三人天津滨海发展投资控股有限公司房屋安置行政协议一案中，原审法院提出：对于被告是否依照约定适当履行了其义务，即合约性问题的举证责任，应当使用民事诉讼法中关于举证责任的规定[②]。在此类案件中，法院运用“谁主张、谁举证”的民事证据规则，用以确定双方在行政协议纠纷中各自应负的举证责任。这实际已经能够倒推合约性审查的成立，因为合法性审查下的举证责任并非如此。

2. 行政协议效力要求进行合约性审查

在孙天国与扬州市生态科技新城泰安镇政府行政补偿纠纷中，法院提出对行政协议的效力审查应当包含合法性和合约性两个方面。在审查行政协议的效力时，仅仅审查协议内容是否合法还不够，还需要审查协议内容在合同法上的无效、可变更等合约性问题[③]。又如，在简和平与重庆市涪陵区国有土地上房屋征收与补偿办公室撤销征收补偿协议纠纷一案中，法院认为原告、被告签订的《涪陵江南城区旧城改造国有土地上房屋征收货币补偿附条件协议书》在性质上属于行政协议，既应满足合法性要求，也应满足合约性要求[④]。在这里，法院实际上已运用了合法性和合约性的双重审查原则，用以应对行政协议纠纷的解决。

3. 行政协议约定的司法适用中对合约性审查之实践

行政协议，可视为双方当事人之间的“法律”，这种规范具有同样的约束力，双方理应依据协议的约定实施行为，既不能违反协议，也不可置契约于不顾，否则便是违约。对当事人而言，行政协议约定在某种程度上具备了法源性质。我国台湾地区学者黄茂荣提出，契约或协议对于参与意思表示者有规范上的拘束力，因此契约或协议也是一种法源[⑤]。围绕司法审查，有法院先依据法律法规对行政协议的合法性进行审查，并在合法基础上以协议的约定作为审查双方行为的补充依据。在原告何某诉被告南昌市湾里区政府、湾里区梅岭镇政府未按照约定履行拆迁安置行政协议一案中，法院经审理认为，原告何某与被告湾里区梅岭镇政府签订的《梅岭镇农房拆迁产权调换安置补偿协议书》系双方真实意思表示，属合法有效。但被告湾里区梅岭镇政府违

① 参见：北京市东城区人民法院（2017）京0101行初296号行政判决书。

② 参见：天津市第二中级人民法院（2018）津02行终204号行政判决书。

③ 参见：江苏省扬州市中级人民法院（2017）苏10行终127号行政判决书。

④ 参见：重庆市南川区人民法院（2018）渝0119行初48号行政判决书。

⑤ 黄茂荣．法学方法与现代民法［M］．北京：中国政法大学出版社，2001：81.

反了合同（协议）中第十项“交付质量合格的安置房给原告”的规定，法院遂作出判决：限二被告按上述协议书之约定，向原告交付质量合格、证件齐全、面积相等的安置房，并按协议约定每月双倍支付（赔偿）原告何某临时安置补助费①。根据合同拘束力规则，依法成立有效的行政协议，对双方具有事实上的拘束力，双方均应当按照协议的规定履行各自的义务。这就是“法律赋予依法成立的合同拘束当事人各方乃至第三人的强制力”②。行政协议能够作为合约性审查的规范依据，是因为协议内容在某种程度上具有了公法效力，这又与公私合作行政背景下行政机关的职能转型有关。“行政协议案件不同于普通行政案件的最大区别在于，行政协议案件的前提是各方当事人协商一致达成的协议，行政协议成为各方实际履行的根据。”③ 在合法性审查中不可或缺的法律、行政法规及地方性法规等规范依据，在此情况下并无用武之地。

4. 违约责任凸显合约性审查之必要性

合法性审查的结果与违法责任一一对应，行政机关需要通过单方行政行为实现法定义务。可以说，行政机关违法与否，贯穿普通行政诉讼的始终。在鞍山市共富房地产开发有限公司与鞍山市国土资源局行政合同一案中，法院则根据合同相对性理论，提出原被告签订合同后，被告未按行政协议约定的“净地出让”“2015 年 6 月 30 日之前交地”等内容履行相关义务，遂认为被告应该承担违约责任④。行政协议不仅涉及合法性问题，而且存在合约性问题，故合约性审查与违约责任也存在对应关系。

二、合约性审查与合法性审查的界分

（一）“单向性结构”下的合约性审查与合法性审查

可以说，合法性审查与合约性审查、合理性审查是两种不同的审查原则。合理性审查是司法审查进入“滥用职权”“明显不当”等行政裁量领域的结果，行政协议的合意属性较少涉及裁量因素，故合理性审查在行政协议领域涉足有限。那么，合约性审查在行政协议的司法审查中居于何种定位？其与合法性审查又是什么关系？

一般而言，合法性审查关注形式法治，而合约性审查聚焦行政协议双方

① 参见：江西省南昌市中级人民法院（2016）赣 01 行初字第 88 号行政判决书。

② 崔建远．合同法［M］．北京：法律出版社，2010：96.

③ 郭修江．行政协议案件审理规则：对《行政诉讼法》及其适用解释关于行政协议案件规定的理解［J］．法律适用，2016（12）：45.

④ 参见：辽宁省鞍山市中级人民法院（2016）辽 03 行初 102 号。

的合意性。涉及合约性，既存在行政机关违约的情形，也存在行政协议相对人违约的情况，还存在行政协议双方同时违约的情形。由于行政协议并不是完全对等的合同，行政机关处于较为强势的地位，需要关注其所受到的合法性约束，以避免行政机关利用自身优势使行政协议相对人实现表面上的合意。法院审查被告的行为是否属于违约行为，其前提在于行政协议是否有效。只有在协议本身有效的前提下，才会对行政协议的履行情况进行审查。也就是说，法院审理行政协议案件时，隐含着一个对行政协议效力的判断，不对行政协议的效力作出判断，就无法继续对是否履行协议作出判断。为此，法院先要考察行政机关与行政协议相对人协议约定条款的合法性，经过这一个步骤后，再行考察行政协议双方合同的合意性问题。在张树海诉延吉市征收局房屋征收行政裁决一案中，一审法院提出，征收人和被征收人所签订的补偿协议应有法律依据，不得明显超出法律规定的补偿标准，而双方当事人签订的房屋征收补偿协议明显超出补偿标准，损害了公共利益，遂判定双方签订的协议违法①。在我国 2014 年行政诉讼法修改之前，针对同一个行政协议案件，在实践中存在由法院民事审判庭审查行政协议是否有效、对方是否违约，而让行政审判庭审查单方解约、变更合同等优益权行为的情形②。行政诉讼法将行政协议纠纷纳入受案范围，实际是回应了司法审查模式之争，将争议框定在一般行政诉讼的“单向性结构”之下，从而确定在具体案件中由法院行政审判庭一并审查合法与合约的问题。

基于上述分析可知，合法性审查与合约性审查之间实际存在“二元并存关系”。虽然行政协议之诉中的纠纷机制属于“单向性结构”，但是合约性审查的对象却应当是“双向的”。具体而言，合法性审查的对象是行政协议或行政机关单方优益权合法与否，合约性审查的对象为行政协议双方是否合约。在否定性评判上，合法性审查处理行政协议违法或行政机关单方违反优益权的违法行为，合约性审查则审视行政协议双方的违约行为。上述司法审查的对象分别是合法或合约，这便是二者的具体界限。合法性审查是行政协议案件司法审查的主线和前提，与合法性审查相比合约性审查是一种后续更为严格的审查模式。由法律对业已成立的行政协议作出法律上的评价，通过肯定性或否定性评价确定其预期③。在行政协议的审查对象合法基础上，再对此作

① 参见：吉林省延边朝鲜族自治州中级人民法院（2018）吉 24 行终 82 号二审行政判决书。
② 陈无风．行政协议诉讼：现状与展望［J］．清华法学，2015（4）：94.
③ 步兵．行政契约履行研究［M］．北京：法律出版社，2011：36.

出进一步的合约性审查，以判断双方在法律规定范围内的约定行为是否得到实现。

由于行政协议缔结权应当服从公共资源分配法治，因而对其进行司法审查时，必须先进行合法性审查，后作出违约性审查①。例如，在陈宏、陈叶诉南通市通州区张芝山镇政府不履行行政协议一案中，一审法院从职权、程序等方面审查被告张芝山镇政府的行为，并确认案涉协议第 1 条、第 2 条合法有效后，才去审查认定被告未履行协议的内容，遂判决被告履行协议第 1 条、第 2 条约定的给付义务②。这是在运用合法性审查无异议的前提下，运用合约性审查去判断双方的合约行为。简言之，合法性审查的理论预设，是行政机关作为单方行政管理方所须承担的责任；而合约性审查背后的原理，是行政协议双方作为平等合同主体所应肩负的义务。

（二）“合法”与“合约”的区别标准

从行政协议二元司法审查原则出发，不妨将合法性审查的对象限定为行政协议及行政机关行为是否合法，而将行为是否合约归入合约性审查原则。有审查必有结果，“违法”与“违约”是法院对行政协议双方行为的否定性评价。明确了“合法”与“合约”的区别，便厘清了合法性审查与合约性审查的界限。针对行政协议中行政主体的缔约权、监督权、制裁权以及行政协议中行政主体的程序行为等，应当进行合法性审查，以确保行政协议的合法性。这是从缔约权、监督权、制裁权以及程序等层面，初步描绘了合法性审查的图景。反过来说，若行政机关在这几个方面的合法性不足，便属于行政协议的违法行为。

有学者提出，行政协议违法主要有三种类型：一是与普通合同一样按照法律规定的违法；二是行政协议特定的法定条件被违反；三是行政机关违法行使特权③。笔者认为，单方行政行为合法要件中的证据确凿、适用法律正确、职权合法、内容合法、程序合法以及无明显不当六个要素，也可以作为判定行政协议“违法”的参考标准。考虑到行政协议与单方行政行为的区别，证据要素在行政协议中的适用空间可能并不大，这是因为行政机关的证据主要适用于单方行政行为之中，无明显不当这一要素则更多用于判定单方行政行为的合理性。因而，法律、职权、内容和程序四个要素，作为行政协议合

① 陈国栋．作为公共资源配置方式的行政合同［J］．中外法学，2018（3）：821.

② 参见：江苏省南通市中级人民法院（2016）苏 06 行终 622 号行政判决书。

③ 朱新力．行政合同的基本特性［J］．浙江大学学报（人文社会科学版），2002（3）：9.

法性审查的标准较为妥当。

1. 行政机关采取行政协议的方式须具备法律依据

与民事合同不同，行政机关缔结协议并非享有完全自主的选择权。法院应当审查行政机关签订协议时是否有充分依据，或者行政机关有无违反法律的禁止性规定。在朱安莉与明光市政府拆迁行政协议纠纷中，法院认为涉诉补偿安置协议在签订时缺乏依据且违反法律程序，应当确认无效①。行政协议的有关事项因与法律相抵触或可能损害公共利益而无效，其本身便是十分明显的违法问题，故属于合法性审查的范畴。

2. 在职权行使上，除需要审查行政机关是否有权签订协议外，还要审查行政机关单方变更或解除协议、制裁相对人等行政优益权的行为是否合法

在田先啟诉武汉市江夏区政府行政协议一案中，法院认为被告单方变更、解除协议属于行政优益权的行使，与传统的单方行政行为并无不同②。然而，在武汉江城乐业投资有限公司诉宜都市政府行政合同及行政赔偿案件中，因原告未依约及时完成配套设施建设及招商引资额，被告通过发出督促函等方式催告后原告依然未能履行协议义务，法院遂认定被告随后的解约行为合法③。由此可知，若行政协议相对人先违约，行政机关再单方变更、解除约定的不算违法。

3. 在协议内容上，须审查约定内容是否合法

法院在审查时，须检视约定内容是否存在违背公序良俗、损害公共利益等应认定为无效的情形，或者行政协议内容本身是否符合法律的强制性规定。例如，我国《国有土地上房屋征收与补偿条例》所提及的征收补偿协议，其补偿内容是否适当是需要审查的重要事项。

4. 在相关程序上，要审查行政机关签订和履行协议时是否遵循了必要程序

例如，我国政府采购法第 38 条规定，采购程序须遵循竞争性谈判方法。我国台湾地区“行政程序法”第 138 条规定，依法应以甄选或其他竞争方式决定行政协议当事人时，行政机关应当事先公告缔约资格和有关程序，并让竞争者发表意见。又如，当行政机关因国家政策条件变化需要解除协议时，

① 参见：安徽省滁州市中级人民法院（2015）滁行初字第 00008 号行政判决书。
② 参见：最高人民法院（2017）最高法行申 7758 号行政裁定书。
③ 参见：湖北省宜昌市中级人民法院（2013）鄂宜昌中行初字第 00003 号行政判决书。

还须遵循正当程序给予行政相对人适当补偿。这就是通过程序上的限制，使行政机关遵循行政法上的特殊规则。

当行政机关在法律、职权、内容和程序四个要素上不符合标准时，便构成行政协议违法。需要注意的是，职权、内容和程序这后三个要素实际上也是法律上的规定。行政机关须经法律授权并在合法程序中才能开展协议内容，这些都具有法律上的指引或预判。这些要素背后的原理是国家行为及行政秩序的稳定性，这意味着属于行政机关依法行政所享有的是单方权力，而行政优益权并非法外特权，当然行政协议相对人是无权享有的。正是由于权力因素上的差异，使得行政协议相对人与行政机关的地位无法对等。判断行政机关的行为合法与否，有助于反映行政协议双方在合约上的标准。从中可知，“合法”与“合约”的区分标准，实际上便是行政协议双方在权限上的区别，即是否存在单方权力要素。当行政机关的权力要素突破了法律框架时，应当属于违法；而对“合法”之外的非权力要素，便要考量其是否属于“合约”的范畴。“合约”与“合法”的显著差异在于，前者纯粹通过双方之合意便能够作出判断，后者则是从法律规范层面对协议效力或行政优益权等权力要素作出评价结果。

（三）合约性审查与“合约”的边界

在归纳了合约性审查与合法性审查的区别及其各自领域后，还有必要通过实定法上的逻辑演绎来阐释合约性审查中“合约”的适用轮廓。在实定法上，我国行政诉讼法第 12 条第 1 款第 11 项将行政机关不依法履行、未按照约定履行或者违法变更、解除行政协议这四类归为行政诉讼的受案范围。诚然，无论是行政机关未按照协议履行协议，还是不依法履行协议，或是单方变更、解除协议，从广义上而言都属于不履行协议行为。换言之，行政机关不履行协议，实际上体现了行政协议不同属性下的行为形态。当然，该法第 12 条第 1 款第 11 项之规定，应该属于不完全的列举。例如，在实践中存在行政协议相对人起诉要求确认行政协议无效的案件，这同样属于行政诉讼的受案范围。那么，哪些才属于合约性审查中“合约”的辐射范围呢？

2015 年《适用解释》第 12 条规定，对行政机关“不依法履行、未按照约定履行”所提起的诉讼参照适用民事诉讼时效，对行政机关“单方变更、解除协议”提起诉讼的适用行政诉讼法及其司法解释关于起诉期限的规定。这一条款暗含了将“不依法履行”与“未按照约定履行”加以同等看待的意涵。有观点认为，“依法履行和按照约定履行背后分别矗立着统制行政法和行政诉讼法、民法和民事诉讼法的不同理念”[①]。最高人民法院行政庭在论述“不依法履行”与“未按照约定履行”的关系时，作出了二元划分：若行政机关违反协议所约定的义务且该约定义务非法定时，属于“未按照约定履行”；若行政机关违反法定义务且出现在协议约定条款中，考虑到行政法律规范的现实适用性，应认定其属于“不依法履行”；若行政机关违反法定义务，且该义务未在协议中作出约定，应认定其属于“不依法履行”[②]。从中可知，二者关系并不是整齐划一、完全一致的，现实中法院是根据“法定义务”标准来厘清其界限的。在学理上，同样有观点提出行政协议双方的义务包含法定义务和合同义务两类。前者是基于法律的规定，后者是双方合意的结果。

实际上，可将行政诉讼法第12条第1款第11项之规定，区分为“未按照约定履行”和“不依法履行，单方变更、解除协议”两大部分。前者属于行政机关基于合意属性违背了行政协议的约定，与行政优益权无关，当属纯粹的违约行为；后者属于行政机关基于行政属性违反了法律规定，且行政机关违法行使单方变更、解除协议的权力，即属违法行为。因而，行政机关“未按照约定履行”属于“合约”的否定性评价，需要纳入合约性审查之中，其他事项则属于合法性审查的范畴。我国城镇国有土地使用权出让和转让暂行条例第17条第2款，赋予市、县政府土地管理部门警告、罚款乃至无偿收回土地使用权的权限。根据“举重以明轻”的逻辑，行政机关都有权作出行政处罚，更遑论单方变更、解除协议了，此时行政机关的单方行政行为的重点是需要依据法律规定。当然，如果法律规范未赋予行政机关部分协议内容的变更、解除权力，而协议约定了变更、解除，那么这属于合约审查的范畴。这就是法定变更、解除与约定变更、解除的差异之处。

当然，“未按照约定履行”也可能与“不依法履行”产生相互重叠的情况。例如，某项行政协议约定内容中部分条款虽然是双方协商的结果，却同时也属于某一法律规范的内容，那么此时应该将该条款视为法定履行而非约定履行的范畴。对此，上述“法定义务”标准具有发挥作用的空间。总体而言，大部分“未按照约定履行”的情形都应当接受合约性审查之是否“合约”的审视，个别例外情形可运用“法定义务”的标准来厘定界限。除此之外，“未按照约定履行”仅是合约性审查范围的一部分，其他交叉范围同样可

① 韩宁．行政协议行为司法审查规则研究［J］．浙江学刊，2018（3）：23.

② 江必新，梁凤云．最高人民法院新行政诉讼法司法解释理解与适用［M］．北京：中国法制出版社，2015：143.

以通过“法定义务”标准加以厘清。

三、行政协议合约性审查的适用原理

行政协议司法审查，源于行政协议双方在协议的缔结、履行等过程中是否因违约而产生纠纷。在前面论述了“合法”与“合约”的界限，并将“合约”划归合约性审查的领域后，还须继续分析合约性审查的法律依据、适用范围及责任划分等。

（一）合约性审查的法律依据

1. 公私法混合的适用规则

以契约为本位的国家（以德国为代表）将行政契约称为“公法契约”，该国公法学者发展出了“公法契约的双阶理论”，即在公法契约的订立阶段适用行政法规则，在公法契约的履行阶段则准用民事法规则①。行政协议的法律依据实为统一的整体，但由于所依据的规范有不同的来源，其中存在着法律体系整合与协调的问题。有学者曾提出行政协议的分类审查模式，即在一个法庭（行政审判庭）审理之下依据案件具体属性适用不同性质的法律②。我国行政诉讼法第63条和2015年《适用解释》第14条虽然对公私法作出了规定，却并未在合约性审查与合法性审查之间分配公私法的适用规则。参照上述分类审查的规则，有助于明确司法审查的适用。根据审查原则与法律依据的对应关系，作出一分为二的划分，即依据公法规范对行政机关是否“合法”进行合法性审查，依据私法规范对行政协议双方是否“合约”进行合约性审查。法院在审理行政协议案件时，既要适用行政法律规范，也要运用民事法律规范，二者凸显了“公私法混合”的情形③。在行政协议“二元并存”的司法审查原则下，将公私法规范分别与双重审查原则相互对接。

2. 个案裁判折射出的法律依据

我国行政诉讼法及相关司法解释已规定了规范依据，考察司法实践的个案适用有助于使合约性审查的法律依据更为具体。

第一，合同法等民事法律规范。这关乎合约性审查的法律依据。根据行政协议的合意性特征，行政诉讼规则不足以处理个案时，对民事诉讼规则的参照具有适用空间。以合同法为例，虽然我国合同法并未确立行政协议制度，

① 王学辉．行政何以协议：一个概念的检讨与澄清［J］．求索，2018（3）：118.

② 余凌云．行政契约论［M］．2版．北京：中国人民大学出版社，2006：154.

③ 梁凤云．行政协议案件的审理和判决规则［J］．国家检察官学院学报，2015（4）：27.

但在司法实践中却能发现其所适用的案例。在张素兰诉漳平市教育局不履行教育行政合同一案中，张素兰请求判令该教育局履行分配任教工作义务，后福建省龙岩市中级人民法院依据行政诉讼法、合同法及民法通则，认定合同合法有效，判决教育局限期履行该合同①。此外，还有法院认为合约性审查可以民事法律规范为依据。例如，在陈宏、陈叶与南通市通州区张芝山镇政府行政纠纷一案中，二审判决认为对行政协议的效力审查应包含合法性和合约性两方面，而合约性是指行政机关是否具有合同法第五十二条、第五十四条规定的法定无效、变更、撤销情形等②。可见，在此案例中法院是根据合同法等民事法律规范对协议的履行问题作出了合约性审查。

第二，诚实信用等民事基本原则。在民事领域，法律规范中对于调整、规范法律关系有着普适性的基本原则，如公平原则、诚实信用原则等。有学者在梳理了大量的行政协议案件后提出，“诚实信用原则也可以适用于行政主体履行义务。但它与信赖保护原则的侧重点不同，更多地适用于行政主体不履行或拖延履行义务”③。在原告董某诉被告白水县政府未按照约定履行土地房屋征收补偿协议一案中，法院认定：双方约定的违约金明显高于被告逾期支付补偿款给原告所造成的损失，被告主张约定的违约金过高，请求予以调整的主张应予采纳。法院根据公平原则，兼顾公共利益和个人利益之间相互平衡及被告因违约给原告所造成的损失，对双方约定的违约金作出了适当调整④。当然，此类行政协议案件中适用该原则有一个重要前提，即双方争议的焦点不是行政协议本身，而是行政机关不履行或拖延履行协议。

（二）合约性审查的适用范围

之所以规定合约性审查的适用范围，是为了判定行政协议双方在哪些领域是否有违约行为。从行政过程及合同演进规律来看，行政协议是贯穿双方从协议约定时的合意，到履行阶段的遵守，再到协议终结的一个完整过程。为得出行政协议双方合约与否的判断，合约性审查可聚焦缔约和履行阶段。

1. 缔约阶段是否存在缔约过失

在民事合同的缔约阶段，经常能发现缔约过失行为的存在。民事领域的缔约过失责任，指的是在合同缔结过程中，其中一方因违背诚实信用原则所要求的义务，造成对方信赖利益的损失，并因此需要承担相应的赔偿责任。

---

① 参见：福建省龙岩市中级人民法院（2002）岩行终字第 68 号行政判决书。
② 参见：江苏省南通市中级人民法院（2016）苏 06 行终 622 号行政判决书。
③ 叶必丰．行政合同的司法探索及其态度［J］．法学评论，2014（5）：66.
④ 参见：陕西省渭南市中级人民法院（2017）陕 05 行初字第 121 号行政判决书。

在德国，行政法上的缔约过失责任之提出便深受民法理论的启发，且成为一种独立的行政法律责任①。行政协议上的缔约过失责任，与民事领域既有相同也有不同之处。其不同之处的判定，还是取决于行政协议的行政属性。例如，行政机关违反法律职权与相对人缔约行政协议，嗣后导致协议无效并给相对人造成损失的，行政机关所承担的缔约过失责任应当被纳入合法性审查的视野。

行政协议双方在缔约阶段的过失行为，都应当接受合约性审查。缔约阶段的过失行为，涉及的就是违约问题。在缔约过程中，行政协议虽然尚未成立，但双方为签订协议已经相互接触、彼此磋商，双方产生了互信关系并为此可能已发生一定的义务。若协议某一方在缔约阶段违反了原先的协议关系，则可能导致将要缔结的协议不成立、无效甚至被撤销，进而给对方之信赖利益造成损失。某项协议能否在缔约阶段达成一致，主要取决于双方的意思表示是否真实。在徐小平与重庆市涪陵区国土资源局房屋征收行政补偿安置合同纠纷中，一审判决理由是这样表述的，“涪陵统征办受涪陵国土局的委托……与原告在意思表示一致的基础上签订了《房屋拆迁安置协议书》，双方意思表示真实，不违反法律强制性规定，该协议合法有效”②。如果双方意思表示不真实，便会在缔约阶段发生分歧。例如，行政机关以招标形式选择行政协议相对人时，行政机关却违反公开、优先原则，未与出价最高或要价最低的相对人签订协议，由此引发纠纷③。对于行政协议相对人而言，行政协议的公益性特征对其履约能力提出了较高要求。如果行政相对人故意隐瞒履约能力，行政机关出于信任与之缔约，后续却由于相对人欠缺履约能力致使协议面临无效或被撤销的困境，那么这种情况也应当接受合约性审查。

2. 履行阶段是否严格履约

我国合同法第 60 条第 1 款确立了民事合同之全面履行原则。考虑到行政协议的合意性特征，可以参照适用这一原则。在履行阶段，行政协议双方应当严格履行约定，不然将构成违约。行政协议双方的违约行为包括作为和不作为两种形态，既包括无任何履行、履行不能、拒绝履行等，也包括不适当履行，如履行迟延、不完全履行等。此时存在消极违约与积极违约的区分④。通过借鉴民事合同履行制度，并结合行政协议的行政属性，可探寻行政协

① 沃尔夫，巴霍夫，施托贝尔．行政法：第2卷［M］．高家伟，译．北京：商务印书馆，2002：176.

② 参见：重庆市第三中级人民法院（2011）渝三中法行终字第 30 号行政判决书。

③ 闫尔宝．行政行为的性质界定与实务［M］．北京：法律出版社，2010：301.

④ 胡宝岭．行政合同争议司法审查研究［M］．北京：中国政法大学出版社，2015：81.

议的履行问题。行政协议双方或一方拒绝履行协议却没有情势变更、不可抗力等法定免责事由，其所提出的先行履约抗辩、同时履约抗辩等约定免责事由亦不能成立的，便构成违约。具体来说，主要表现为以下几种违约形态。

（1）拒绝履行。行政协议某一方以通知、书面文件等形式明确表示不履行协议，或者存在拖延及不协助相对人办理协议必不可少的事项等默示毁约行为，且并没有公共利益、行政管理目标及法律政策的重大调整等能够豁免的正当理由。例如，在房屋征收补偿协议中，行政协议相对人按时履行了协议内容，行政机关却拒不给付价款。只有当重大利益优于行政协议的安定性时，行政机关才有权拒绝履行，并需要对行政协议相对人的损失予以合理补偿。涉及行政协议相对人的，其在能够履行却拒绝履行，或者不服从行政机关依法作出的优益权时，将有违约风险。

（2）不完全履行或者迟延履行。这是指对待行政协议义务，行政协议双方或一方消极应对，或者虽然履行了协议却不符合要求。例如，其中一方的履行不符合协议约定的期限、地点及方式要求。对于此种情形，一般需要行政协议一方催告另一方，若对方依然处于迟延状态，则无疑构成违约。

（3）不履行附随义务。附随义务是行政协议双方为了保障行政协议目的实现，由双方所约定应承担的通知、协助、保密等相关义务。这同样构成了合约性审查的内容。实践中行政机关与行政协议相对人签订协议时往往会事先承诺提供其余帮助，比如提供担保、减轻或免收税款等。此类情形乃行政机关应遵照履行的义务，若行政机关出于自身原因应为能为而没有履行或没有全面履行，同样构成违约行为。行政协议双方在协议履行阶段，应当相互配合、相互协作，如此协议才能得到适当履行，这与民事合同中的协作履行原则相一致。

（三）合约性审查中双方的责任划分

应对行政协议的违法责任与违约责任作出区分。可以说，在合约性审查下划定违约责任时，须遵循相应的归责原则。根据民事合同理论，违约责任的归责原则上大体包括两类，即过错责任原则和无过错责任原则。二者的主要区别，是前者认为违约一方除了具备违约行为之外还需要有主观上的故意或过失，而后者只要求有违约行为。我国合同法第 107 条的规定，实际上确立了无过错责任原则。不过，例外情况下合同法也采用过错责任原则[①]。基于

---

① 隋彭生．合同法要义［M］．北京：中国政法大学出版社，2005：363.

行政协议的合同属性，以及2015年《适用解释》关于行政协议可适用民事法律规范的规定，民事合同的规则可为此提供一定的参考。行政协议的违约责任，主要采用无过错原则更为妥当。无论行政协议哪一方存在过错，只要存在违约行为且不具备豁免事由，就应该承担违约责任。通过此种原则，能够高效划定违约责任，为法院精准化解纠纷提供基础，并督促协议双方切实履行义务。当双方均违约时，则可以辅助性地采用过错责任去判断双方各自应承担的责任及其大小。

对行政机关而言，在合约性审查得到否定性评价这一结果后，当然需要承担责任。这既是行政法上信赖保护原则的体现，也是民法上诚实信用原则的结果。这主要可从以下四种情况来划定行政机关的责任。一是行政机关违约，而行政协议相对人未违约；二是行政机关违约在先，导致行政协议相对人违约在后；三是行政机关与行政协议相对人同时违约；四是行政机关未违约，而行政协议相对人违约。一般而言，针对前两种情况，行政机关需要承担完全的违约责任。涉及第三种情况，则应根据双方责任大小，并结合行政机关的先履行抗辩权是否成立去划定责任。如在大英县永佳纸业公司诉大英县政府、大英县回马镇政府不履行行政征收协议纠纷一案中，原审法院提出，在协议履行过程中原告没有根据约定将土地和房屋权证过户登记属于违约，并认为被告以原告未按约定将土地及房屋权属过户登记于名下为由拒绝支付后续补偿款的抗辩理由也不能成立，因为约定已规定被告可以扣取补偿款用于办理上述手续，被告未按照约定时间支付补偿款也构成违约。于是，法院依照我国合同法第120条之规定，认定本案双方都违约，对原告要求被告支付违约金的请求不予支持①。对于第四种情形，则需要视情况而定，通常行政机关似不必承担违约责任。

对行政协议相对人来说，合约性审查的后果只是关乎其“合约性”上的诉求可否得到支持，行政机关并不能起诉或反诉其违约行为，法院仅需要划定其与行政机关之间的违约程度。当然，这并不意味着行政协议相对人不必承担责任，而是其违约问题将通过其他渠道得以解决。我国行政诉讼法并未赋予行政机关起诉的资格，这可能是因为行政协议相对人违约后，行政机关有其他方式来进行救济。如果行政协议双方签订协议时，已约定相对人违约情形下行政机关有权强制执行，从其约定办理即可。若没有约定，则行政机关可运用行政优益权进行弥补，如通过催告、处罚等方式督促行政协议相对

---

① 参见：四川省高级人民法院（2016）川行终634号行政判决书。

人履行协议。此外，行政机关还有权到法院申请强制执行。总之，在行政协议“单向性结构”下，行政机关通过上述方式即可促使行政协议相对人履行义务，而不必再通过合约性审查的框架去处理对方的违约行为。

行政机关通过与公民、法人或者其他组织签订行政协议，能够实现行政权力的谦抑性，并高效履行其管理职权，助益社会治理目标的达成。基于行政协议的双重属性，法院在司法审查时既要进行合法性审查，也要作出合约性审查。合约性审查是当前学术研究中较为薄弱的一环，需要从理论和实践两个方面考察其运行机理。在对行政协议效力本身、行政机关行使行政优益权等适用合法性审查之后，还有必要运用合约性审查去审视行政协议双方是否合约，以有效规范双方行为，进而实现合法性审查与合约性审查的协调统一。在研读鲜活的司法判例后，从理论上归纳合约性审查的内在逻辑，能够为司法实践提供一套具有可操作性的规则，用以精准地划定行政协议双方的责任范围。此外，还应在制度层面尽快出台与行政协议相关的专门性司法解释，并对合约性审查作出规定，从而确立更为完备的司法审查原则。

第四节　行政协议诉讼中意思表示的研判

一、行政协议诉讼中意思表示的特殊性

（一）行政协议诉讼中意思表示的提出

意思表示源自私法体系中的法律行为理论，现已成为民法领域的核心概念。我国首部民法典第一编第六章也专门对此作出了详细规定。我国台湾地区民法学家王泽鉴认为，意思表示“指将企图发生一定私法上效果的意思，表示于外部的行为”①。实际上，此概念并非私法自治之专属。近年来有部分学者对行政法上之意思表示理论展开了系统研究，旨在揭示其对行政法领域的特殊功能②，其中在行政协议研究中体现得尤为明显。行政协议也被称为行政合同或行政契约，是服务行政与合作行政兴起背景下的产物，与传统行政法上命令-服从式的高权模式有所区别。那么，意思表示作为合同制度的基石，在行政协议这类特殊合同中发挥着何种作用呢？行政协议中的意思表示

① 王泽鉴．民法总则：增订版［M］．北京：中国政法大学出版社，2001：335.

② 当前，行政法研究仍在强调其与民法的区分，更为关注行政行为的理论研究，而不重视立基于法律关系理论上的意思表示之探讨。当然，对行政法上意思表示的研究成果也在逐步增多。参见：汪厚冬．论行政法上的意思表示［J］．政治与法律，2014（7）：54.

与民事合同上的意思表示有不同之处吗？要回答以上问题，需要将意思表示作为解构行政协议的理论线索，探讨其对行政协议法律体系的塑造功能。

意思表示可以作为解构行政协议诉讼的理论线索。尽管民法与行政法在基本构造上大相径庭，但此种差异不足以阻断意思表示在行政协议中生成的通道。行政协议乃行政法对民事合同内涵的部分吸收，是一种经“合同化”改造的特殊行政行为，故意思表示在其中不无适用空间。2019 年 12 月最高人民法院发布《行政协议规定》并专门为此举行新闻发布会，据现场介绍可知，该规定第 1 条明确了行政协议的内涵，即行政协议包括主体、目的、内容及意思四个要素。无独有偶，德国学者毛雷尔也提出，如果没有意思表示，行政合同就不存在①。意思表示在行政法土壤上的生长，关键取决于行政主体担任表意人时的意思自治。行政法学界一般认为，行政主体意思表示是行政行为的构成要素。虽然有些规制行政中更适宜采用单方行政行为的方式，行政主体未必有意思自治的余地，但是现代立法者显然无法预定所有规则，高度复杂的公共管理事务为行政主体的自治性提供了正当依据。一言以蔽之，包括行政协议在内的行政行为不可忽视意思表示这个“合同性”要素。

根据主体的不同，行政法上之意思表示模式一般可分为三种：单独属于行政主体、单独属于相对人以及行政主体与相对人双方共同而为。有学者将单独属于行政主体的意思表示概括为单方行政行为、行政行为的附款等类型，并将双方均可作出的意思表示概括为行政协议、行政奖励等行为②。行政处罚、行政强制等单方行政行为包含了规制性内容，不需要相对人意思表示即能够产生法律效力；而行政协议往往不具备该种情形，行政协议双方意思表示的作出构成了法律效力的重要前提。简言之，行政协议属于双方行政行为的范畴，任何一方当事人都具有意思表示的空间。本书所述行政协议中的意思表示，大致就是由作为表意人的行政主体或相对人作出的，此类概念对于法律关系或法律效果的形成、变更与消灭不可或缺。

行政协议将权力行为与契约行为融为一体，“公私主体之间的契约关系会削弱行政机关的权力”③。合同性蕴含了意思自治原则于行政法上的导入，体现了比高权行政手段更为温和的面貌，因而行政协议上的意思表示和民事合同上的意思表示存在相似之处。与此同时，行政协议具备一般行政行为的公

① 毛雷尔．行政法学总论［M］．高家伟，译．北京：法律出版社，2000：348.

② 王学辉．行政法意思表示理论的建构［J］．当代法学，2018（5）：38-48.

③ 弗里曼．合作治理与新行政法［M］．毕洪海，陈标冲，译．北京：商务印书馆，2010：564.

权成分，其行政性主要体现为行政主体的优益权，即其所享有的某些单方强制性权力或主导性特权。行政优益权概念源自法国，该国行政法将行政合同履行过程中政府享有的一系列“超越性”权力统称为优益权[①]。当前，行政协议中优益权的范围或许不仅是履约行为。例如，有诸多学者提出，出于维护国家和社会公共利益的需要，行政主体在签约、履约及解约等过程中都可能享有优益权[②]。行政优益权在行政协议中的嵌入，造成行政主体兼有管理者与合同一方的双重角色。“当行政主体履行行政职责时，其具有‘公共事务管理者’的身份，而在行政主体与协议相对人互为意思表示并达成一致时，行政主体又具有了‘协议关系当事人’之身份。”[③] 这样的情境，不免使意思表示面临较为复杂的特殊规则。

行政主体应受相对人之意思表示的约束。不过，行政主体为保障公益而使用行政优益权，却很可能会对意思表示产生影响。从动态角度讲，如果意思表示的程度逐渐递减为零，那么该形态就会发生质变，行政协议将变为纯粹的行政行为；如果类似行政行为的权力因素递减为零，行政协议就变成了纯粹的民事合同[④]。对此或许会有一种质疑，即意思表示与行政优益权有交叉之处，但并不处于同一平面上。笔者则认为，既然行政协议有契约与权力两个变量因素，双方就不仅仅存在交叉关系，而是在整体上共同发挥作用，二者在行政协议中所占比例呈动态平衡局面。试想，如果行政主体可不顾相对人意志而能够在很大程度上行使特权，则后者意思表示的实现空间还有多大？由是可知，行政主体会在公益与私益这两个要素之间作出衡量，公益优先的价值取向往往占据上风，故行政主体如何协调自身意思表示与行政优益权之间的张力还有待探析。职是之故，意思表示在民事合同中所衍生的私法规则无法完全适用，其在行政协议中的适用应受到公法原理之调整。鉴于意思表示在行政协议中的特殊处境，其由此在表现形式、适用范围、运行规则、效力影响等方面产生的法律效果及其特殊性，便是一个亟待剖析的理论问题。

（二）分析行政协议诉讼中意思表示的进路

有学者对当前行政协议研究的观点颇具启发性，即此项研究大致可分为规范、过程以及救济三个板块[⑤]。因在我国行政协议纠纷已被纳入行政诉讼受

① 李颖轶．论法国行政合同优益权的成因［J］．复旦学报（社会科学版），2015（6）：157.
② 卢护锋，王成明．行政协议纠纷司法审查规则探析［J］．法治社会，2018（2）：72.
③ 陈天昊．行政协议的识别与边界［J］．中国法学，2019（1）：140.
④ 应松年．行政法与行政诉讼法学［M］．2版．北京：法律出版社，2009：310.
⑤ 韩宁．行政协议研究之现状与转向［J］．法治研究，2019（6）：128.

案范围，故规范研究主要是对行政诉讼法、《国有土地上房屋征收与补偿条例》、《行政协议规定》等法律法规、地方行政程序立法、司法解释及相关规范性文件的阐释，属于对“文本上法律”的关注。行政协议过程与救济这两个部分的研究，则分别着眼于现实操作和纠纷解决，是对“行动中法律”的探讨。笔者认为，作为静态文本的行政协议规范侧重凸显规则制定人的公共意志，而行政协议过程与救济阶段往往绕不开双方当事人的意思表示。运用过程研究之视角，可将行政协议视为动态的发展进程，贯穿其中的订立、履行乃至终止等环节都有意思表示的流露。当行政协议过程中的意思表示产生分歧后，则离不开行政诉讼等救济渠道的评断。据此，可遵循从协议订立到纠纷解决的演进过程，以行政优益权对意思表示的影响为分析基轴，将订立、履行及诉讼等阶段中的意思表示作为解构行政协议的一条理论线索。

其中，行政协议中的司法审查问题值得重点探讨。在作为纠纷解决主渠道的行政诉讼环节，除探求意思表示的真实性外，法院还需要应对合法性审查与意思自治的关系，在采用多元解释的方法基础上，处理好意思表示真实性的举证责任分配、格式条款中行政优益权可能的不当影响、其他行政解释对意思表示的冲击等问题。

二、意思表示特殊性与行政协议诉讼的应对

在行政协议的订立、履行、变更及解除等各个过程中，双方当事人难免发生这样那样的争议，故离不开后续的争议化解渠道。行政协议争议的类型各异，双方诉求千差万别，行政诉讼是解决争议与纠纷的主渠道，法院在行政裁判活动中享有评判意思表示的权限。面对意思表示特殊性难题，行政协议诉讼需要作出积极回应。

行政协议诉讼审查意思表示具有双重目的。民事合同中意思表示的核心意涵是自由，民事裁判活动聚焦于双方行为的真实性。行政协议的行政性与合同性则决定了法院在行政裁判阶段不仅需要探究意思表示的真实性，而且应当审查意思表示的合法性。

第一，探究意思表示的真实性。意思表示真实侧重适格主体将真实的内心意愿通达对方的法律效果，只有真实方才符合意思表示设立和成立的本意①。意思表示是以语言文字作为载体而表达内心意思的，难免受语义内容、个人认知等方面的影响。在此情形中，行政协议双方往往会对协议条款的真

① 孙丽岩．行政行为中的意思表示［J］．比较法研究，2009（3）：78.

实含义发生争执，这既是因为二者对意思表示的理解不一，也是由于意思与表示之间分离产生了实践偏差。对此行政法官需要基于理性中立的立场，运用民事裁判中的合约性审查规则，去寻找当事人的真实意愿。通过行政裁判的有效解释，能够明确当事人在行政协议中的真意所在，从而有助于裁判的准确作出。不过，在当前的行政裁判实践中，很少有法院会去探究意思表示的真实性，尤其是行政主体的意思表示鲜获关注①。这或许与意思表示理论在行政协议中尚未得到重视有关。

第二，审查意思表示的合法性。“私法遵循的是意思自治原则，而行政法将合法性原则作为指导思想。”② 行政诉讼需要审查行政行为的合法性，这决定了行政裁判审查意思表示的目标特殊性。根据我国行政诉讼法第 6 条的规定，行政诉讼确立了合法性审查原则。该原则是行政诉讼法最具特色的基本原则，并成为其他原则的主要参照系。同时，《行政协议规定》第 11 条重申和细化了合法性审查原则。在行政协议诉讼程序阶段，法官势必要对其中的意思表示作出合法与否的结论，此时对依法行政的审查要求会优先于双方当事人的意思自治。尤其是当行政机关单方变更、解除行政协议时，法院对这种克减相对人权利的意思表示应作合乎依法行政原则的考量。行政主体的意思表示尤其要受到合法性约束，以避免其利用自身优势迫使相对人实现表面上的合意③。除此之外，法院还需要处理好合法性审查与意思表示自由之间的关系，这关涉司法审查在多大程度上尊重当事人意思表示的问题。公法领域中行政主体的行为要遵循法无授权即禁止的原理，而行政协议的“合同性”又赋予了行政主体较多的自由空间。行政协议诉讼在审视意思表示合法性时，无法忽略这一前提性问题。也就是说，合法性审查与自治性尊让之间的界限有待厘清。例如，当法院审理行政协议案件时，应当审查意思表示一致对行政法律规范变通处理的合法性。意思表示一致凸显了行政协议的可协商性，而行政协议的行政性又暗含了此类协议的法定性，二者之间应当找到平衡点。行政协议双方意思自治的范围，需要视行政法律规范的类型而定。大体而言，行政法律规范可分为任意性规范和强制性规范两类。当双方意思表示对任意性规范的内容作出变通时，法院一般可承认其合法性。当意思表示的内容涉

① 行政法领域历来注重行政行为的客观法律效果，而不关注行政主体的内心意思，对意思表示不真实的形态几乎不予讨论。

② 西尔登，斯特罗因克．欧美比较行政法［M］．付创宇，刘国乾，李国兴，等译．北京：中国人民大学出版社，2013：126.

③ 李凌云．行政协议合约性审查的逻辑进路［J］．南海法学，2019（3）：19.

及强制性规范的非禁止性规定时，法院应当根据权利义务状况去审视约定的合法性。若双方意思表示不符合强制性规范中的禁止规定，则法院应当对其作出违法的定性。

三、行政协议诉讼中意思表示的解释与评判

（一）行政协议诉讼中意思表示的解释方法

妥当、科学的意思表示解释方法，是稳定行政协议法律关系的基础。之所以需要解释意思表示，其中最重要的原因是语言文字的多义性，概念只有经合理解释后才能判定其真意所在。行政诉讼对意思表示的解释，主要指法院运用解释方法对意思表示内容作出的分析、判断及说明。对意思表示进行解释的司法实务，难以回避行政协议的具体内容和条款，即需要围绕行政协议书文本而展开，解释体现一定作为的“表示”。在讨论意思表示的解释时，不可避免会涉及合同解释与意思表示解释的关系问题。意思表示的解释，是当事人和法官围绕法律文本与合同文本而展开的沟通和交往言说，体现了主体之间的“交往理性”①。按照德国的立法安排，其对意思表示解释和合同解释作出了区分并体现了略有差异的解释方法②。笔者认为，纵使解释方法存在一定区别，但意思表示是合同的核心构成，二者关系不可谓不密切，解释合同在很大程度上就是解释作为其要素的意思表示。还有学者认为，没有意思表示就没有合同，解释合同恐怕主要是解释作为合同核心要素的意思表示。解释清楚了作为合同核心要素的意思表示，解释系争合同的任务也就完成了③。在解释行政协议的意思表示时，势必也要解释行政协议的文本及条款，通过此种解释亦能够折射出意思表示的含义。

对行政协议意思表示的解释，关键要有完善的方法及技术，并遵循相应的指导原则。大致来看，意思表示的解释有文义、目的、体系等多元方法，其中文义解释具有优先性。所谓文义解释，是对行政协议意思表示的字面含义，按照语法结构和语言规则、通常理解等语义学和语言学的方法进行解读。如我国民法典第 142 条的规定，即强调了文字语句的重要性。进行文义解释，旨在实现清楚无误的客观文义，从而对行政协议的内容有更为全面的理解。基于行政协议文本的形式性以及语言的可见性，文义解释是优先适用的解释

---

① 姚辉，叶翔．意思表示的解释及其路径［J］．法律适用，2019（3）：66.

②《德国民法典》第 133 条规定解释意思表示须探究其真意，不得拘泥于词句的字面意义。而第 157 条规定合同解释须考虑交易习惯和诚实信用原则。

③ 杨代雄．民法典第 142 条中意思表示解释的边界［J］．东方法学，2020（5）：95.

方法。当通过此方法无法有效确定表意人的真实意思时，才能适用其他解释方法。除行政协议文本之外，法院要根据双方订立行政协议的资料，分析二者对协议内容的理解，以探明真实的意思表示。例如，在成都鹏伟实业有限公司诉江西省永修县人民政府、永修县鄱阳湖采砂管理工作领导小组办公室采砂权纠纷一案中，法院将争议焦点集中于限量采砂是否为双方当事人的真实意思表示，二审法院结合当事人订立《采砂权出让合同》之前的《推介书》《可行性报告》等文件，以要约邀请与配套材料中的声明诠释合同当事人的真实意思表示，支持了原告关于“限期不限量”的主张①。虽然该案适用的是民事诉讼程序，双方当事人也未对合同定性提出异议，但根据《行政协议规定》第2条第3项关于“矿业权等国有自然资源使用权出让协议”是行政协议的规定，并结合本案中的履行采砂管理职责、行政主体等要素，将该案纳入行政诉讼管辖范围亦无不可。法院对该采矿权纠纷案中意思表示的解释方法，对同类行政协议纠纷的解释具有启示意义。

文义解释是运用其他解释方法的前提，其他方法则视情况而定，并无一定之规。法院可以采用目的解释，根据行政协议的性质及目的作出合理的解释。该方法适用的前提是文义解释超过了合理解释、公平解释以及权利义务不平衡的范围，或者只有经过目的解释才能够对行政协议作出更为合理的理解。此外，法院也可以采用体系解释的方法，将意思表示的各个条款和组成部分作为统一的整体来进行相互解释，以明确各个条款的含义。在顾志华、秦美华不服南通市崇川区住房和城乡建设局房屋搬迁补偿安置协议一案中，法院认为，被告承认两原告在案涉《房屋搬迁补偿安置协议》上签名时协议系空白协议，空白处内容系2017年9月16日由被告崇川区住建局根据之后作出的评估报告加以补充。从案涉《房屋搬迁补偿安置协议》的内容来看，后续所补充的内容恰恰才最能体现两原告获得补偿安置的相关权益，而这些内容在两原告签字时却并未列明，无法证明系两原告的真实意思表示，也不能体现系平等自愿协商一致的结果②。本案中法院运用了体系解释方法，将《房屋搬迁补偿安置协议》与后续补充的内容进行比对，从而体系性地作出了判断。另外，还有必要结合行政协议的特点，灵活运用行政惯例等特殊解释方法。在行政管理实践中，行政主体存在独特的惯例或者习惯，法院在解释意思表示时可考虑遵循此惯例行事。当然，该行政惯例应当以行政协议双方都

① 参见：最高人民法院（2008）民二终字第91号民事判决书。

② 参见：南通市港闸区人民法院（2017）苏0611行初301号行政判决书。

知晓或者并不明确排斥为前提，否则不能成为解释的凭据。

行政协议中意思表示的解释方法还有很多。在借鉴民事上意思表示解释方法的同时，有必要凸显其自身的个性所在，适时采取相应的原则。司法实践中，有法院运用公平原则补强重大误解的发生。例如，在唐仕国诉贵州关岭县政府变更房屋征收补偿协议一案中，一审法院认为，唐仕国与关岭县政府房屋征收部门签订的房屋征收补偿协议所依据的测绘报告，明显存在对唐仕国房屋性质认定错误的情形，将不符合经营条件的负一楼误认定为经营用房，导致唐仕国依补偿协议所获货币补偿数额大大超过应获数额，有悖公平、合理的征收补偿原则。两边签订的房屋征收补偿协议属因重大误解而订立，符合我国合同法规定的法定变更、撤销情形①。此外，对行政协议中意思表示的解释要注重行政公益目的之实现，当公共利益和私人利益产生矛盾时，应作出有利于公共利益的解释。

（二）行政协议诉讼对意思表示的评判实践

在实践中，法院已经结合司法现状发展出了富有新意的判断规则，这些都是意思表示特殊性给行政裁判活动带来的挑战性主题。

1. 意思表示真实性的举证责任分配

行政协议案件的事实，需要经过证据规则、审判规则的检验。法官发掘法律事实的过程，实则蕴含了对意思表示含义的解释与探究。在不少行政协议诉讼中，当事人尤其是原告，都曾对订立行政协议时意思表示的真实性提出过异议。考虑到诉讼程序的特点，原被告都需要对其意思表示含义的辩解承担举证责任。现实中，行政协议争议往往发生于协议缔结之后，双方在订立行政协议时的内心真意很难再次客观呈现。对于意思表示分歧，二者都需要证明其主张的可得性，即需要运用证据去支撑其理由。基于行政协议契约属性的一面，行政协议诉讼中对意思表示存在瑕疵的主张可依照民事诉讼之规定去分配举证责任，即“谁主张、谁举证”。如某一方举证不能，则应承担举证不能的法律后果。对意思表示的争议，行政裁判中可实行谁主张、谁举证的规则去作出判定。

意思表示真实性最后的解释结果，由法官在对证据的解读、判定基础上作成。例如，在王某某诉阜新高新技术产业开发区管理委员会行政合同一案中，法院提出：关于原告主张被告采用胁迫手段与其签订征地补偿协议书是显失公平的协议一节，因原告未能提供相关证据证明征地补偿协议书并非双

① 参见：最高人民法院（2018）最高法行申8980号行政裁定书。

方真实意思表示，本院不予采纳①。又如，在刘奎俊等诉四平市铁东区人民政府等撤销行政协议一案中，原告诉称其与被告签订的吉林省城市房屋征收补偿安置协议货币补偿协议书不是真实意思表示，法院则认为其没有证据证实，故不予支持②。在类似因意思表示不真实而请求撤销行政协议的案件中，由于原告举证责任困难，类似的诉请难以得到法院的支持。对相对人来说，行政主体在行政协议中处于优势地位，若通过举证依然不能发现真实意思表示，则应当按照有利于相对人的方法去作出解释。

2. 防范格式条款中行政优益权对意思表示的不当影响

不当影响指的是行政主体利用其优越地位，向相对人施加的非正当压力。与胁迫的显性特征不同，格式条款中隐性的不当影响值得留意，这也对行政诉讼提出了新要求。现实中行政主体提供了很多行政协议范本，这就可能存在格式条款问题。格式条款的一大特征是不具有协商性，相对人在此环节无法提出实质性意见，而只能表示同意或者不同意，故意思自治的空间有限。与民法不同，行政主体恒为格式条款的提供一方，旨在实现行政便利及节约成本。考虑到格式条款中相对人的劣势处境，其经常会对条款内容发生误解。此时倘若仅运用普通民事合同解释规则去探寻意思表示之真意，则很可能只是探寻了格式合同提供者（行政主体）一方的真实意思表示。虽然从形式上看，相对人概括性地同意了行政主体所提供的格式条款，但此种同意能够在多大程度反映相对人的意思表示？是主动的还是被动同意？实际上，在行政主体滥用协议解释权等情形下，相对人意思表示往往会受到此种行政优益权的压制。那么，这就需要对格式条款中的意思表示作出解释。在合法行政原理的要求下，就协议格式条款的几个解释方案进行选择时，应当保障所选方案符合法律优先、法律保留的要求，而禁止作违法解释。当行政主体的意思表示存在多种解释时，法院应推定并作出有利于相对人的解释。同时，考虑到行政协议的公共利益属性，格式条款的解释亦需要对此因素作出考量。

3. 其他行政协议解释权对意思表示的冲击

近期行政协议司法实务中出现了一种值得关注的特殊情形，即由行政机关作出行政协议解释。2016 年 12 月，最高人民法院发布了 76 号指导性案例——

① 参见：阜新市细河区人民法院（2015）阜细行初字第 00010 号行政判决书。

② 参见：四平市铁东区人民法院（2016）吉 0303 行初 49 号行政判决书。

“萍乡市亚鹏房地产开发有限公司诉萍乡市国土资源局不履行行政协议案”[①]。该指导案例所涉及的疑难问题在于，国有土地出让方与受让方对合同条款产生了不同理解，作为第三方的萍乡市规划局在职权范围内对此进行解释，并出具了有利于原告的解释函。本案中，行政机关的行政协议解释行为是否具有法律效力自然是有待讨论的，而笔者关注的另一个相关问题是，此种解释行为与双方意思表示有何种联系，该行政解释对意思表示产生的影响程度有多大，司法审查又该如何对待？该指导案例中双方之所以对协议条款产生了不同解读，乃是缔约时存在着意思表示上的误解。对此案件，有观点认为，民法上强调尊重意思自治，依循此种路径处理，法官会去探究双方当事人在签订行政协议时到底是怎么理解的，因而在结合案情后也就很有可能会认为，签订该协议之时原告存在重大误解，应当按照土地管理部门的意见办理[②]。事实上，一审、二审法院均采纳了行政机关的行政协议解释意见。法院认为，行政机关在职权范围内对行政协议约定条款所进行的解释具有法律约束力。这意味着行政机关对涉诉行政协议的解释，一定程度上弥合了协议双方的意思表示分歧。这里的问题在于，根据合同相对性的原理，民事合同中双方当事人以外的其他主体一般无权对合同条款作出解释，而上述76号指导性案例则颠覆了合同实务界先前关于合同解释主体的认识。需要注意的是，其他行政机关对于行政协议的解释，可能会加剧双方当事人之间力量的不均衡。

当然，该种行政解释可以得到证成，但应该借助司法权予以防范。德国学者拉伦茨指出，合同中的意思表示具有双重功能：一是表意人对实现其法律行为意思的一种手段；二是一种人际交往和社会交往的行为，与所涉及的地方存在某种联系[③]。对行政协议意思表示的解释，不仅要考察表意人所表达的意思，而且要看客观上对意思表示该如何理解的问题。针对双方意思表示是否一致的问题，我国民法典中的合同编规定以客观主义为原则，仅在契约因欺诈、胁迫等部分原因而成立时采用主观标准。笔者认为，行政协议不妨也采用这一标准。考虑到行政协议的公共利益属性，在解释意思表示时不能过多强调当事人内心的意思，行政协议作为推行公共政策的方式，对相关条款的理解歧义可由有权机关去作出解释。也就是应侧重通过客观方法去探究

---

① 参见：《最高人民法院关于发布第十五批指导性案例的通知》（法〔2016〕449号）。

② 余凌云．行政协议的判断标准：以“亚鹏公司案”为分析样本的展开［J］．比较法研究，2019（3）：98.

③ 拉伦茨．德国民法通论：下［M］．王晓晔，邵建东，程建英，等译．北京：法律出版社，2013：455-457.

双方的意思表示，从而发挥平息双方争执的作用。可以说，客观外在的信赖要比内在的主观意思来得更可靠。值得注意的是，此种行政解释行为难免对双方意思表示产生冲击，法院在司法审查活动中应当审慎应对，而非一味地加以认可。例如，针对其他行政机关作出的单方解释，法院有必要审查其行使该项权力的职权、程序等基本要件。毕竟，对行政协议的行政解释权理应存在限度，倘若任由其行使单方解释行为，则很可能会演化为行政权对意思表示的间接干涉。

结　语

行政诉讼疑难问题是颇具理论与实践价值的研究课题。在我国，行政诉讼制度的演变留有社会发展进程中的深刻烙印，其现实情形亦凸显了行政法治的发展状况，预示着社会转型过程中所面临的司法挑战。鉴于此，既要从宏观上审视行政诉讼制度的结构配置，也应细致入微地观察其运行和实践问题，而这也是本书的旨趣所在。

需要说明的是，本书并未对新时代所有重要的行政诉讼疑难问题都予以论述。全书之所以分八章来进行论述，是认为这些内容更具有代表性，且属于理论与实务中亟待解决的要点。当然，这种思路无法避免个体研究之偏颇，有可能侧重一鳞半爪式的论述。除此之外，行政诉讼宪法基础、行政争议实质性解决、行政判决方式类型化、行政诉讼与民事诉讼之关系等也是亟待解决的前沿主题，但由于篇幅等原因书中尚未涉及。

行政诉讼这一课题所包含的内容浩瀚复杂，对此展开全面而深入的研究需要深厚的理论和实践素养，而这是笔者目前尚不具备的。事实上，疑难问题是一个开放性与流变性兼具的主题，能够容纳各式各样的讨论。当下及未来，针对行政诉讼制度的持续变革仍需要从不同视角来展开研究，多维度主题之相互启发将提供更优的解决方案。总之，行政诉讼疑难问题既多样又复杂，如何回应新时代所需而不断解决之，是一个恒久又恒新的课题。

参考文献

一、著作

（一）中文著作

[1] 习近平．习近平谈治国理政［M］．北京：外文出版社，2014.

[2] 胡建淼．行政诉讼法学［M］．北京：法律出版社，2019.

[3] 江必新，梁凤云．行政诉讼法理论与实务［M］．北京：法律出版社，2016.

[4] 马怀德．司法改革与行政诉讼制度的完善［M］．北京：中国政法大学出版社，2004.

[5] 马怀德．行政诉讼制度的发展历程［M］．北京：北京大学出版社，2009：3.

[6] 梁凤云．行政诉讼讲义［M］．北京：人民法院出版社，2022.

[7] 余凌云．行政契约论［M］．北京：清华大学出版社，2022.

[8] 何海波．行政诉讼法［M］．北京：法律出版社，2022.

[9] 何海波．实质法治：寻求行政判决的合法性［M］．北京：法律出版社，2020.

[10] 何海波．行政法治奠基时：1989年《行政诉讼法》史料荟萃［M］．北京：法律出版社，2019.

[11] 张显伟．行政审判权研究［M］．北京：中国社会出版社，2009.

[12] 章志远．社会转型与行政诉讼制度的新发展［M］．北京：北京大学出版社，2019.

[13] 章志远．行政诉讼类型构造论［M］．北京：法律出版社，2021.

[14] 黄学贤，王太高．行政公益诉讼研究［M］．北京：中国政法大学出版社，2008.

[15] 黄学贤，杨红．行政法学热点问题探讨［M］．北京：当代世界出版社，2019.

[16] 姜明安．宏观公法学导论［M］．北京：法律出版社，2021.

[17] 叶赞平．行政诉讼管辖制度改革研究 [M]．北京：法律出版社，2014.

[18] 喻中．法学方法论 [M]．北京：法律出版社，2014.

[19] 喻中．民法典与国家治理 [M]．西安：陕西人民出版社，2022.

[20] 舒国滢．法学的知识谱系 [M]．北京：商务印书馆，2021.

[21] 杨科雄，郭雪．行政协议法律制度的理论与实践 [M]．北京：中国法制出版社，2021.

[22] 吴在存．行政疑难案件裁判规则与法律适用 [M]．北京：法律出版社，2020.

[23] 程琥，王雪梅，侯丹华，等．新行政诉讼法疑难问题解析与实务指引 [M]．北京：中国法制出版社，2019.

[24] 肖克．国家治理现代化视野下的行政审判方式改革研究 [M]．北京：法律出版社，2022.

[25] 陈清秀．行政诉讼法 [M]．台北：元照出版有限公司，2018.

[26] 吴庚．行政争讼法论 [M]．台北：元照出版公司，2008.

[27] 刘宗德，赖恒盈．台湾地区行政诉讼：制度、立法与案例 [M]．杭州：浙江大学出版社，2011.

[28] 刘飞．德国公法权利救济制度 [M]．北京：北京大学出版社，2009.

[29] 林莉红．行政诉讼法学 [M]．武汉：武汉大学出版社，2009.

[30] 谭宗泽．行政诉讼结构研究：以相对人权益保障为中心 [M]．北京：法律出版社，2009

[31] 蔡小雪．行政行为的合法性审查 [M]．北京：中国民主法制出版社，2020.

[32] 王天华．行政诉讼的构造：日本行政诉讼法研究 [M]．北京：法律出版社，2010.

[33] 江伟．探索与构建：民事诉讼法学研究：下卷 [M]．北京：中国人民大学出版社，2008

[34] 高家伟．公正高效权威视野下的行政司法制度研究 [M]．北京：中国人民公安大学出版社，2013.

[35] 王名扬．法国行政法 [M]．北京：中国政法大学出版社，1988.

[36] 王名扬．英国行政法 [M]．北京：中国政法大学出版社，1987.

[37] 陈新民．中国行政法学原理 [M]．北京：中国政法大学出版社，

2002.

［38］章剑生．现代行政法总论［M］．北京：法律出版社，2014.

［39］梁君瑜．行政诉权研究［M］．北京：中国社会科学出版社，2019.

［40］李广宇．新行政诉讼法逐条注释：上［M］．北京：法律出版社，2015.

［41］黄茂荣．法学方法与现代民法［M］．北京：中国政法大学出版社，2001.

［42］崔建远．合同法［M］．北京：法律出版社，2021.

［43］步兵．行政契约履行研究［M］．北京：法律出版社，2011.

［44］孙谦．中国检察制度论纲［M］．北京：人民出版社，2004.

［45］吴华．行政诉讼类型研究［M］．北京：中国人民公安大学出版社，2006.

［46］田凯．行政公诉论［M］．北京：中国检察出版社，2009.

［47］杨伟东．权力结构中的行政诉讼［M］．北京：北京大学出版社，2008.

［48］江利红．日本行政诉讼法［M］．北京：知识产权出版社，2008.

［49］梁上上．利益衡量论［M］．北京：法律出版社，2013.

［50］颜运秋．公益诉讼理念与实践研究［M］．北京：法律出版社，2019.

［51］孔祥俊．司法理念与裁判方法［M］．北京：法律出版社，2005.

［52］闫尔宝．行政行为的性质界定与实务［M］．北京：法律出版社，2010.

［53］胡宝岭．行政合同争议司法审查研究［M］．北京：中国政法大学，2015.

［54］王泽鉴．法律思维与民法实例［M］．北京：中国政法大学出版社，2001.

［55］申惠文．《民法典》中行政权运行规范研究［M］．北京：法律出版社，2021.

［56］应松年．行政诉讼知识手册［M］．北京：中国政法大学出版社，1988.

［57］最高人民法院．中国法院的行政审判（1990—2017）［M］．北京：人民法院出版社，2018.

［58］薛刚凌．外国及港澳台行政诉讼制度［M］．北京：北京大学出版

社，2006.

［59］信春鹰．中华人民共和国行政诉讼法释义［M］．北京：法律出版社，2014.

［60］周叶中．宪法［M］. 3 版．北京：高等教育出版社，2015.

［61］杨海坤，章志远．行政诉讼法专题研究述评［M］．北京：中国民主法制出版社，2006.

［62］江必新．中华人民共和国行政诉讼法理解适用与实务指南［M］．北京：中国法制出版社，2015.

［63］全国人大常委会法制工作委员会行政法室．《中华人民共和国行政诉讼法》解读与适用［M］．北京：法律出版社，2015.

［64］中国科学院语言研究所词典编辑室．现代汉语词典［M］．北京：商务印书馆，1973.

［65］最高人民法院行政审判庭．行政协议典型案例裁判规则与评析［M］．北京：人民法院出版社，2021.

［66］王红建．行政协议司法审查研究［M］．北京：法律出版社，2022.

（二）中文译著

［67］狄骥．公法的变迁［M］．郑戈，译．北京：商务印书馆，2013.

［68］沃尔夫，巴霍夫，施托贝尔．行政法：第一卷［M］．高家伟，译．北京：商务印书馆，2002.

［69］胡芬．行政诉讼法［M］．莫光华，译；刘飞，校．北京：法律出版社，2003.

［70］梅迪库斯．德国民法总论［M］．邵建东，译．北京：法律出版社，2013.

［71］毛雷尔．行政法学总论［M］．高家伟，译．北京：法律出版社，2000.

［72］拉伦茨．德国民法通论：下［M］．王晓晔，邵建东，程建英，等译．北京：法律出版社，2013.

［73］贝克．风险社会［M］．何博闻，译．北京：译林出版社，2004.

［74］法律的道德性［M］．郑戈，译．北京：商务印书馆，2005.

［75］梅利曼．大陆法系［M］．顾培东，禄正平，译．北京：法律出版社，2004.

［76］博登海默．法理学：法律哲学与法律方法［M］．邓正来，译．北

京：中国政法大学出版社，1999.

［77］斯图尔特．美国行政法的重构［M］．沈岿，译．北京：商务印书馆，2021.

［78］弗里曼．合作治理与新行政法［M］．毕洪海，陈标冲，译．北京：商务印书馆，2010.

［79］伯根索尔，墨菲．国际公法［M］．黎作恒，译．北京：法律出版社，2005.

［80］庞德．法理学：第三卷［M］．廖德宇，译．北京：法律出版社，2007.

［81］安德森．公共决策［M］．唐亮，译．北京：华夏出版社，1990.

［82］韦德．行政法［M］．徐炳，楚建，译．北京：中国大百科全书出版社，1997.

［83］斯科特．规制、治理与法律：前沿问题研究［M］．安永康，译；宋华琳，校．北京：清华大学出版社，2018.

［84］高桥宏志．民事诉讼法：制度与理论的深层分析［M］．林剑锋，译．北京：法律出版社，2003.

［85］室井力．日本现代行政法［M］．吴微，译．北京：中国政法大学出版社，1995.

［86］盐野宏．行政救济法［M］．杨建顺，译．北京：北京大学出版社，2008.

［87］西尔登，斯特罗因克．欧美比较行政法［M］．付创宇，刘国乾，李国兴，等译．北京：中国人民大学出版社，2013.

［88］科雷亚．行政法原理［M］．冯文庄，译．北京：法律出版社，2017.

［89］凯利．西方法律思想简史［M］．王笑红，译．北京：法律出版社，2002.

二、论文

［90］应松年．回顾制定行政诉讼法时讨论的主要问题［J］．中国法律评论，2019（2）.

［91］马怀德，王亦白．透视中国的行政审判体制：问题与改革［J］．求是学刊，2002（3）.

［92］马怀德，孔祥稳．改革开放四十年行政诉讼的成就与展望［J］．中

外法学，2018（5）.

［93］伏创宇．行政举报案件中原告资格认定的构造［J］．中国法学，2019（5）.

［94］董皞，郭建勇．独立而公正：行政案件跨区域审理改革的价值追求与制度设计［J］．法律适用，2015（2）.

［95］黄学贤，杨红．论行政诉讼管辖困境之形成及其突破［J］．法学评论，2013（6）.

［96］黄学贤，李凌云．行政措施的性质界定及其法律规制［J］．法治现代化研究，2019（3）.

［97］黄学贤．行政公益诉讼回顾与展望［J］．苏州大学学报（哲学社会科学版），2018（2）.

［98］李凌云．行政协议合约性审查的逻辑进路［J］．南海法学，2019（3）.

［99］李凌云．投诉人原告资格判定标准的反思与重塑［J］．法律适用，2020（20）.

［100］章志远．新时代行政审判因应诉源治理之道［J］．法学研究，2021（3）.

［101］章志远．以习近平法治思想引领行政审判制度新发展［J］．法学研究，2022（4）.

［102］何海波．论行政行为“明显不当”［J］．法学研究，2016（3）.

［103］王克稳．论行政诉讼中利害关系人的原告资格［J］．行政法学研究，2013（1）.

［104］王勇亮．法国国家行政法院的工作程序［J］．国外法学，1988（6）.

［105］程琥．新条例实施后政府信息公开行政诉讼若干问题探讨［J］．行政法学研究，2019（4）.

［106］程琥．行政诉讼合法性审查原则新探［J］．法律适用，2019（19）.

［107］江必新．中国行政审判体制改革研究［J］．行政法学研究，2013（4）.

［108］应星，徐胤．“立案政治学”与行政诉讼率的徘徊［J］．政法论坛，2009（6）.

［109］陈有西．我国行政法院设置及相关问题探讨［J］．中国法学，1995（1）.

［110］郑传坤，张明成．我国应当设立行政法院［J］．现代法学，1986（2）.

［111］解志勇．行政法院：行政诉讼困境的破局之策［J］．政法论坛，2014（1）.

［112］汪厚冬，黄学贤．设立行政法院热的冷思考［J］．中州学刊，2015（2）．

［113］胡建淼，吴欢．中国行政诉讼法制百年变迁［J］．法制与社会发展，2014（1）．

［114］叶必丰．行政合同的司法探索及其态度［J］．法学评论，2014（5）．

［115］李大勇．司法政策论要：基于行政诉讼的考察［J］．现代法学，2014（5）．

［116］刘艺．构建行政公益诉讼的客观诉讼机制［J］．法学研究，2018（3）．

［117］于洋．论规范性文件合法性审查标准的内涵与维度［J］．行政法学研究，2020（1）．

［118］周永坤．对行政行为司法审查的范围：事实问题［J］．法律科学，1996（5）．

［119］闫尔宝．论作为行政诉讼法基础概念的“行政行为”［J］．华东政法大学学报，2015（2）．

［120］施立栋．被滥用的“滥用职权”：行政判决中滥用职权审查标准的语义扩张及其成因［J］．政治与法律，2015（1）．

［121］施立栋．得形忘意：行政诉讼立案登记制之省思［J］．浙江学刊，2021（3）．

［122］薛刚凌．行政诉讼法修订基本问题之思考［J］．中国法学，2014（3）．

［123］孔繁华．行政诉讼基本原则新辨［J］．政治与法律，2011（4）．

［124］柳砚涛．构建我国行政审判“参照”惯例制度［J］．中国法学，2017（3）．

［125］段文波．起诉程序的理论基础与制度前景［J］．中外法学，2015（4）．

［126］梁君瑜．我国行政诉讼立案登记制的实质意涵与应然面向［J］．行政法学研究，2016（6）．

［127］黄先雄，黄婷．行政诉讼立案登记制的立法缺陷及应对［J］．行政法学研究，2015（6）．

［128］傅郁林．中国民事诉讼立案程序的功能与结构［J］．法学家，2011（1）．

［129］张卫平．起诉条件与实体判决要件［J］．法学研究，2004（6）．

［130］陆永棣．从立案审查到立案登记：法院在社会转型中的司法角色［J］．中国法学，2016（2）．

［131］包万超．行政诉讼法的实施状况与改革思考：基于《中国法律年

鉴》（1991—2012）的分析［J］. 中国行政管理，2013（4）.

［132］张卫平．起诉难：一个中国问题的思索［J］. 法学研究，2009（6）.

［133］赵宏．保护规范理论在举报投诉人原告资格中的适用［J］. 北京航空航天大学学报（社会科学版），2018（5）.

［134］彭涛．举报人的行政诉讼原告资格［J］. 行政法学研究，2019（2）.

［135］陈鹏．行政诉讼原告资格的多层次构造［J］. 中外法学，2017（5）.

［136］黄锴．行政诉讼中举报人原告资格的审查路径：基于指导案例 77 号的分析［J］. 政治与法律，2017（10）.

［137］章剑生．行政诉讼原告资格中“利害关系”的判断结构［J］. 中国法学，2019（4）.

［138］赵宏．保护规范理论的历史嬗变与司法适用［J］. 法学家，2019（2）.

［139］王振清．政府信息公开诉讼原告主体资格问题研究［J］. 行政法学研究，2009（4）.

［140］江必新，李广宇．政府信息公开行政诉讼若干问题探讨［J］. 政治与法律，2009（3）.

［141］麻锦亮．纠缠在行政性与协议性之间的行政协议［J］. 中国法律评论，2017（1）.

［142］刘莘．行政合同刍议［J］. 中国法学，1995（5）.

［143］陈无风．行政协议诉讼：现状与展望［J］. 清华法学，2015（4）.

［144］陈国栋．作为公共资源配置方式的行政合同［J］. 中外法学，2018（3）.

［145］汪厚冬．论行政法上的意思表示［J］. 政治与法律，2014（7）.

［146］李颖轶．论法国行政合同优益权的成因［J］. 复旦学报（社会科学版），2015（6）.

［147］余凌云．论行政协议的司法审查［J］. 中国法学，2020（5）.

［148］余凌云．论行政诉讼上的合理性审查［J］. 比较法研究，2022（1）.

［149］韩宁．行政协议研究之现状与转向［J］. 法治研究，2019（6）.

［150］金诚轩．行政协议纠纷的契约属性：兼对王利明教授《论行政协议的范围》一文的回应［J］. 行政法学研究，2021（6）.

［151］姚辉，叶翔．意思表示的解释及其路径［J］. 法律适用，2019（3）.

［152］李浩．论检察机关在民事公益诉讼中的地位［J］. 法学，2017（11）.

［153］孔祥稳，王玎，余积明．检察机关提起行政公益诉讼试点工作调研报告［J］. 行政法学研究，2017（5）.

［154］韩大元，于文豪．法院、检察院和公安机关的宪法关系［J］．法学研究，2017（3）．

［155］田凯．检察机关提起行政公益诉讼试点情况研究［J］．行政法学研究，2017（2）．

［156］刘艺．构建行政公益诉讼的客观诉讼机制［J］．法学研究，2018（3）．

［157］孙谦．设置行政公诉的价值目标与制度构想［J］．中国社会科学，2011（1）．

［158］王春业，王娟．行政公益诉讼范围的“等外”解读［J］．浙江学刊，2019（6）．

［159］关保英．行政公益诉讼中的公益拓展研究［J］．政治与法律，2019（8）．

［160］苗生明．新时代检察权的定位、特征与发展趋向［J］．中国法学，2019（6）．

［161］高家伟．检察行政公益诉讼的理论基础［J］．国家检察官学院学报，2017（2）．

［162］唐瑭．环境损害救济的逻辑重构：从“权利救济”到“法益救济”的嬗变［J］．法学评论，2018（5）．

［163］王明远，金峰．科学不确定性背景下的环境正义：基于转基因生物安全问题的讨论［J］．中国社会科学，2017（1）．

［164］解志勇．预防性行政诉讼［J］．法学研究，2010（4）．

［165］吴凯杰．论预防性环境公益诉讼［J］．理论与改革，2017（3）．

［166］王春业．论行政公益诉讼诉前程序的改革：以适度司法化为导向［J］．当代法学，2020（1）．

［167］李策．行政投诉案件中原告资格的本土逻辑与实践反思［J］．行政法学研究，2022（1）．

［168］周佑勇．中国行政法学学术体系的构造［J］．中国社会科学，2022（5）．

三、学位论文

［169］戢浩飞．行政执法方式变革研究：基于社会管理创新的视角［D］．武汉：武汉大学，2013.

［170］黄忠顺．诉讼实施权配置论［D］．北京：中国人民大学，2015.

［171］唐震．检察机关参与行政公益诉讼的理论与实践问题研究［D］．

长春：吉林大学，2018.

［172］亓晓鹏．行政诉讼疑难案件裁判的理念与方法［D］．长春：吉林大学，2019.

［173］刘天来．俄罗斯行政诉讼审前程序研究［D］．北京：中国政法大学，2018.

［174］梁凤云．行政诉讼判决研究［D］．北京：中国政法大学，2006.

［175］朱新力．行政诉讼客观证明责任的分配研究［D］．杭州：浙江大学，2006.

［176］梁潇．中国行政诉讼的法律实效研究［D］．重庆：西南政法大学，2016.

［177］赖恒盈．行政法律关系论之研究：行政法学方法论评析［D］．台北：台湾政治大学，2001.

［178］王启行．两岸行政诉讼制度之研究［D］．台北：中国文化大学，2006.

［179］廖义铭．从理性反省后现代时期行政法基本理念之转型［D］．台北：台湾大学，2001.

四、新闻报纸

［180］姜明安，张璁．完善国家行政体制 提高政府治理能力［N］．人民日报，2020-02-04（10）.

［181］姜明安．行政诉讼法修改中的六大难题［N］．法制日报，2011-11-30（7）.

［182］马怀德、张雨田．行政法学：面向新的实践需求不断自我更新［N］．检察日报，2020-01-04（3）.

［183］周强．最高人民法院工作报告：二〇一九年三月十二日在第十三届全国人民代表大会第二次会议上［N］．人民日报，2019-03-20（2）.

［184］崔永东．建国初期最高法院的司法工作［N］．人民法院报，2011-06-29（6）.

［185］姜启波．人民法院立案审查制度的必要性与合理性［N］．人民法院报，2005-09-21（B01）.

［186］杨翔，谷国文，江华．落实立案登记制，保障当事人诉权：湖南高院关于行政诉讼案件立案登记制实施情况的调研报告［N］．人民法院报，2015-07-02（8）.

［187］杨建顺．适用“保护规范理论”应当慎重［N］．检察日报，2019-04-24（7）．

［188］张珑．第三方平台广告类举报行政诉讼败诉的原因分析及建议［N］．中国工商报，2017-12-19（3）．

［189］梁凤云，金诚轩．法国行政合同制度及诉讼实践［N］．人民法院报，2016-12-09（8）．

［190］刘立新．将铁路公共安全纳入检察公益诉讼范围［N］．检察日报，2019-03-18（6）．

［191］颜运秋，陈忠．拓展野生动物保护检察公益诉讼案件范围［N］．检察日报，2020-03-10（3）．

［192］白少康．坚持在法治轨道上推进国家治理体系和治理能力现代化［N］．人民日报，2021-03-02（6）．

［193］张榆．判决继续履行行政协议的条件：温州中院判决虹桥镇政府强拆案［N］．人民法院报，2021-11-04（6）．

［194］孙航．把非诉讼纠纷解决机制挺在前面 推动行政争议多元化解［N］．人民法院报，2022-01-20（3）．

五、外文资料

［195］ROBERTS A. Blacked out：government secrecy in the information age［M］. Cambridge：Cambridge University Press，2008.

［196］BAILEY S H，JOHNS，MOWBRAY. Cases，materials & commentary on administrative law［M］. London：Sweet & Maxwell Ltd，2005.

［197］ANDREWS N. Contract law［M］. Cambridge：Cambridge University Press，2015.

［198］SAMUEL P. HUNTINGTON，Political order in changing societies［M］. New Haven：Yale University Press，2006.

［199］DENOTTER R C. Judicial review in an age of moral pluralism［M］. Cambridge：Cambridge University Press，2009.

［200］COGLIANESE C. Litigating within relationships：disputes and disturbance in the regulator process［J］. Law and society review，1996（2）.

［201］QIAN Y，XU C. Innovation and bureaucracy under soft and hard budget constraints［J］. Review of economic studies，1988（1）.

［202］BREYER S. Judicial review of questions of law and policy［J］.

Administrative law review, 1986 (4).

[203] LEE JIN SEONG. A study on RPS facilities registration as the object of administrative litigation [J]. Environmental law review, 2018 (3).

后　记

本书是笔者在一系列学术文章基础上整合而成的，也是笔者的第一本学术专著。这些文字的写作跨越近十年时间，是从 2013 年到 2022 年逐渐积累的结果。写作地辗转于三座城市——西安、苏州、北京，即笔者离乡外出求学或工作的三个地方。在此期间，我的身份从一个法学入门者，逐渐转变为法学研究的参与者。其中，“大数据时代与政府信息公开诉讼中的疑难问题”一章的主要内容写于西安韦郭路，时间大约是 2013 年底。“行政审判体制改革中的疑难问题”“行政诉讼合法性审查原则中的疑难问题”等内容，写于苏州东环路。更多的章节，则完成于北京安翔路与富河大街。由于自己的散漫，本书中所讨论疑难问题的类型还不够全面。当然，尽管这本小书微不足道，但全身心的投入还是使我乐在其中，更重要的是实现了个人夙愿：在大学校园里，以行政法学教研为志业。

回首求学之路，不禁思绪万千，内心无比感慨。这本书的付梓算是自己多年来持续思考行政诉讼的一个小结，蕴藏着本人研习这一主题的些许心得，也寄托了个人对行政法治建设以及行政审判工作的期盼。毋庸讳言，写作过程不是那么顺利，庆幸的是最终坚持了下来。

本书得以成形，应该感谢我的博士导师黄学贤教授。承蒙恩师所接纳，让我有勇气从北京的基层人民法院辞职攻读博士学位。黄老师是我国行政诉讼法学领域的权威，能获得他的教诲是一大幸事。对于本书多个章节的资料、结构、论证乃至完善，黄老师都提出了有益建议。师从黄老师以来，本人从研究方法、观念到态度，都受益于他的鞭策，凡此种种令人难以忘怀。

还应该感谢我的硕士导师喻中教授。本人之所以能踏上法学研究之路，与喻老师的提携是分不开的。书中“行政诉讼立案登记制改革中的疑难问题”等多个章节的撰写，以及全书的改进完善，都得到了喻老师的指点。受益于喻老师，我的学术兴趣得以萌发。喻老师有着强烈的学术热情，他的学术旨趣涵盖了法家思想、法理学、行政法等多个领域。喻老师对学生的生活和工作也特别关心，经常不厌其烦对我的职业规划加以开导。如此关怀令我深受感动。

这些年的点滴进步，还离不开家人的鼎力支持。如果没有父亲的开明，我应该无法考上大学，更谈不上继续深造并出版专著。父亲富有远见，与母亲一起支撑起了家庭的全部。还有抚养我长大的奶奶，她现在已有93岁高龄，仍在老家默默牵挂着我。很惭愧，这些年对她的陪伴太少，唯愿时光对她老人家更慷慨一些。还要感念姐姐的关爱有加，弟弟的聪敏活泼，他们时常关心我的点点滴滴。我的妻子李祥芸十分贤惠，包容了我的坏脾气。书稿完成之际，我们已在北京城市副中心开始了“北漂生活”。家里还有一个可爱的男孩——李陶知小朋友。我在家写作时，儿子咿咿呀呀的“婴语”声营造了温馨的氛围。妻子于繁忙育儿的同时，还在全职攻读心理学博士学位。岳母特地从山东过来帮我们照料小孩，岳父则不得不独自在老家从事繁重的劳动。亲人们的关心与期待，给予我向上的力量！尽管我们在经济方面还比较拮据，但在精神层面已经非常富有。

一路走来，我有幸得到了许多法学界前辈、同仁的帮助。尤其是在本书的资料收集和写作过程中，获得了诸多师长、好友的启发，中国政法大学喻中教授和西北政法大学行政法学院院长姬亚平教授还拨冗为这本小书作序推荐，对此我的内心充满感激。是这些温暖的人和事激发了我持续写作的动力。想要一一致谢，难免挂一漏万，在此谨表歉意。

我资质愚钝，然幸运地成长于充满机遇的新时代。高考、考研、考公、考博这些相对公平的选拔机制引领我不断前行，使我从偏僻的赣南农村走上了广阔的学术舞台。成为一名高校教师之后，我越发感悟到教育的价值。

这部书稿得到了北京物资学院学术专著基金的出版资助，法学院领导提供了宽松的环境，为我继续关注行政法治创造了条件。同时，本书能够如期在母校首都经济贸易大学所属出版社出版，也是一种难得的缘分，在此一并致以谢忱。因本人水平有限，部分内容难免存在疏漏，权作学术初阶时的一个纪念吧。

李凌云

2022年11月17日

于北京通州大运河畔